EUROPÄISCHE SCHULE FÜR STÄDTEPLANUNG XANTEN

Die Europäische Stadt als Cyber-City?

– Stadtentwicklung und neue Technologien –

2. Xantener Stadtkongreß 1997

Hrsg.:
Helmut Hardt
Robert Kläsener

Verlag Praxiswissen

Helmut Hardt, Robert Kläsener (Hrsg.)
Die Europäische Stadt als Cyber-City?
– Stadtentwicklung und neue Technologien –
2. Xantener Stadtkongreß 1997

Erschienen in der Reihe **„Xantener Berichte"**
Reihenherausgeber:
Europäische Schule für Städteplanung Xanten (essx) gGmbH,
Karthaus 2, 46509 Xanten
Tel.: 02804/490 ; Fax: 02804/409 oder 02801/772-209

Die Deutsche Bibliothek – CIP-Einheitsaufnahme

Die europäische Stadt als Cyber-City? :
Stadtentwicklung und neue Technologien /
2. Xantener Stadtkongreß 1997. Europäische Schule für
Städteplanung, ESSX.
Hrsg.: Helmut Hardt ; Robert Kläsener. - Dortmund : Verl. Praxiswissen, 1998
(Xantener Berichte)
ISBN 3-932775-07-4

Druck- und Bindearbeiten:
Koffler-Druck GmbH

Printed in Germany

Inhaltsverzeichnis

Stadtentwicklung und neue Technologien

Stefan Schmitz

Sehr geehrte Damen, meine Herren,

im Namen des Bundesbauministers Professor Töpfer begrüße ich Sie zu dieser Veranstaltung sehr herzlich.

Es vergeht mittlerweile kein Tag, an dem nicht die Rede ist von Globalisierung und an dem nicht die Debatte um den „Standort Deutschland" geführt wird.

Machen wir uns klar: Die Globalisierung des Handels, der Produktion und der Investitionen wäre in dem heutigen Ausmaß undenkbar ohne die Entwicklung und Anwendung neuer Technologien, vor allem moderner Informations- und Kommunikationstechnologien.

Die Diskussion um diese neuen „IuK-Technologien" ist polarisiert. Die einen sehen in ihnen Jobkiller und Ursache einer „Gesellschaft, der die Arbeit ausgeht". Die anderen sehen in ihnen die Grundlage für Zukunftsbranchen, für neue Arbeitsplätze, für völlig neue Möglichkeiten der Lösung ökologischer und sozialer Probleme.

Vor etwa 150 Jahren standen die Menschen den damaligen neuen Technologien - Dampfmaschine, Eisenbahn usw. - als Wegbereiter des Industriezeitalters teilweise mit Schrecken, teilweise mit Faszination gegenüber. Ähnlich ist es heute: Die „Lichtgeschwindigkeitstechnologien" als Wegbereiter des Informationszeitalters werden teils mit tiefer Skepsis, teils mit euphorischem Optimismus betrachtet. Beide Sichtweisen haben ihre Berechtigung, und es scheint so, als müßten wir mit dieser Janusköpfigkeit moderner Technologien leben.

Tatsache ist: Die neuen Technologien bewirken einen fundamentalen Wandel in Wirtschaft und Gesellschaft - einen Wandel, den wir vielleicht heute erst in Ansätzen begreifen. Neue Technologien revolutionieren den Produktionsprozeß. Neue Technologien ermöglichen sekundenschnellen Kapitaltransfer rund um den Globus. ICE, Transrapid und die enorme Zunahme des Flugverkehrs wären ohne den massiven Einsatz neuer Technologien undenkbar. Neue Technologien sind auch Voraussetzung für neue Konzepte der Lagerhaltung und Logistik.

Wirkungen zeigen sich aber auch in ganz anderen Bereichen: Durch die verstärkte Technisierung der Alltags- und Freizeitwelt wächst die Gefahr der weiteren Individualisierung des Menschen. Kritische Stimmen weisen in diesem Zusammenhang auf ernste Gefahren für unser demokratisches Gemeinwesen.

Es ist zu begrüßen, daß der 2. Xantener Stadtkongreß sich einem besonders wichtigen Aspekt der Wirkung neuer Technologien widmet: der Stadtentwicklung. IuK-Technologien verändern die Städte: das Aussehen der Städte und das Leben in den Städten. Alle kurz angedeuteten Aspekte - Veränderung der Produktion, der Investition, des Handels, des Verkehrs - ereignen sich vor allem in den Städten und stellen diese vor große Herausforderungen.

Bereits in den 70er Jahren wurde die Metapher vom global village geprägt: Es wuchs das Bild einer Gesellschaft, in der IuK-Technologien jegliche geographische Entfernung bedeutungslos machen, Standorte beliebig werden und die Metropolen sich auflösen. Wir wissen heute, daß dies nicht so ist. Im Gegenteil: Weltweit wachsen die Agglomerationen, die *mega cities* in der sogenannten Dritten Welt, die *global cities* als Steuerungszentralen einer globalisierten Wirtschaft.

Durch neue Technologien wird Raum nicht entwertet, sondern Standorte werden neu bewertet. Eine weitere Dekonzentration von Produktion und Handel scheint einherzugehen mit einer weiteren Zentralisierung unternehmerischer Macht und Entscheidungskompetenz in wenigen Großstädten. Beide gegenläufigen Tendenzen bedeuten Gefahren für die europäische Stadt, insbesondere weil sie mehr Verkehr und mehr Flächenverbrauch, weniger Funktionsmischung und weniger Urbanität befürchten lassen.

Und was ist mit den Chancen? Telecommuting, Teleshopping, Telebanking usw. - liegen hier nicht enorme Verkehrseinsparpotentiale? Sicherlich stehen wir hier erst am Anfang. In den USA gab es 1995 bereits acht Millionen Telearbeitsplätze, in Deutschland (unterschiedlichen Angaben zufolge) erst zwischen 30.000 und 100.000. Deren Zahl wird in den nächsten Jahren vermutlich wachsen, aber man sollte die Verkehrswirkungen nicht überschätzen. Selbst wenn jeder vierte Arbeitsplatz zu einem Tele-Heimarbeitsplatz werden sollte, ließe sich dadurch der Verkehr schätzungsweise nur um ca. zwei Prozent verringern. Außerdem ist durchaus denkbar, daß eingesparte Berufsfahrten in weitere Freizeitfahrten umgemünzt werden. Und der Freizeitverkehr ist heute schon wegen seiner äußerst dispersen Zielstruktur aus Sicht der Verkehrsplanung sehr problematisch.

Ähnlich zu dämpfen sind die teilweise überzogenen Hoffnungen in anderen Bereichen: virtuelle Banken, virtuelle Warenhäuser, elektronische Auswahl und Bezahlung werden sicherlich zunehmen. Aber schließlich sind es Güter, die gekauft und die auf irgendeinem Weg vom Produzenten zum Konsumenten transportiert werden müssen.

Einerseits ist es vorstellbar, daß Videokonferenzen zunehmen werden. Andererseits erzeugt die Informationsgesellschaft einen ständig neuen Bedarf an „face to face"-Kontakten, um die wachsende Informationsflut zu bewältigen bzw. richtige Entscheidungen zu treffen.

Einsparungen von physischem Verkehr durch neue Technologien sind möglich, sollten aber nicht überbewertet werden. Trotzdem bleibt die Frage, ob moderne Technik Chancen für eine nachhaltige, zukunftsfähige Stadtentwicklung bietet. Zwei Nutzungsbereiche moderner Technik erschienen mir hierbei besonders wichtig:

1. IuK-Technologien können ein verbessertes Verwaltungshandeln unterstützen:

   - Sie können die Möglichkeiten der Kooperation zwischen den Gebietskörperschaften und der lokalen Wirtschaft verbessern.
   - Sie können die Möglichkeiten der Partizipation von Bürgern verbessern, z.B. durch erleichterte Bereitstellung von Informationen und Zugänglichkeit der Verwaltung.
   - Sie ermöglichen eine effizientere, kostensparende Leistungserstellung in der Verwaltung.
   - Sie ermöglichen die bessere Koordination von Fachplanungen über benutzerfreundliche (geographische) Informationssysteme

2. IuK-Technologien können den kommunalen Umwelt- und Ressourcenschutz unterstützen:

   - Im Verkehrsbereich ermöglichen sie Mobilitätsberatung, ÖPNV-Informationssysteme, City-Logistik, die effiziente Organisation von Car-Sharing usw.

- Im Energiesektor verbessern sie ein kommunales Energiemanagement und die Anwendung moderner Versorgungstechnik.
- Digitalisierte Kataster können ein kommunales und regionales Flächenmanagement unterstützen.
- Durch Informationen über regionale Stoffkreisläufe können Stoffströme optimiert werden.

Ich bin sicher, daß wir im Laufe der Veranstaltung noch viel Interessantes über diese und ähnliche Nutzungsbereiche erfahren werden. Aber: Der Nutzen moderner Technologien für die Stadt wird sich nicht allein im Vertrauen auf die Marktkräfte einstellen. Gestaltungswille aller beteiligten Akteure ist daher dringend erforderlich, ebenso wie ein geeigneter Rahmen, der die Ausschöpfung der Nutzungspotentiale fördert statt zu konterkarieren. Ich freue mich auf lebhafte Diskussionen und wünsche der Veranstaltung hier in Xanten viel Erfolg.

Telematik und Stadtentwicklung

Ulrich Hatzfeld

Zweifellos ist die Telematik ein Zukunftsthema der Stadtentwicklung; eine immer kürzer getaktete Entwicklung im Bereich der neuen Informations- und Kommunikationstechnologien formuliert scheinbar kaum noch zu begrenzende Ansprüche und Herausforderungen an die Stadt der Zukunft. Die Einschätzung der Stadtplaner schwankt zwischen Ratlosigkeit, Begeisterung und Horrorszenarien. Wie sind die neuen Technologien aus fachlicher - d.h. räumlicher - Sicht zu beurteilen? Beschleunigen sie den Prozeß der Auflösung unserer Städte oder können sie gar als Chancen für neue Formen von Urbanität interpretiert werden?

Fest steht, daß die Telematik wie bisher alle technischen Innovationen eine Erscheinung sein wird, die vorrangig innerhalb von Städten stattfindet. Die Stadt ist und bleibt auch bei dieser Entwicklung der Ort, an dem über Zukünfte von Gesellschaften nachgedacht wird und an dem auch die Herausforderungen der neuen Techniken gelöst werden müssen.

Bei grundsätzlicher Betrachtung führen die neuen Medien und Technologien zunächst zu einer Modifizierung - möglicherweise auch zur Auflösung - räumlicher Strukturen. Sie relativieren räumliche Distanzen und machen es möglich, daß wir an vielem teilhaben können, ohne wirklich dabei zu sein. Das bedeutet nichts anderes, als daß wir in Zukunft die Dimensionen Raum und Zeit anders bewerten müssen. Standortfaktoren werden umgewertet, vor allem der Faktor „Distanz" verliert an Gewicht. Zugleich oder in Verbindung damit nimmt die Bindung an Raum und Region ab, die Abhängigkeit von raumübergreifenden Kommunikationssystemen dagegen zu. Jemand hat gesagt: Wir hausen nicht mehr in Dörfern und Städten, sondern in Programmsegmenten. Oder, wie Oswald Matthias Ungers fragt: „Der Wohnort, das Haus, die Straße, der Platz, die Stadt, das Land - wer braucht sie noch, die veralteten Dinge, wenn das Leben sich ohnehin in vernetzten Knoten abspielt?"

- Schnelle Kommunikationsnetze können - so die Vermutung - viel an physischem Verkehr substituieren. Verkehrsdämpfende Effekte werden auch durch eine weitere Verbreitung von Telearbeit erwartet. Allein im Land Nordrhein-Westfalen soll es ein

„ungenutztes Potential“ von mehr als 100.000 solcher Telearbeitsplätze geben.

- Die neuen Techniken gelten, manchen euphorischen Prognosen folgend, auch als Arbeitsplatzhoffnung. Nach Schätzungen der EU werden im Jahre 2000 mehr als 60 % aller Arbeitsplätze im europäischen Bereich stark informationsbezogen - und damit telematikabhängig - sein.
- Telematikfortschritte können in Verbindung mit der Miniaturisierung von Bauteilen und Maschinen auch neue Antworten auf die städtebauliche Anforderung des Flächensparens geben.
- EDV-gestützte Stadt- und Bürgerinformationssysteme eröffnen neue Möglichkeiten der Bürgerbeteiligung und -mitwirkung.
- Der problemlose Informations- und Erfahrungsaustausch innerhalb und auch zwischen Verwaltungen unterschiedlicher Städte kann die Qualität von öffentlicher Planung maßgeblich verbessern.

Durch die Umwertung von Standortfaktoren wird es auch zu Verlagerungen von Nutzungen - insbesondere im wirtschaftlichen Bereich - kommen. Eine solche Neustrukturierung des städtischen Raumes durch die Auslagerung von Produktions- und Dienstleistungsunternehmen schafft möglicherweise Raum und Chancen der Aneignung des neugewonnenen Raumes für Kommunikation, Begegnung und Kultur.

Die durch wohnortnahe Telearbeitsplätze möglicherweise bewirkte Dezentralisierung von Arbeitsplätzen kann zu einer neuen Vereinbarkeit von Familie, Beruf und Freizeit führen. Gelingt es, in den Wohngebieten derartige Arbeitsmöglichkeiten zu schaffen, würde dies sicher zu einer Aufwertung dieser Wohnquartiere und Stadtviertel führen.

Bei zusammenfassender Sicht ergibt sich kaum eine andere realistische Forderung zum Umgang mit den IuK-Techniken als die nach einer stadtverträglichen Technikgestaltung. Dabei geht es darum, sich im Rahmen eines öffentlichen Diskussionsprozesses auf zentrale Leitbilder dieser Technikgestaltung zu verständigen: Nachhaltigkeit, sozialer Ausgleich, Partizipation sind dabei aus Sicht der modernen Stadtentwicklung die zentralen Anforderungen.

In diesem Zusammenhang ist auch auf die Aktivitäten der nordrhein-westfälischen Landesregierung hinzuweisen, die entsprechende handlungsorientierte Forschungsvorhaben fördert und die Reduktion verkehrlicher Belastungen u.a. durch technikgestützte City-Logistik-Projekte unterstützt. Vom Land initiierte Städtenetzwerke können Informationen und Erfahrungen schneller und umfassend austauschen und die in diesem Rahmen entstehenden Synergieeffekte zur rascheren Implementation von Handlungsstrategien nutzen. So präsentiert sich z.B. die „Arbeitsgemeinschaft historische Stadtkerne“ im Internet und entwickelt dort auf nationaler und internationaler Ebene einen Erfahrungsaustausch zu Erhaltungs- und Erneuerungsstrategien für historische Stadtkerne.

Das Land Nordrhein-Westfalen will die mit den neuen Informations- und Kommunikationstechnologien verbundenen Chancen nutzen. So startete in dieser Woche das Multimediaprojekt „Info-City NRW“, in das 100 Mio. DM investiert werden sollen. Ziel ist eine breite kommerzielle und private Nutzung der neuen Informations- und Kommunikationstechnologien; dazu dient ein Hochleistungsglasfaserring, der mit hohen Datenübertragungsfrequenzen eine Kapazität bietet, von der normale Leitungen bislang überfordert waren. An den Verbund sind die Städte Düsseldorf, Köln, Oberhausen, Wuppertal, Essen, Gelsenkirchen, Hagen, Duisburg, Bonn, Dortmund und Bochum angeschlossen. Schon bis zum Jahresende sollen 10.000 Haushalte, Firmen, Hochschulen und Unternehmen an dem Modellversuch partizipieren. Die Anwendungsmöglichkeiten für private und professionelle Nutzer sind heute zum Teil noch gar nicht absehbar; sie reichen vom Informationsabruf bei Stadtverwaltungen, Hochschulen oder Unternehmen über Bildschirmeinkauf, Telebanking bis hin zur Computerheimarbeit.

Auch im Namen von Frau Ministerin Brusis begrüße ich es sehr, daß sich die Europäische Schule für Städteplanung in Xanten der Thematik der neuen Medien und deren räumlichen Auswirkungen und Chancen für die Städte annimmt. Es gilt, Unsicherheiten im Umgang mit den neuen Medien zu thematisieren, Optionen zu benennen und fachspezifische Anforderungen zu operationalisieren. Wenn Information und Wissen die Rohstoffe der Zukunft sind, müssen wir lernen, damit umzugehen. Es dürfte inzwischen Konsens sein, daß sich die Strategien der nachhaltigen Stadtentwicklung auch der modernen Technologien und Medien bedienen müssen. Bei der Suche nach Anhaltspunkten, wo die Telematik Lösungen für die drängenden - und sicher zunehmenden - Probleme unserer Städte und Gemeinden anbieten könnte, wünsche ich dem Kongreß viel Erfolg.

Kunst in Cyber-City oder
Die nicht beendete Geschichte des Flügelschlags eines Schmetterlings

Mihai Nadin

Genetik und Bio-Computing, Memetic, Nanotechnologien, Vernetzung und Chaos stehen in den Schlagzeilen. Das schottische Schaf Dolly war im Frühling 1997 in aller Munde. Jedoch nicht, weil man vor Ostern viel von Schafen spricht, sondern eher, weil die Politik des Klonens plötzlich Hochsaison hatte. Gesetzgeber beeilten sich, um mit der Diskussion Schritt zu halten. Ein Veto gegen jeden Versuch genetischer Manipulation des menschlichen Erbgutes wurde schon in Form von Gesetzen ausgesprochen. Dies gilt nicht nur für Deutschland. Daß man in diesem Bereich, genauso wie in der Wirtschaft, in der Städteplanung oder in der Politik der Ausbildung, schon zu spät kommt, will keiner merken. Deutschland hat schon über 500 Milliarden DM für die Weiterführung der Bergbauindustrie ausgegeben, obwohl jeder weiß (sogar die Gewerkschaften), daß man damit nur die Agonie verlängert, aber dem Patienten - und hier meine ich die sogenannte Industriegesellschaft, nicht nur den Bergbau - nicht das Leben rettet.

Am Potsdamer Platz in Berlin, der größten Baustelle der Welt, werden weitere Hunderte von Milliarden Mark begraben, weil für einige die Zukunft mehr mit der mittelalterlichen Mentalität des Palästebauens verbunden ist als mit den Möglichkeiten des Virtuellen. Anstatt daß wir das Potential des Internets, d.h. die Vernetzung durch kostenlose Anschlüsse fördern, werden wir per GEZ neue Gebühren erheben und allerlei Kontrollen einführen. Deutschland und China - weitere Beispiele kann jeder von uns bringen, wir erleben sie in unserem Alltag. Aber der Sinn eines Beitrags vor einem Kongreß von Fachleuten, die zuständig sind für die Zukunft unserer Städte, ist nicht das Jammern, sondern das Öffnen einer Perspektive. Somit glaube ich, daß wir zusammen die Schwierigkeiten feststellen können, die wir zu überwinden haben. Die Politiker, aber auch einige wichtige Wirtschaftsexperten, sind nicht bereit zu merken, daß sich die Menschheit in einer neuen Zivilisation befindet, deren Merkmale - in erster Linie der hohe Grad an Dynamik - uns nur viel zu langsam bewußt werden.

Diese Aussage erschwert Ihnen, als Zuhörer im Kongreß oder Leser meines Beitrages, vermutlich das Verständnis der Beziehung zwischen meinem Thema - Kunst in Cybercity - und einem (oder inzwischen mehreren) geklonten Schaf, Affen, Menschen oder die etwas weiter gestaltete Diskussion der genetischen Manipulation oder der Folgen der Chaostheorie (einschließlich der wunderschönen Metapher des Flügelschlages eines Schmetterlings, der unter Umständen einen Orkan verursachen kann).

Genetik, nicht weniger als der Computer und vielleicht ähnlich der Nanotechnologie, Memetik, der Theorie dynamischer Systeme, der Vorherrschaft visueller Kommunikation, der Vernetzung und Interaktion oder Multimedia, gehören zu einer menschlichen Handlung, die die neue Zivilisation definiert. Ich habe mich über viele Jahre mit dieser Zivilisation beschäftigt, aber ich beabsichtige nicht, sie zum Thema dieses Vortrages zu machen. Sie soll eher den Hintergrund darstellen. Auf Grund von Überlegungen und Argumenten, die ich hier nicht wiederholen kann, ohne den Rahmen eines Vortrages zu sprengen, möchte ich heute eine sehr einfache These zur Diskussion bringen: Die Kunst zeigt den Weg, und nicht umgekehrt. Das heißt, die Kunst resultiert nicht aus dem Fortschritt der Wissenschaft oder der Technologie, erst recht nicht aus dem moralischen oder politischen Fortschritt, sondern verursacht diesen Fortschritt, oder wenigstens dessen neue Formen (die nicht unbedingt immer fortschrittlich sind). Ich sage das, bevor Sie mich als Idealist oder sogar als Romantiker beschimpfen und bitte, daß Sie sich noch während der Argumentation gedulden.

Kunst ist antizipatorisch, d.h. durch die künstlerische Tätigkeit entstehen Werke, Werte und Wahrnehmungen die es zuvor nicht gab, oder die sogar nicht möglich waren. Nicht jede Antizipation ist fruchtbar. Denken Sie an Utopien, manche sogar geniale Vorstellungen einer besseren Welt. Meistens liegen sie als Literatur vor, oder als Beispiele in einer Veranstaltung über die Geschichte. Leonardo da Vinci hat z.B. durch seine Zeichnungen das Fliegen antizipiert. Sein Werk ist uns besser bekannt als Tausende von Kunststücken, die wichtige Ergebnisse der Physik, Chemie, der Bautechnologie, sogar der Genetik antizipiert haben. Daß die Kunst erneut antizipatorische Entwicklungen wie die, die ich erwähnt habe - in der Genetik, Computerwissenschaft oder sogar Mathematik -, angekündigt und sogar vorbereitet hat, dürfte einige überraschen. Wir leben noch in der Vorstellung, daß Kunst und Wissenschaft - vor allem Kunst und Mathematik - verfeindet sind oder sich sogar gegenseitig ausschließen.

Bevor jedoch der Begriff Cybercity erfunden wurde, war die Kunst im weitesten Sinne des Wortes durch den kybernetischen Gedanken geprägt. Sogar diejenigen, die der Kunst skeptisch gegenüberstehen, wissen, daß Rückkoppelung - der fundamentale Begriff der Kybernetik heißt in Wieners Original *Feedback* - das Wesen jeder Kunst ist. Die Kunst hat auch das Klonen als künstliche Reproduktion im weitesten Sinne des Wortes entdeckt, bevor die Genetik uns die Praxis der Manipulation des Erbgutes ermöglicht hat. Als schöpferische Tätigkeit hat sich die Kunst auch der Mathematik und dem Kalkül bedient, indem Algorithmen zur Produktion ornamentaler Werke (nicht nur à la Vasarely), Walzer (Mozarts „Methode des Würfelspiels" die er vielleicht sogar bei Haydn erlernt hat), permutationaler Architektur usw. entstanden. Die Dokumentation dazu wächst kontinuierlich. Wir entdecken so viele Beispiele einer Kunst, die den „Computer", d.h. die automatische Manipulation von Daten oder Materialien enthält, daß einige Computerwissenschaftler sich durch diese Beispiele inspirieren lassen. Eigentlich sind alle - ich betone ALLE - Software-Programme im Bereich Computergraphik, Multimedia, Tonverarbeitung u.ä. ein Ausdruck von Kunstprozeduren, und damit Kunstwissen! Welcher Teil der Kunst sich damit aufnehmen läßt, bleibt sicherlich offen.

Beispiele bilden aber keinen Beweis - jede Induktion ist fehlbar. Dementsprechend möchte ich diese Gedanken jetzt auf einer etwas abstrakteren Ebene weiterführen.

Die praktische Erfahrung der Kunstschöpfung ist nicht reduzierbar auf das Machen (das alte Thema *ars* gegenüber *techné*). Indem wir Kunstwerke schaffen, konstituieren wir uns als selbstbewußte Wesen. Einfacher gesagt: wir sind, was wir machen. Einige von unseren Handlungen sind sozusagen natürlich: essen, trinken, schlafen, vermehren usw. Andere betreffen eine parallele Dimension des Menschseins - die des Künstlichen, der Kultur. Diese Dimension entsteht, indem wir uns bewußt werden über das, was wir geschafft haben, und besonders über die Konsequenzen des Schaffens. Das Selbstbewußtsein der Kunstschöpfung ist sicherlich nicht das der Werkzeugbeherrschung in einer Fabrik, oder in der Landwirtschaft, oder das Selbstbewußtsein der Verkabelung, der Benutzung von Glasfasernetzen, der Computer oder anderer Technologien. Obwohl die Blumen, die unsere Balkone schmücken, fast ausschließlich durch Klonen entstehen, ist das Selbstbewußtsein des

Klonens nicht vergleichbar mit dem des Kunstschaffens. Im Klonen, in der genetischen Manipulation, in der Computation, in der Vernetzung spiegelt unser Bewußtsein das Verständnis der Handlung wider. Das Bewußtsein, das in der Schöpfung der Kunst, aber auch in deren Wahrnehmung entsteht, ist das Bewußtsein unserer Kondition, unseres Seins in der Welt. Die gegenwärtige Welt ist aber immer schnelleren Änderungen unterworfen, und weil wir ein Teil dieser Welt sind, sind wir gleich in diese Dynamik integriert. Interessant: wir verursachen die Dynamik, und sind wiederum in sie integriert! Dieser nicht neue Gedanke ist jedoch nicht einfach zu verstehen. Besonders, falls Sie bisher die Theorie der Relativität von Einstein nicht verstanden haben. Und weil wir bei Einsteins Gedanken sind, wer möchte bitte der antizipatorischen Dimension der kubistischen Malerei eines Picasso oder eines Bracque widersprechen? Aber nicht alles, was Kunst ist oder sich als Kunst anerkennen läßt, ist antizipatorisch. Marinetti und seine Schule, um nur ein Beispiel zu nennen, haben nur über Geschwindigkeit berichtet aber nicht die Folgen der steigenden Beweglichkeit des Menschen antizipiert.

Was neu in Cybercity ist, ist die Tatsache, daß nicht nur die, die sich als Künstler identifizieren (und wer tut dies heute im Zeitalter der Scharlatane nicht?) und als Künstler anerkannt werden, solche Prozesse initiieren. Neu ist auch die Tatsache, daß Kunst selbst - ebenso wie die Wirtschaft und die Märkte - global wird, und daß sich die Kunst durch die erhöhte Effizienz der künstlerischen Arbeit selber als Unikum (Originalität, Aura, Einmaligkeit, etc.) verneint; oder wenigstens eines ihrer Merkmale der Vergangenheit verneint. Ab diesem Punkt, gebe ich selber zu, fängt die Diskussion an, interessant zu sein. Alles andere - Computergraphik, Animation, Multimedia, digitale Tonverarbeitung, Netzwerke - ist eigentlich langweilig, und spiegelt letztendlich nur unsere Faszination von Spielzeugen und Artefakten oder Phänomenen wider, die uns als neu erscheinen. Es verspricht nicht mehr als eine unendliche Welle von Modeerscheinungen, die sicherlich museal gefeiert werden - es gibt schone mehrere Computermuseen, einige haben sogar Pleite gemacht -, aber die wenig mit dem Wesen unserer neuen Zivilisation zu tun haben.

Falls Sie von mir hören wollten, daß in Cybercity weiter Museen entstehen werden wie heutzutage überall in der Welt neue *shopping malls*, gestaltet von berühmten (oder weniger berühmten) Architekten, und eigentlich eine Beschreibung der Funktion solcher Museen erwartet haben, muß ich Sie enttäuschen. Die neuen Guggenheims, eine Handelskette nicht anders als Woolworth (inzwischen in Amerika Pleite gegangen, aber in Deutschland weitergeführt), und die neuen Museum of Modern oder wie immer Art gehören genauso zur Vergangenheit wie die Baustelle am Potsdamer Platz oder die 500 Milliarden für die Produktion des Happenings Bergbau in Deutschland am Ende des Milleniums ausgegebenen DM (unter der Regie der herrschenden Parteien und der Gewerkschaft). Im Falle von diesen unendlichen neuen Museen haben wir es nicht mit Antizipation zu tun, sondern mit Retroaktion.

Die Cybercity wird auch nicht durch einen Erlaß entstehen wie in Malaysia die neue Stadt Putrajaya, in welcher eine papierlose Verwaltung ab 1999 das Regieren leiten soll. Cyberjaya - abgesehen von dem prädestinierten Namen - wird nicht unbedingt als reale Stadt, angeschlossen an die Wirklichkeit durch eine 2-Gigabit-Verbindung, in der Welt des Virtuellen besser funktionieren. Cybercities entstehen dezentral, durch verteilte Arbeit und durch hochindividualisierte Initiativen.

Die Dynamik des Wechsels ist nicht per Erlaß erreichbar, sondern entsteht in der Wechselbeziehung zwischen einer Struktur, geprägt durch Zentralismus, Hierarchie, Vergangenheitssehnsucht u.ä. und dem Erscheinen neuer Strukturen, die kein Zentrum mehr haben, befreit von Hierarchie und besonders von dem Druck der Vergangenheitsmodelle. Ich will diese Dynamik nicht trivialisieren, und dementsprechend möchte ich auch nicht die neuen Begriffe (Chaos, Non-Linearität, Selbst-Replikation u.ä.) einfach ins Gespräch bringen, ohne die Möglichkeit zu haben, sie genauer zu definieren. Das könnte aber, um es nochmals zu sagen, den Rahmen eines Vortrages sprengen. Somit muß ich wieder versuchen, einen Kompromiß zwischen Fakten und Begriffen zu finden, um meine Argumentation etwas anschaulicher zu machen.

Bitte stellen Sie sich folgendes vor: der Künstler (der Australier Stelarc) bildet eine Widerspiegelung seines Nervensystems in Form eines Netzes, das an einer Suchmaschine auf dem World Wide Web eingeschaltet ist. Teilnehmer an der Installation (heute wird viel Kunst als Installation dargestellt) versuchen, am Internet die Wissensressourcen zu finden, die über den menschlichen Körper berichten. Jede Identifikation (Nase, Knie, Fußzehe usw.) führt zu einer „Evrika“ Aktion: der Künstler erlebt die Identifikation (eigentlich als elektrischer Reiz!).

Was besagt diese Kunsthandlung, die im Rahmen der *ars electronica* (Linz, 1997) zum Thema *Mensch als Informationsmaschine* gezeigt wird? Daß der Künstler für jeden von uns fühlt. Enorme Aussage, vielleicht romantisch geprägt, vielleicht übertrieben, aber ohne weiteres impertinent - die Globalität, für viele noch eine Abstraktion, erlebt an Leib und Seele! Diese Metapher eines Körpers, verteilt am Internet und assoziiert mit dem des Künstlers, der stellvertretend für alle Anderen steht, widerspricht dem Gedanken eines Museums in Cybercity. Die Aussage steht eher für eine vernetzte Welt und für die Aussagekraft der digitalen Interaktion.

Aber was heißt schon vernetzt? Drähte überall? Glasfaser durch tief und dünn? Eine Welt voller Geräte, voller Monitore, voller Telephongesellschaften, die nicht mehr unsere Stimme übertragen, sondern unsere Webseite von Link zu Link schalten? Horror-Visionen sind meistens dumm. Jurassic Parc, mit teuren Computer-Animationen, nicht weniger als King Kong (Ende der 30er Jahre, noch schwarz/weiß), beweist es reichlich.

Die Zukunft, die ich anspreche und die im Begriff Cybercity enthalten ist (falls wir den Begriff nicht trivialisieren), hat die digitale Dimension schon verinnerlicht. Diese Vorstellung benötigt etwas mehr Details, um klar zu werden. Millionen von uns, unabhängig von dem, was wir machen, nutzen die neue Technologien. Die fortschreitende Integration digitaler Methoden in alle Bereiche der menschlichen Interaktion resultiert aus der Digitalisierung der Kommunikation, der Produktion, des Handels, der Erziehung, der Forschung, und sogar der rituellen Formen (Religion, Politik, Kunst, u.ä.). Armbanduhren, Haushaltsgeräte, Lastkraftwagen, Autos, Flugzeuge, automatische Kassen und fast alles auf dieser Welt beinhaltet, oder ist einfach nicht mehr, als ein Gehäuse mit einem (oder mehreren) Chip(s). Es gibt zur Zeit ca. 200 Millionen Computer in der Welt und nicht weniger als 6 Milliarden eingesetzte Chips. Diese Zahl wird sich in den nächsten 8 Jahren verdoppeln. Was jedoch wichtiger als diese Zahl ist - eigentlich eine noch relativ geringe Zahl, wenn man bedenkt, daß jeder von uns über mehr als 120 Milliarden Neuronen verfügt! -, ist die Tatsache, daß relativ dumme Chips (schnell heißt nicht klug!) in einer vernetzten Welt die allgemeine Intelligenz, über die wir verfügen, steigern.

Denken wir zusammen über die Konsequenz dieser Integration des Digitalen in unserer Welt nach. Vergleichen wir sie mit der Elektrifizierung, die in den ersten Jahrzehnten unseres 20. Jahrhunderts stattgefunden hat. Gemessen am technischen Stand der Digitalisierung, steht der schöpferische Umgang mit Computertechnik noch am Anfang. Es soll dazu kommen, daß nicht mehr auf jedem Schreibtisch eine unförmige Maschine steht, die ihren Nutzer zum Typisten degradiert. Und es soll auch nicht mehr der Fall sein, daß nur weniger als 20 Prozent der Leistung in Anspruch genommen wird (meistens für bessere, aber mehrfach teurere Textverarbeitung). Die allgegenwärtige Digitalisierung eröffnet viel mehr die Perspektive der Interaktion mit der unsichtbaren digitalen Struktur, genauso wie es mit der Elektrizität der Fall ist. Statt uns weiterhin zu sagen, daß die einzige Lösung aus leistungsfähigeren Maschinen mit besseren Schnittstellen besteht, sollten wir eher überlegen, wie wir die kognitive Energie der kooperierenden Menschen besser im digitalen Netzwerk einschalten, um die Probleme unserer Zeit zu lösen.

Jeder von uns weiß, daß keiner von uns um eine elektrische Glühlampe zu benutzen wissen muß, wie ein Kraftwerk (Kern, Kohle, Öl, Wasser) funktioniert, und schon gar nicht, wie man einen Hochspannungs-Transformator bedient. Ähnliches gilt für all diejenigen, die Karten benutzen, um eine Reise vorzubereiten oder eine Adresse zu finden - es spielt keine Rolle, wie diese Karte produziert wurde oder wie die Daten gesammelt wurden. Auch wer eine Waschmaschine benutzt, die mit fuzzy logic arbeitet, muß nicht wissen, wie sie funktioniert (er muß auch nicht wissen, was fuzzy logic überhaupt ist). Bei den neuen Produkten, ob Auto, Videorecorder, Möbel, die aus dem Verhalten des Benutzers „lernen“, bei den Einrichtungen im Krankenhaus, die sowohl den Schwestern als auch den Patienten dienen, und auch bei intelligenten Werkzeugen jeder Art darf es nicht notwendig sein, daß man ein Hochschulstudium absolviert haben muß, wenn man sie bedienen möchte. Alle diese Geräte und eine ganze Menge von Produkten gehören zur Kultur; das Wissen, das zur Benutzung in Anspruch genommen wird, ist verinnerlicht worden.

Die Verinnerlichung des Digitalen wird nicht von heute auf morgen passieren. Aber diejenigen, die sich Fragen zum Thema Cybercity stellen, können nicht weiter so tun, als ob die neue Stadt nur mehr Computer und mehr Netzwerke hat, aber eigentlich die alte Stadt bleibt, so wunderbar auch einige unserer Städte aus einer Perspektive der Verewigung der Vergangenheit sind. Die virtuelle VRML-Stadt Helsinki im WWW, die gerade entsteht, ist nur ein Beispiel von Möglichkeiten, die durch Digitalisierung und Vernetzung entstehen. Anstatt die Vergangenheit zu verewigen, sollten wir eher neue Wege erkunden, neue Möglichkeiten untersuchen.

Verewigung, die alte Obsession der Kunst, die beauftragt wurde, den Auftraggeber zu verewigen, und langsam selber in die Falle geraten ist, sich selbst zu verewigen, bringt uns nicht weiter. Museen - als wunderschöne Friedhöfe der Kunst oder als Investitionsgut - bringen uns bei, warum auf lange Sicht diese Dimension des Künstlerischen nicht mehr vertretbar ist. Weitaus mehr lernen wir über die Notwendigkeit der Verabschiedung von der Obsession der Verewigung, von der Kunst selber. *Ars oblivivendi*, die Kunst die zur Vergessenheit geschöpft wird, feiert den Augenblick, und lebt im Augenblick. Ob es uns gefällt oder nicht, unsere Zivilisation hat weniger mit Permanenz im Sinn und mehr mit Geschwindigkeit, weniger mit Gesellschaft und mehr mit dem Individuum, weniger mit Homogenität und mehr mit Heterogenität.

Selbstverständlich darf man sich fragen, womöglich muß man sich fragen, ob diese Entwicklung annehmbar ist und ob wir - als bewußte Gestalter der Zukunft - nicht dagegenhalten sollten? Die normale Einstellung ist die der Inertie. Was bisher gut war, kann nicht so schlecht sein, daß man alles über Bord wirft und sich vom Fluß der Veränderung, ja, der Umwandlung, einfach mitnehmen läßt.

Darum sollten wir einen Augenblick die Thematik der Notwendigkeit der Umwandlung - angenommen daß es so etwas gibt - unter die Lupe unserer Einstellungen nehmen. Die uns bekannten Mittel der Selbstkonstituierung in der menschlichen Praxis gehören zu einer Welt, die einfach anders funktioniert hat als unsere. Solange diese Welt aus kleinen Einheiten zusammengesetzt war - Stämmen, Gemeinschaften, Städten, Ländern -, nahm die Sprache trotz Unterschieden in Struktur und Gebrauch einen zentralen Platz ein. Sie hatte einen einigenden Charakter und übte innerhalb jeder lebensfähigen politischen Einheit eine homogenisierende Funktion aus. Die Welt ist aber heutzutage (aber nicht nur ab heute) in das Stadium globaler Interdependenzen getreten. Das umfassende

Kultursystem ist in Subsysteme zerbrochen - nicht nur in „zwei Kulturen“ von Wissenschaft und Geisteswissenschaft, die C. P. Snow, in der Tradition von Herder diskutierte und idealistisch hoffte, es käme eine dritte Kultur, um sie harmonisch zu vereinen. Markt- und Produktionsmechanismen befinden sich in einem Prozeß der Aneignung mehrerer Zeichensysteme (Sprachen). Das Visuelle dominiert bei weitem - nicht nur die Kommunikation, sondern auch produktive Handlungen. Durch Multimedien treffen sich diese verschiedene „Sprachen“ und ergänzen sich, indem Bedeutungen, die nicht mehr durch Sprache zu vermitteln waren, sich endlich synkretisch konstituieren lassen.

Wo noch an ihrem Platz befindliche Normen und Regeln des alphabetisierten Sprachgebrauchs diese Emanzipation verhindern - dies ist (nicht nur in Deutschland) der Fall bei Regierungstätigkeiten, Verwaltungen (eigentlich Bürokratien), dem Militär (teilweise) und Rechtsbehörden - drückt sich der Preis dafür in geringer Effizienz und schmerzhafter Stagnation aus. Einige europäische Länder, die sehr produktiv darin sind, die Arbeit und die Kräfte der Erneuerung zu behindern, zahlen reichlich für ihre Unfähigkeit, die Notwendigkeit struktureller Veränderungen zu verstehen.

Die Notwendigkeit einer menschlichen Praxis der erhöhten Effizienz hat nur wenig mit den Bedürfnissen des Lebens zu tun. Eigentlich befriedigen wir schon seit langem nicht mehr Bedürfnisse, sondern immer steigende Erwartungen. Die ausschlaggebende Kraft der Umwandlung entsteht durch die Konflikte, die mit der integrierten globalen Welt zu tun haben. Einfacher: innerhalb kleiner Existenzräume konnte man das Gleichgewicht zwischen Ressourcen und Bedürfnissen noch erreichen. In der globalen Welt, einer Welt des Wettbewerbs und allerlei Konflikten ist keine Stabilität mehr möglich.

Das System ist zunehmend dynamisch gesteuert. Wer bremst - aus moralischen, ethischen, ästhetischen, religiösen usw. Gründen -, fliegt über Bord. Das ganze sogenannte sozialistische System der Ost-Staaten und der ehemaligen Sowjetunion hat diese Erfahrung schon gemacht. Es werden auch andere Staaten, die noch auf eine starre Steuerung Wert legen, folgen. Das ist keine Prophezeiung, die auf Kaffeesatzlesen basiert, sondern die Schlußfolgerung einer Analyse, die auf den neuen Modellen der Wissenschaft, insbesondere der mathematischen Theorie dynamischer Systeme basiert.

Neue Mittel des Ausdrucks, neue Wege der Erforschung der Natur und der eigenen Natur entstehen, während wir uns in Handlungen konstituieren, die keinen, oder nur noch einen geringen Bezug zur Vergangenheit haben. Diese Mittel und diese Wege sind nicht mehr so universell (d.h. allumfassend) wie die Sprache und auch nicht vergleichbar permanent. Aber sie eröffnen Möglichkeiten exponentiellen Wachstums, die aus ihrer Verbindung und verbesserten Verknüpfungen kognitiver Ressourcen resultieren. Viele Sub-Sprachen - z.B. Programmiersprachen, die der visuellen Diagramatik, der Genetik, Animation, Simulation, und ihre „Alphabetismen“ relativer und begrenzter Signifikanz - tauchen auf und werden zu Optimierungs-Instrumenten.

Was heute Vorrang hat, ist die Möglichkeit, Zusammenhänge auf allen Ebenen herzustellen. Bürger werden Netizens - ein Begriff der im Englischen einfacher nachzuvollziehen ist, d.h. von Citizens (Bürger) zu Netizens (Menschen die sich SOZIAL im Netz konstituieren) - und das kann heißen: Kommunikation zwischen Wissenschaftlern, Pornographie, verteilte Arbeit, politischer Aktivismus (von extrem links bis extrem rechts), neue Formen der Interaktion, der Produktion, der Gestaltung, der Schöpfung. Die über sechs Milliarden Chips in der Welt, die eventuell durch unsere Vernetzung eine Para-Intelligenz auf dem Erdball bilden, sind nur ein Indiz für alles, was noch auf uns zukommt; gut und schlecht; erhaben und miserabel. Kein Grund, etwas zu idealisieren, aber auch kein Grund zu dämonisieren.

Und die Kunst in Cybercity? Wie schon mehrmals behauptet, bietet die Kunst nicht nur ein Beispiel, indem die Kunst sich ununterbrochen ändert, sondern in erster Linie, indem die Kunst kontinuierlich Stereotypen, Gewohnheiten, Erwartungen in Frage stellt. Aus der Erfahrung des Kunstschöpfens - so uneinheitlich sie auch sein mag - hat die Wissenschaft und die Technologie viel profitiert. Trotzdem erscheint manchen die Kunst als parasitär, als Nebensache, als Alibi. Kunst am Bau - nicht nur in Deutschland - verkörpert diese Mentalität. Auch die Bemühung alte Fabrikhallen zu retten, um sogenannten Künstlern Studioräume anzubieten, oder Museen zu errichten, gehört zur selben Tendenz.

Meine Überlegungen zum Thema Kunst in Cybercity kann ich mit Thomas Manns Worten beenden: „Es gibt im Grunde nur ein Problem in der Welt, und es hat diesen Namen: Wie bricht man durch? Wie kommt man ins Freie? Wie sprengt man die Puppe und wird zum Schmetterling?“ (Doktor Faustus). Die authentische Kunst ist eine Quelle der heutigen Dynamik, und wird uns helfen, die Puppe eventuell zu sprengen. Dieser Schmetterling, die inzwischen exemplarische Metapher der Chaostheorie, wird uns noch lange Zeit in unserer Entwicklung von der Industriegesellschaft zu einer Wissenswelt verfolgen. Die Kunst selber wirkt als Schmetterling, dessen Flügelschlag schon so viel in der Dynamik unserer Erneuerung verursacht hat.

Die europäische Stadt als CyberCity

Karlheinz Steinmüller

1. Herausforderungen für europäische Städte

Die Cyber-Welle hat die Städte erreicht. Neue Wörter sind in aller Munde: Telepolis, telematische Stadt, digitale Stadt, intelligente Stadt, virtuelle Stadt, multimediale Stadt, InfoCity - und nun CyberCity. Woher kommt diese neue Mode? Gewiß drückt sich in ihr der Zeitgeist der herannahenden Informationsgesellschaft aus. Hinter den Begriffen verbirgt sich jedoch auch eine Hoffnung, die Hoffnung darauf, daß die neuen Informations- und Kommunikationstechnologien dazu beitragen könnten, daß die europäischen Städte die vielfältigen Herausforderungen, vor denen sie stehen, etwas besser meistern könnten.

Wie schon heute an den komplexen Problemlagen der Städte abzulesen, werden in der absehbaren Zukunft mehrere massive Schockwellen von Veränderungen die europäischen Städte überrollen:

- eine demographische Schockwelle mit dem Altern der europäischen Bevölkerungen und massiven Zuwanderungen,
- eine weltwirtschaftliche Schockwelle mit vielfältigen Globalisierungs- und Denationalisierungsprozessen, die die Städte in neue transnationale Beziehungs- und Konkurrenzsituationen bringt,
- eine technologische Schockwelle, die vor allem durch die neuen Kommunikations- und Informationstechnologien ausgelöst wird, die u.a. tiefgreifende Auswirkungen auf Raum-Zeit-Strukturen haben,
- eine ökologische Schockwelle, die das Verhältnis von Stadt und Umland, Fragen der Stadtökologie, aber auch infrastrukturelle Fragen betrifft.

Die synergetischen Wirkungen dieser Schockwellen sind kaum überschaubar. Sie reichen von grassierender Arbeitslosigkeit mit ihren Folgen u.a. für die sozialen Milieus der Stadt und einer generellen Aushöhlung des industriezeitlichen Arbeitsparadigmas bis hin zu einem schwer vorhersagbaren Wertewandel, neuem Konsum- und Freizeitverhalten und zu unkalkulierbar verschärften weltpolitischen Konfliktpotentialen. Politik auf kommunaler und regionaler Ebene versucht in unterschiedlicher Weise auf diese Herausforderungen zu reagieren, beispielsweise durch das Leitbild einer „vitalen Stadt", gemäß dem sich die Quartiere mit neuem Leben aus der Verschränkung von Wohnen, Gewerbe, Kultur und Konsum füllen sollen, oder auch durch die Implementierung der „Lokalen Agenda 21", bei denen die Prinzipien der nachhaltigen Entwicklung (sozialer, ökologischer, kultureller und ökonomischer Zukunftsfähigkeit) auf den städtischen Raum übertragen werden. Dem stehen freilich auch Leitbilder gegenüber, die bewußt einen Kontrapunkt zur Stadt als Kristallisationspunkt von Gesellschaft setzen: global village, global region. - Könnte es sein, daß die Stadt im gewohnten Sinne im Informationszeitalter verschwindet?

2. Konzepte für die Stadt im Informationszeitalter

Wie an den eingangs erwähnten Wortneubildungen abzulesen, werden aus den unterschiedlichsten Richtungen - von Technikern wie Kommunalpolitikern, von Wirtschaftsunternehmen und Verkehrsplanern, um nur einige zu nennen - Konzepte für die Stadt in der Informationsgesellschaft entwickelt. Vom Prinzipiellen her sind dabei einerseits Konzepte zu unterscheiden, bei denen die Stadt in der virtuellen Realität der Informations- und Kommunikationsnetze nachgebildet wird (sogenannte „digitale Städte"), und andererseits Konzepte, die Telematikanwendungen - vom Bürgerinformationssystem über Verkehrsleitsysteme bis hin zu „virtuellen Altenheimen" - im städtischen Raum bezeichnen (Sammelbegriff „telematische Stadt"). „CyberCity" ist bislang inhaltlich noch nicht näher bestimmt. Spekulativ könnte man sich vorstellen, daß eine CyberCity eine mit sämtlichen möglichen Telematikanwendungen ausgestattete, sozusagen total vernetzte Stadt ist, in der das Leben in der physischen Realität eng mit Abläufen in der virtuellen Realität der Netze verflochten ist, wo die modernen Kommunikations- und Informationssysteme jegliche Funktion der Stadt - sei es im Bereich von Verwaltung und Wirtschaftsleben, von privatem Konsum, Kultur und Geselligkeit - unterstützen.

	Digitale Stadt	Telematische Stadt	CyberCity
Charakteristikum	rein virtuelle Stadt, die nur aus Bytes besteht und im Netz existiert	Sammelbegriff für Telematikanwendungen im städtischen Raum	?
Projektbeispiele	De digitale Stad Amsterdam Internationale Stadt Berlin	Intelligente Stadt Stuttgart Multimedia Gelsenkirchen	
	Stadt als Metapher: „just another internet activity" im Rahmen des „globalen Dorfes" oder der „Telepolis" Internet	reale Stadt als Gegenstand, aber nur selten Vernetzung der Einzelanwendungen	**Vision**: Integration aller Telematikanwendungen der Stadt in ein vielfacettiges System

Mit dem Telematikeinsatz im städtischen Raum verbinden sich Visionen und Hoffnungen wie:

- Stärkung der Urbanität
- größere Bürgernähe von Verwaltungen
- Umweltentlastung, speziell Verkehrsentlastung

Die Realität der Städte sieht dagegen anders aus. Die deutschen Kommunen werden von akuten Finanznöten heimgesucht, die sich in den letzten Jahren dramatisch verschärft und die kommunale Handlungsfähigkeit auf ein Minimum reduziert haben. Dementsprechend werden die großen Telematikprojekte kaum von den Städten selbst maßgebend gestaltet, allenfalls im Konzert mit anderen Akteuren mitgestaltet. Die spezifischen Programme der Landes- oder Bundesregierung bzw. der Europäischen Union kommen hier zum Tragen. Hauptfinanzgeber und Hauptakteure bei der Implementierung der neuen Informations- und Kommunikationstechnologien sind Großunternehmen wie die Deutsche Telekom, VEBA oder RWE mit ihren jeweiligen Töchtern und Allianzen. Wie verschiedene Pilotprojekte - beispielsweise der Versuch von Time-Warner mit interaktivem TV in Orlando/Florida oder die Anstrengungen, sogenannte settop-boxen in den deutschen Markt einzuführen - zeigen, setzten gerade Großunternehmen allzu oft auf eine technikzentrierte Herangehensweise, verstehen sich als Anbieter von Technologien in der sicheren Erwartung, daß sich dann die Kunden schon finden würden. Der öffentlichen Hand kommt dann lediglich noch die Rolle des Marktöffners zu. Flops und Fehlinvestitionen sind so häufig vorprogrammiert.

3. Europäische Akteure, Ziele, Einsatzfelder

Mit der Landesinitiative „Media NRW", der Task Force „Electronic Cities", dem Projekt „Info-City NRW", dem Projekt „Schulen ans Netz" und anderen Aktivitäten versucht das Bundesland Nordrhein-Westfalen die Weichen für den Übergang in die Multimedia-Zukunft zu stellen. Andere Bundesländer und die Bundesregierung haben ähnliche Programme aufgelegt. Chancen für deutsche Städte, an die Entwicklung zur CyberCity anzuschließen, ergeben sich jedoch auch aus europäischen Förderprogrammen.

So sind als Anwendungsbereich im Rahmen des „Telematics Applications Program" der EU neben Telearbeit, Telelearning, Telemedizin, Hochschul-Netzen, Anwendungen im Verkehrsbereich und transeuropäischen Netzen für öffentliche Verwaltungen auch „Informationsschnellstraßen" für Städte vorgesehen.[1] Die EU-Telematik-Initiativen zielen u.a. auf Bereiche ab wie:

- Telematik-Anwendungen für Verwaltungen (Informationsflüsse zwischen den Verwaltungen und zwischen Verwaltung und Wirtschaft)
- Telematik-Anwendungen für Wissen, Qualifikation, Kommunikation (Forschung, Bibliotheken, Sprach-Engineering etc.)
- Telematik-Anwendungen für Beschäftigung und Stadtqualität

Bei dem letzten Punkt sind im einzelnen folgende Anwendungsgebiete zu nennen:

- Wirtschaftsansiedlung/Wirtschaftsförderung
- Stärkung städtischer Räume mit unzureichenden sozio-ökonomischen Strukturen
- Verbesserung kultureller Infrastrukturen
- Raumentwicklung
- Medizin/Gesundheitswesen

---

[1] Vgl. Bangemann-Bericht *Europa und die globale Informationsgesellschaft* (1994, CEC-DG XIII). Zu den europäischen Programmen siehe Kai Böhme/Klaus Burmeister/Ursula Wyss: *Telematik für die Städte Europas. Darstellung europäischer Förderprogramme und ausgewählter kommunaler Umsetzungsbeispiele*, SFZ-WerkstattBericht Nr. 16, Gelsenkirchen 1995

- Benachteiligte und ältere Menschen
- Umweltentlastung

Als eine Schaltstelle für diese vielfältigen Anwendungen wurde ein spezielles Büro, das ISPO - Information Society Project Office -, von der zuständigen DG XIII eingerichtet. Im Netzwerk TeleCities haben sich über fünfzig europäische Städte zusammengeschlossen, die in unterschiedlichen Konsortien eine gemeinsame Entwicklung von Telematik-Projekten betreiben wollen.[2] Sie haben sich dabei die folgenden Prioritäten gesetzt:

1. Entwicklung von Telematik-Projekten und Strategien auf einer kohärenten, transeuropäischen Basis.
2. Identifikation von Projekten von allgemeinem Interesse, bei denen eine europäische Finanzhilfe eine klare Wertsteigerung für Telematik-Anwendungen bedeuten würde.
3. Etablierung eines effektiven Dialogs mit relevanten europäischen Institutionen, die auf dem Gebiet der neuen Informations- und Kommunikationstechnologien tätig sind.

Aus dem TeleCities-Netzwerk heraus bilden sich einzelne Arbeitskreise und Konsortien, die jeweils für spezifische Projekte Fördermittel der EU beantragen. Als ein exemplarisches Beispiel mag hier das Projekt „EuroWeb Plaza - A Virtual European Market Plaza for SMEs“[3] dienen, an dem Aalborg, Bari, Belfast, Den Haag, Kirklees, Leeuwarden und München teilnehmen.

„Hauptziel des EuroWeb Plaza Projekts ist es, neue Wege in Kommunalpolitik und Stadtplanung zu erkunden und zu implementieren, um zu nachhaltiger ökonomischer Entwicklung und

---

[2] Es handelt sich um Aalborg, Amaroussion, Amsterdam, Antwerpen, Barcelona, Bari, Belfast, Berlin, Bilbao, Birmingham, Bologna, Bradford, Bristol, Cardiff, Den Haag, Edinburgh, Espoo, Genua, Helsinki, Hull, Isai, Islington, Kirklees, Köln, Kopenhagen, Leeds, Leeuwarden, Leipzig, Lille, Lissabon, Liverpool, Livorno, Lyon, Maastricht, Madrid, Manchester, Marseille, Montpellier, München, Nantes, Newcastle, Nizza, Nürnberg, Palma, Porto, Rom, Ronneby, Rotterdam, Salerno, Sheffield, Straßburg, Turin, Toulouse, Valencia, Venedig, Wien. Allerdings scheiden bisweilen einzelne Mitgliedstädte aus und neue kommen hinzu.

[3] SMEs - small and medium enterprises, deutsch: KMU - Klein- und Mittelbetriebe

sozialem Zusammenhalt beizutragen. Stadtplaner - unsere Hauptzielgruppe - sind heute vielleicht daran gewöhnt, Nachhaltigkeitskonzepte zu operationalisieren, vielleicht sogar ökologisches Systemdenken anzuwenden, aber ihre hauptsächliche Orientierung in bezug auf ökonomische Entwicklung besteht immer noch darin, Gewerbegebiete durch Flächennutzungsplanung auszuweisen. Diese Orientierung wird durch die Konsequenzen der entstehenden Informationsgesellschaft in Frage gestellt. Unternehmen verlieren den festen räumlichen Bezug. Stadtplaner haben ihre Planungsinstrumente zu überholen. Der innovative Aspekt des EuroWeb Plaza Projekts besteht darin, neue Stadtplanungsinstrumente zu erproben, die durch Technologien der Informationsgesellschaft möglich werden [...]“[4]

Als wichtige Themen für das Projekt werden dabei genannt: eine Verbesserung der Stadtplanung, die Nutzung von typischen Vorteilen der jeweiligen Städte, die Revitalisierung bzw. „Regenerierung“ historischer Zentren, Infrastrukturentwicklung (materielle und „weiche“ Infrastruktur), der Bereich von Emanzipation, Partizipation und Beschäftigung, umweltverträgliches Verhalten und Stadterhaltung. Kernpunkte der Arbeitspakete sind dabei:

- „Wissenszentrum“ des Webmasters
- Digitales Haus für Unternehmer
- KMU-Entwicklungszentrum „DigiCentre“
- multimediales Innovationszentrum
- Internet-Training und Unternehmensberatung
- WebHotels
- Virtuelle Konferenzräume und News Groups

Andere Konsortien, wie die in DALI (Delivery and Access to Local Information and Services) zusammengeschlossenen Städte Barcelona, Lewisham, Kopenhagen, Köln, Turin und Toulouse, wollen neue (Dienstleistungs-)Angebote nicht für Klein- und Mittelunternehmen, sondern für die Bürger entwickeln: einen leichteren Zugang zu städtischen Informationen, die elektronische Ausfertigung und Zustellung von Dokumenten (Führerscheinen etc.), eine kundenfreundliche Gestaltung von städtischen und anderen Dienstleistungen und eine erleichterte Nutzung von städtischen

---

[4] Zit. nach http://beavis.cs.bham.ac.uk/telecities/summary/euroart. html. Meine freie Übersetzung - K. S.

Einrichtungen (durch bessere Information, Anmeldung/Buchung etc.). Diese Zielstellungen gehen über das übliche Angebot von Stadtinformationssystemen hinaus, bauen aber auf diesen auf.

Beide Projekte - EuroWeb Plaza und DALI - sind dem Bereich der telematischen Stadt zuzuordnen. Beispielhaft für eine digitale Stadt sei „Die Digitale Stadt Amsterdam" genannt, das wohl bekannteste europäische Projekt in diesem Bereich. Die neuen digitalen Kommunikationsmedien werden dabei nicht nur genutzt, um per Email oder Diskussionsgruppen Bürgern neue Nutzungsformen zu erschließen; durch die Möglichkeit einer Navigation im virtuellen Raum einer digital nachempfundenen Stadt entstehen neue Beziehungen und Nachbarschaftsverhältnisse.

Die Digitale Stadt Amsterdam wurde im Januar 1994 von einem Zentrum für Politik, Theater und Kultur und einer Computer-Hacker-Gruppe gegründet. Ihr ursprüngliches Ziel war es, im Informationszeitalter eine neues Verhältnis zwischen Bürgern und Politik - anläßlich einer Gemeinderatswahl - zu erproben und eine „virtuelle Öffentlichkeit" zu etablieren. Grundprinzip blieb bis auf den heutigen Tag nach dem Vorbild der amerikanischen „freenets" der universelle Zugang: Jeder kann sich einloggen, jeder mitdiskutieren, der Zugang zur digitalen Stadt ist so frei (und kostenlos) wie das Flanieren auf einer Straße. Mehr noch: Man kann sich als Bürger der digitalen Stadt eintragen lassen und eines ihrer virtuellen Grundstücke selbst gestalten. Im Unterschied zu den meisten Stadtinformationssystemen bietet die digitale Stadt einen hohen Grad an Kommunikation, große Navigationsmöglichkeiten, ein benutzerfreundliches Interface und ein vielfältiges Angebot, das von den Einwohnern, verschiedensten Organisationen, der Wirtschaft usw. aufgebaut wird.

Allerdings sind, seit die Digitale Stadt Amsterdam Ende 1995 auf die neue graphische Technologie des World Wide Web umgestellt wurde und sich die Anzahl der Nutzer explosionsartig vermehrt hat und neben das Ziel der Partizipation auch die Verbreitung von Wissen und wirtschaftliche Entwicklung getreten sind, kritische Stimmen laut geworden. Die Sponsoren - SUN Microsystems, PTT (niederl. Telecom), der Bezirk Amsterdam usw. - hätten zu großen Einfluß gewonnen und die Kommerzialisierung vorangetrieben, was die ursprünglichen Nutzer mit einem Verlust an Sozialität bezahlen müßten. - Die Realität der modernen Gesellschaft hat den anfangs noch recht anarchischen bzw. selbstorganisierten virtuellen Raum kolonisiert.

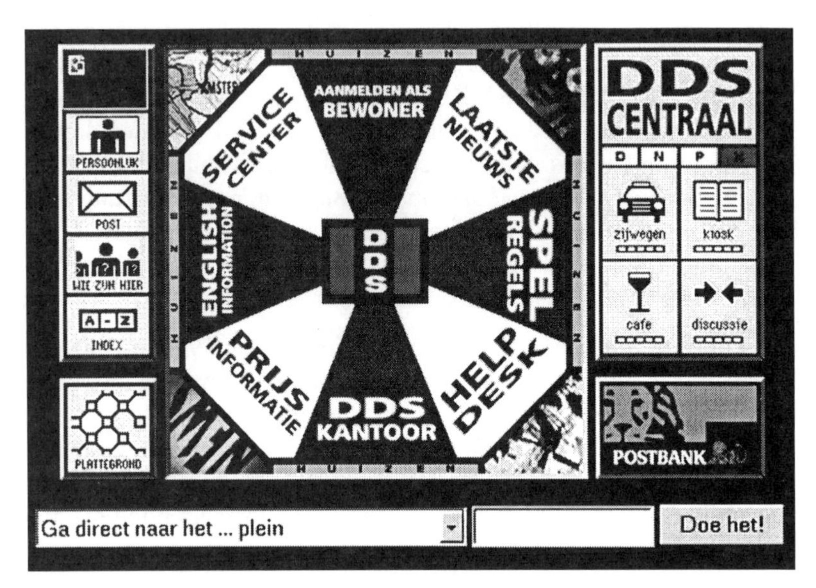

aus: http://www.dds.nl

4. CyberCity contra Sustainable City?

Den Gefahren eines planlosen „Wucherns" (oder auch partiellen Verfalls) versuchen Stadtplaner und Kommunalpolitiker durch eine bewußte Stadtentwicklung nach bestimmten Leitbildern zu kontern. Als Leitbilder für Städte werden in jüngerer Zeit häufig genannt:

- die urbane und vitale Stadt
- die nachhaltige (oder zukunftsfähige) Stadt
- die solidarische Stadt
- die prosperierende Stadt
- die Kulturstadt

Inwiefern diese Leitbilder bei den Planungen tatsächlich berücksichtigt werden, steht auf einem anderen Blatt. Historisch gesehen folgte die Entwicklung weniger diesen sozio-kulturell ausgerichteten Leitbildern (die freilich einen hohen proklamatorischen Stellenwert besitzen), sondern eher (system-)technischen Leitbildern wie dem der funktionalen Stadt oder dem der verkehrsgerechten

Stadt. Die Wirkungen gerade des letzten Leitbildes auf Struktur der Städte und die Lebensqualität in ihnen sind hinreichend bekannt.

Zu fragen wäre nun aber, ob mit dem Konzept der telematischen Stadt nicht wieder ein technikzentriertes Leitbild bemüht wird - und ob nicht vielleicht die Konsequenzen einer „info-verkehrsgerechten" Stadt ähnlich gravierend sein könnten wie die der verkehrsgerechten Stadt. Kein Technikfolgenabschätzer oder Zukunftsforscher ist derzeit in der Lage, die Veränderungen, die der Telematikeinsatz im städtischen Rahmen mit sich bringen wird, einigermaßen vollständig zu beschreiben, geschweige denn zu quantifizieren.

Wenn wir optimistischerweise annehmen, daß es einen Gestaltungsspielraum gibt, dann hängen diese Konsequenzen von der konkreten Form des Telematikeinsatzes ab - insbesondere davon, ob gemäß einem „technology push"-Konzept Technikeinsatz allein vom technisch Möglichen her gedacht und auf Renditeerwartungen hin realisiert wird, oder ob es gelingt, gemäß einem „demand pull"-Konzept die Bedürfnisse der Städte und ihrer Bürger als Ausgangspunkt (oder wenigstens einen Ausgangspunkt) zu setzen. Telematische Stadt bzw. CyberCity sollten daher nicht als Leitbild fungieren, sondern als Lösungsansatz, um Aufgabenstellungen im Rahmen eines Leitbildes *urbane und vitale Stadt* zu bewältigen. Soziale, kulturelle, ökonomische, ökologische Nachhaltigkeit - wie sie in Lokalen Agenden 21 formuliert werden und bisweilen in „Sustainable Communities" oder „Sustainable Cities" auf ein Schlagwort gebracht werden - sollten als Leitziele auch den Telematikeinsatz bestimmen.

In grober Vereinfachung kann man daher zwei prinzipielle Entwicklungsmöglichkeiten für die europäische Stadt als CyberCity unterscheiden:

Szenario	Verschwinden der Stadt	Re-Vitalisierung der Stadt
Prinzip	Technikzentriert	Bedarfsorientiert
Leitziel	Globalisierung	Urbanität
Anwendungen	Dominanz der Kommunikation im „globalen Dorf" des Netzes: • global work • globale Nachbarschaften • globale Kultur	Stärkung der Kommunikation in der realen Nachbarschaft: • lokale Internet-Börsen • lokale piazza virtuale...
Folgen	• Spaltung in „Info-Gewinner" und „Info-Verlierer" • Verlust des Nahraumes • digitale Stadt als virtueller Ersatz für die Stadt	• Wiederbelebung des Nahraumes • digitale Stadt als Unterstützung für die reale Stadt

5. Szenario 1: Von der CyberCity zum Verschwinden der Stadt im Virtuellen

Auf Messen wie der gerade stattfindenden CeBIT ist zu sehen, welche technischen Möglichkeiten heute bereits existieren, welche in absehbarer Zeit auf uns zukommen. Auch die Strategien der Großunternehmen und die Stärke der Marktgewalten sind dort zu erahnen: Allein der deutsche Telekommunikationsmarkt wird von ca. von 65 Mrd. DM im Jahr 1995 auf 80 bis 90 Mrd. DM im Jahr 2000 wachsen; die Informationswirtschaft (Medien, Telekommunikation, Computer, Elektronik) insgesamt erbringt in Deutschland über 11 % des Bruttosozialprodukts. Weltweit sind für die Informationswirtschaft etwa 4000 Mrd. DM anzusetzen.[5] Die ungeheure Eigendynamik der technologisch-ökonomischen Entwicklung wird an diesen Zahlen deutlich.

In dem Szenario für eine ausschließlich technikzentrierte Gestaltung der CyberCity werden zunehmend Funktionalitäten der realen Stadt auf digitale Städte übertragen. Heute visionär angedachte oder allenfalls in Modellprojekten realisierte virtuelle Institutionen ersetzen „realweltliche" bisherige Einrichtungen. Zu denken ist an folgende „Orte an der Datenautobahn":

---

[5] Zu Basisdaten für die Informationswirtschaft vgl. etwa Bundesministerium für Wirtschaft: *Info 2000. Deutschlands Weg in die Informationsgesellschaft. Bericht der Bundesregierung*, Bonn 1996

- virtuelle Bibliotheken
- virtuelle Unternehmen
- virtuelle Freizeitparks
- virtuelle Einkaufszentren
- virtuelle Schulen
- virtuelle Universitäten
- virtuelle Altenheime
- virtuelle Marktplätze
- virtuelle Tempel
- virtuelle Gedächtnisplätze
- virtuelle Museen

Die Integration telematischer Systeme in Gebäude - gemäß Konzepten wie „intelligentes Haus", „intelligente Fassade" - fördert die Tendenz zur „Virtualisierung" der Stadt noch. Infolge der Vernetzung, bei der Entfernungen keine Rolle mehr spielen, könnten sich jegliche nahräumliche Bezüge auflösen; Nachbarschaft findet nicht mehr im Stadtquartier, sondern global in Interessengruppen Gleichgesinnter statt. Die Topographie des Internets, nicht die der realen Stadt bestimmt die sozialen Beziehungen. Zugleich könnte ein massenweiser Übergang zur Telearbeit der Tendenz zur Zersiedelung Vorschub leisten. In diesem - zugestandenermaßen überzogenen - Szenario könnte sich in mittlerer Frist ein Großteil des menschlichen (Sozial-)Lebens im Virtuellen abspielen.

Diffusionsszenarien Virtueller Realitäten

➊ ***vereinzelte Nutzung***

- militärische Simulatoren, Joystick-Chirurgie
- begehbare Architekturmodelle
- VR-Spiele, erste Cyberspace-Arkaden
- erste digitale Städte

➔ noch geringe soziale und kulturelle Konsequenzen

➋ ***verbreitete Nutzung***

Voraussetzung: Virtuellen Realitäten über leistungsfähige Datennetze

- virtuelle Einkaufszentren, Freizeitparks
- virtuelle Schulen, Büros
- virtual warfare

➔ eine neue Kultur des Umganges mit Maschinen und Wissen
➔ Umbrüche in Arbeitsleben, Bildungswesen, Sozialverhalten

Diffusionsszenarien Virtueller Realitäten

❸ ***totale Penetration***

Voraussetzungen: Perfektion der Interface-Techniken, Überwindung kultureller Barrieren, allseitige und allerortige Verfügbarkeit des Netzes)

- jegliche Kommunikation fast ausschließlich über Virtuelle Realitäten
- Arbeit fast ausschließlich als Telearbeit in Virtuellen Realitäten
- virtuelle Mobilität ersetzt physische Mobilität

➔ Leben im Cyberspace

Virtuelle Realitäten und mit ihnen digitale Städte üben nicht zuletzt deshalb eine große Faszination aus, weil in ihnen alte utopische Wunschvorstellungen scheinbar technologisch realisierbar werden: sie haben keinen Ort außer im Geist, sie kennen keine nationalen Grenzen oder anderweitige Begrenzungen. Für den Nutzer weitet sich scheinbar der Erfahrungsraum ins Unermeßliche aus, der menschliche Geist löst sich vom Körper. - Angesichts dieser quasi eschatologischen Qualitäten der virtuellen Netzwelt vernimmt es nicht Wunder, wenn sich manche Forscher auf diesem Gebiet sogar in der Perspektive von den Informationstechnologien Unsterblichkeit des individuellen menschlichen Geistes versprechen.

Tatsächlich könnte die Entwicklung von der heute proklamierten „Stadt als Erlebniswelt“ hin zu einer virtuellen Erlebniswelt ohne reale Stadt doch partiell noch nach deren Vorbild führen. In der Perspektive gäbe es dann keine realen Städte mehr, nur noch digitale Städte, die in der einen globalen Telepolis zusammengeschlossen sind. - Wir haben uns an Städte gewöhnt; Städte sind der Inbegriff der Zivilisation. Was aber bringt uns zu der Annahme, daß es immerfort Städte im herkömmlichen Sinne geben werde?

6. Szenario 2: Telematik für vitale Städte

Im zweiten Szenario sollen Chancen umrissen werden, die die neuen Technologien für das Leitbild einer vitalen, zukunftsfähigen Stadt eröffnen. Ich folge hierbei im wesentlichen den Gedanken, die R. Kreibich auf der SFZ-Tagung „Telematic Cities“ im Herbst 1995 umrissen hat.[6]

Zu den Zielen einer nachhaltigen Stadtentwicklung, d.h. einer umwelt-, wirtschafts- und sozialgerechten Stadt- und Regionalentwicklung, zählen insbesondere:

- Abbau von Anreizen zur Sub- und Disurbanisierung
- Stabilisierung ländlicher Räume und Siedlungen
- Städtebauliche Nutzungsmischungen und soziale Integration
- Städtebauliche Dichte, Innenentwicklung und Freiraumschutz
- Ausgleich von Flächeninanspruchnahme im lokalen und regionalen Verbund
- Förderung städtischer Quartiere mit besonderem Erneuerungsbedarf
- Stärkung von Innenstädten und Stadtteilzentren
- Stärkung des städtebaulichen Denkmalschutzes
- Städtebauliche Weiterentwicklung und Urbanisierung von Großwohnsiedlungen
- Sichere Stadtquartiere
- Umweltgerechter Stadt- und Regionalverkehr
- Ökologisch und sozial verträgliche Infrastrukturen
- Umweltgerechtes Bauen
- Nachhaltiges Wirtschaften in der Stadt

Dieser weit gespannte und heterogene Katalog von Zielen erfordert Maßnahmen auf unterschiedlichsten Ebenen, primär auf politischer, wirtschaftlicher, sozialer. Der Einsatz von Zukunftstechnologien kann dabei als mehr als nur eine flankierende Maßnahme begriffen werden: als eine Chance, strukturelle Veränderungen voranzutreiben. Zukunftstechnologien und ökonomische Innovationen können in vielen Bereichen zu einer nachhaltigen Entwicklung beitragen und die Weichen in ein neues Zeitalter stellen, das Umweltbelastungen und Ressourcenverbrauch minimiert und zugleich neue Beschäftigungschancen schafft. Beispielhaft seien erwähnt:

---

[6] Rolf Kreibich: „Leitziele und Nutzungskonzepte für die telematische Stadt“, in: Klaus Burmeister/Kai Böhme (Hrsg.): *Telematic Cities. Perspektiven nachhaltiger Stadtentwicklung*, SFZ-WerkstattBericht Nr. 17, Gelsenkirchen 1997

- Ökologisches Bauen
  (Baukonstruktion, Baustoffe, Infrastruktur, Energieeffizienz)
- Nutzung regenerativer Energien
  (primär: Solarenergietechniken für Wärme und Strom)
- Energieeffiziente dezentrale Energieumwandlungstechniken
- Energiespeichertechniken
  (Langzeitwärmespeicherung: Hochleistungs-Stromspeicher)
- Kreislaufwirtschaft
  (Langlebigkeit, Wieder- und Weiterverwendung, Wieder- und Weiterverwertung, Hilfsstoffkreisläufe, neue Logistik-Systeme etc.)
- Ökologische Produkte und Produktionsverfahren
  (Wiederverwendung, Wertstofferhaltung, Schadstoffarmut)
- Mobilitätsdienstleistungen
  (Systemlösungen für nachhaltigen Verkehr)

In dieser Liste treten die modernen Informations- und Kommunikationstechnologien nur vermittelt auf: beispielsweise als Telematiklösungen für die logistische Unterstützung von Kreislaufwirtschaft und Mobilitätsdienstleistungen. So können Informations- und Kommunikationstechnologien die Nutzung und Rückführung komplexer Altprodukte unterstützen, etwa durch Fernkontrolle, Fernwartung, telematisches Produkt/Öko-Leasing und Pfand-Clearing, telematisch gestützte Rückführungs-Logistiken, telematisch gestützte Sekundär-Börsen usw. Weiterhin ist an Standardprogramme für Ökobilanzen, Recycling-Informations- und Beratungssysteme und einen Einsatz in der Umweltbildung und -pädagogik (z.B. durch entsprechende Computerspiele) zu denken.

Zentrale Bedeutung für die Entwicklung der Infrastruktur der CyberCity haben Telematikanwendungen im Verkehrsbereich:

- Effektivierung der Verkehrsmittel durch Information und Kommunikation
- Optimierung der Verkehrsströme und Verkehrssysteme durch Informations-, Steuerungs- und Kontrollsysteme
- Verlagerung von Verkehrsströmen auf ressourcenschonende Verkehrssysteme und Verkehrsmittel durch Nutzung von Informations- und Kommunikationstechnologien
- Verminderung materiellen Verkehrs: Substitution physischer Verkehrsflüsse durch Informationsflüsse

- Vermeidung von Verkehr: Telematische Unterstützung neuer Raum- und Siedlungs-, Produktions-, Unternehmens- und Verwaltungsstrukturen mit reduzierten Mobilitätserfordernissen

Die realistischen Chancen liegen in der Nutzung aller Effektivierungs-, Verlagerungs- und Verminderungspotentiale - nicht im mehr oder weniger utopischen Ziel einer völligen Virtualisierung des Verkehrs (Substituierung durch Informationsflüsse). Obwohl die Informations- und Kommunikationsbranche immer wieder mit Umweltentlastung durch die neuen Technologien wirbt, muß doch festgehalten werden: Die Chancen für eine nachhaltige Entwicklung realisieren sich nicht automatisch im Zuge des technologischen Fortschritts. Statistiken belegen nur allzu oft einen Induktionseffekt: mehr Telekommunikation zieht mehr physischen Verkehr nach sich, allein schon wegen der wachsenden Entfernungen, über die hinweg Kommunikation stattfindet. Auch eine Hoffnung, die von Anfang an mit Telearbeit verbunden wurde, die Verminderung von Pendlerströmen, scheint sich nur teilweise zu bewahrheiten: die Frequenz der Fahrten sinkt, die Entfernung wächst. Ohne eine bewußte Gestaltung von Rahmenbedingungen (rechtlichen, infrastrukturellen ...) sind die gewünschten positiven Effekte nicht zu erwarten. Ob also eine optimistische oder eine pessimistische Sicht auf die Wirkungen der Informations- und Kommunikationstechnologien recht behalten wird, ist derzeit nicht zu entscheiden - weil es vom aktuellen Handeln abhängt.

	Optimistische Sicht	**Pessimistische Sicht**
Wirtschaft und Gesellschaft	materieller & informationeller Wohlstand für alle • Wirtschaftswachstum erzeugt verbesserte Chancen für alle • bessere Informationsmöglichkeiten und Services für alle	verschärfte Spaltung der Weltgesellschaft • in Info-Reiche und Info-Arme innerhalb eines Landes • in info-reiche Länder und info-arme Länder
Kommunikation	verbesserte Kommunikation • zwischen den Bürgern • zwischen Bürgern und Verwaltungen	Störung der Kommunikation • Informationsüberschwemmung • Verlust von Beziehungsfähigkeit

	Optimistische Sicht	Pessimistische Sicht
Umwelt	Entlastung der Umwelt • durch informationelle statt physische Mobilität • durch effizientere Produktion, Umweltmonitoring usw.	Belastung der Umwelt • durch Induktionseffekt • durch allgemeine Beschleunigung der Wirtschaftstätigkeit
Stadt	Re-Vitalisierung der Stadt • durch Stärkung lokaler Beziehungen • durch Beitrag zur Lösung von städt. Problemen	Auflösung der Stadt • durch Verlagerung von Aktivitäten in den Cyberspace • durch Bedeutungsverlust des Nahraumes

7. Optionen für die europäische Stadt

Im Konzert der Akteure können die Städte trotz ihres sehr eingeschränkten finanziellen Handlungsrahmens als Koordinator von Aktivitäten einen entscheidenden Einfluß auf die bedarfsorientierte Gestaltung der CyberCity ausüben. Tatsächlich aber legen die Kommunen sehr unterschiedliche Verhaltensmuster an den Tag, die von bloßem passiven Abwarten bis zum Versuch der Implementation von übergreifenden Konzepten einer „intelligenten", „informierten" oder „telematischen" Stadt reichen.

Attentismus	Aktionismus	Konzentration	Idealkonzept
keine Aktivitäten	viele unkoordinierte Aktivitäten einzelner kommunaler Akteure	Konzentration der städtischen Aktivitäten auf zentrale Einsatzfelder	allseitige bedarfsorientierte Förderung der Telematik
Hintergrund: Vertrauen auf die marktwirtschaftlichen Kräfte	Nachteil: Doppelaktivitäten Vorteil: unterschiedliche Bewertungen der Einsatzfelder von Telematik kommen zum Tragen	Vorteil: klare Prioritätensetzung Nachteil: Vernachlässigung anderer Felder	Nachteil: Kosten

Das Idealkonzept einer allseitigen bedarfsorientierten Förderung von Telematikanwendungen im städtischen Rahmen hat schon aus Kostengründen keine Realisierungschance; zu fragen ist aber auch, ab wann Kommunen und ihre Einrichtungen durch den Konzipierung- und Koordinierungsaufwand überfordert werden. Ein Masterplan für die zukunftsfähige und nachhaltige, vitale und urbane, prosperierende europäische CyberCity der Zukunft, der lediglich noch implementiert werden müßte, existiert nicht; ihn kann es auch in Zukunft nicht geben. Statt seiner lassen sich Gestaltungsprinzipien für Telematikanwendungen in der Stadt benennen:

1. Bedarfsorientierung und Partizipation
   Die Nutzer (Bürger, Wirtschaft, Verwaltung) sollten ihre Bedürfnisse unter Hinzuziehung von Fachleuten selbst formulieren.
2. Public-Private-Partnership
   Verantwortliche aus dem öffentlichen Bereich sollten mit privatwirtschaftlichen Akteuren bei Zielfindung und Problemlösung zusammenarbeiten.
3. Nachhaltigkeit
   Die Technikgestaltung sollte den Leitlinien der sozialen, ökologischen, kulturellen und wirtschaftlichen Nachhaltigkeit entsprechen.
4. Kooperation
   Städte sollten bei der Konzipierung und Nutzung von Hard- und Softwarelösungen kooperieren, nicht konkurrieren.

Hier schließt sich der Kreis: Eine gut ausgestattete CyberCity verfügt auch über einen zentralen Platz, ein Forum, auf dem sich alle treffen und demokratisch mitwirken können, einen Marktplatz der Ideen und des Austauschs über die Gestaltung der künftigen vitalen Stadt, der nachhaltigen und „vercyberten“ europäischen Polis der Zukunft.

Visionen über die Logistik der Stadt der Zukunft

(Cyber-City Logistics. Ein Szenario aus der Sicht des Logistik-Visionärs)

Volker H. Rosenkranz

1. Einleitung

„Yours is a slow sort of country" the red Queen told Alice: „Now, here, you see, it takes all the running you can do, to keep in the same place."

Als Ingenieur, Industrieplaner und Entwickler neuer Verkehrssysteme möchte ich meine Vorstellungen („Visionen") der zukünftigen Großstädte der Kritik aussetzen. Es handelt sich nicht um wissenschaftliche Prognosen, sondern um Visionen und Utopien - im positiven Sinne des Wortes.

An Teilen meines Konzeptes wird schon gearbeitet, die hier vorgestellte Utopie steht also nicht im leeren Raum.

Cyber-City, was ist das?

Es handelt sich um eine dieser neuen Worthülsen. Im Duden ist das Wort noch nicht vertreten.

Im Internet wird man dagegen fündig. Ca. 500 Eintragungen behandeln „Cyber-City", etliche tausend den Begriff „Cyber". Vielleicht ist es der Versuch, eine virtuelle Weltstadt im Internet zu schaffen mit Cyber-Cafés, Cyber-Sex und Cyber-Travel. Als Cyber wird da alles betitelt, was Information über Netzwerke austauscht, einen Computer hat und anders als bisher ist. Das ist nicht unsere Cyber-City.

Genausowenig zeigen die faszinierenden Science-fiction-Bilder unserer Zukunfts-Maler die „Cyber-City" der Tagungsteilnehmer, welche teilweise auf dem Land leben, in den Vororten oder in Stadtstrukturen des neunzehnten Jahrhunderts.

Es gibt dagegen außerhalb Europas reale Zukunftsstädte und noch faszinierendere Planungen, aber auch das ist nicht das Thema dieses Vortrags.

Zukunftsstadt Hongkong

Für die Zeitspanne der Tagung könnte daher besser folgende Sprachregelung gelten:

Cyber ist im planerischen Sinne ein Zustand, in dem Informationen durch Bits und nicht durch Atome ausgetauscht werden (Negroponte/MIT).

City ist eine dicht besiedelte Fläche mit Wohn- und Geschäftsräumen in mehrstöckigen Gebäuden aus diesem und dem letzten Jahrhundert in Europa.

In Cyber-City wird die Bevölkerung leben und arbeiten, teilweise digital einkaufen (Teleshopping), digitale Unterhaltung, Vergnügen und Nachrichten verbrauchen.

In Cyber-City entsteht die totale Dienstleistungsgesellschaft.

Logistik ist die Kunst, Menschen, Güter und Fahrzeuge zu bewegen.

Cyber-City-Logistic hat also dieselben Aufgaben wie heute – aber in einer digitalen Dienstleistungswelt:

- Transportieren von Bewohnern, Besuchern, Behinderten und Tieren.
- Dienstleistungen liefern, wie Handwerker, Ärzte, Betreuer, Sozialdienste, Erosdienste, Reinigungsfirmen, Hausdiener, Wartungsfirmen, Beratungsfirmen, Sicherheitsdienste.
- Versorgen mit Werbung, Lebensmitteln, Getränken, Umzugsgut, Werkstatteinrichtung, Möbeln, Wohneinrichtungen, Kleidern, Putzmitteln, Baustoffen (Wasser und Energie).
- Entsorgen von Abfällen, Umlaufmaterial, Sperrgut, Umzugsgut, Baumüll (Abwasser).

Als Stadtplaner und Logistiker interessiert mich besonders der zunehmende Anteil des Tele-Shoppings und seine Auswirkungen auf den Verkehr sowie die strukturellen Veränderungen auf dem Wege in die Dienstleistungsgesellschaft.

Es ist zu erwarten, daß zunehmendes Tele-Shopping und die totale Dienstleistungsgesellschaft eine neue Stadtplanung erfordern, eben Cyber-City-Logistics.

Gedanken über die Stadt der nahen Zukunft (Cyber-City 2020)

Ans Internet angeschlossene Geräte und Prognose:

1995	12,6 Mio. Geräte
2000	233,3 Mio. Geräte

Quelle: IDC

Entwicklung des Mailorder Geschäfts (weltweit):

1995	15 % Non-Store Retailing (Mailorder)
2010	55 % Non-Store Retailing

Quelle: Salmon Associates Inc.

Tele-Shopping (Cyber-City 2020)

In Cyber-City 2020 sind viele Haushalte online mit den Katalogen, Menüs oder Datenbanken der Hersteller, Kaufhäuser, Restaurants, Vergnügungsstädten und Dienstleister verbunden.

Die Bestellung und Bezahlung erfolgt per Modem (PC, TV, Minitel etc.).

Die Waren werden auf das Kundenprofil maßgeschneidert hergestellt oder dosiert, abgepackt und behandelt.

Die Bestellungen werden dann mit Verteilerdiensten oder vom Hersteller zum Kunden gebracht. Das ist ein wesentlicher Strukturwandel gegenüber heute, wo die Bewohner fast alles selber holen.

Aus der heutigen Sicht ist das ein logistischer Alptraum, was da auf die Städte zukommt. (Dieses Thema wird später noch ausführlicher behandelt.)

Kommunikation und Information (Cyber-City 2020)

Da der europäische Mensch ein geselliges Tier ist, wird er weiterhin versuchen mit seinesgleichen zusammenzukommen. Weniger Fahrten zur Arbeit, weniger Sucherei in Geschäften etc. werden ersetzt durch andere Außer-Haus-Aktivitäten, um die Menschen zu treffen. Die schrecklichen Visionen der isolierten, verdrahteten Menschen vor dem Computer werden sich so nicht erfüllen. *Wir sind ja wegen der Menschen in die Stadt gekommen.*

In dem Sinne wird es auch weiterhin direktes Einkaufen geben, Einkaufszentren, fliegende Händler etc., denn dort trifft man auch Menschen. Der Markt war immer erst ein Treffpunkt und dann Warentausch.

Cyber-City 2020 wird außerdem viele spontane Märkte haben; Floh- und Handarbeitsmärkte, Antiquitäten, Sammler- und Dienstleistungsmärkte. Alles nicht datenmäßig Erfassbare eben.

Alle sozialen Interaktionen, wie Sport, Ausstellungen, Kultur, Freizeit und Vergnügen, werden die Menschen weiterhin außer Haus durchführen.

Zentrale Verwaltungen etc. (Cyber-City 2020)

Soweit die Dienste nicht digitalisiert werden können, wird versucht, mehr Kundennähe zu schaffen, um damit auch Wege und Fahrten zu verringen.

Die bisher zentralen Einrichtungen sind wieder dezentralisiert worden:

- Das Rathaus ist in ein Rechenzentrum und in viele Kundendienstschalter in den Straßen umgewandelt worden.
- Polizei und Sicherheitsdienste sind auf Straßenzüge verteilt worden. Sie werden von den Bewohnern angestellt/bezahlt und haben bürgernahe Sprechstände in den Wohnbezirken.
- Das Sozialamt und die Arbeitsvermittlung ist in jedem Kleinwohnbezirk vertreten und erlangt die nötigen aktuellen Informationen vor Ort.
- Mobile Krankenstationen übernehmen in den Straßen die ambulanten Dienste.
- Schulen und Kindergärten sind einem Wohnblock-Gemeindezentrum angeschlossen und zu Fuß zu erreichen.

Bürgernahe Service-Container

Trotzdem müssen noch Entfernungen überbrückt werden. Die Cyber-City-Bewohner werden vom privaten Auto auf kleinere und alternative Individualfahrzeuge umsteigen.

Für den Logistiker ergeben sich dadurch sehr stark veränderte Verkehrsaufkommen und Verkehrsarten.

Dienstleistungen (Cyber-City 2020)

Der Übergang zur Dienstleistungsgesellschaft ist weitgehend abgeschlossen.

In Deutschland ist man heute noch weit entfernt von diesem Zustand, ein weiterer Grund für die vielen Arbeitslosen. Hier sollte man von den USA lernen. Ein Branchenverzeichnis einer Stadt in den USA ist um ein Vielfaches umfangreicher als das einer gleich großen deutschen Stadt. Alles Anbieter von Diensten und von Arbeitsbereitschaft. Viele dieser Dienste sind hier noch gar nicht bekannt.

Mit der Steigerung des Lebensstandards und der höheren Intelligenz der Geräte (elektronisch kontrollierte Badewannen etc.) wird das Do-it-yourself-Unwesen zurückgehen. Die Geräte werden sehr komplex und können digital die benötigte Wartung oder Reparatur anfordern.

Die Bewohner werden ja selbst alle als Dienstleister arbeiten und es als selbstverständlich finden, daß alles bei ihnen von Spezialisten gemacht wird. Handwerker, Ärzte, Hausdiener etc. haben elektronische Profile ihrer Kunden und wissen genau, wann sie kommen können und was zu tun ist.

Alle diese Dienste müssen ihre Geräte und Materialien transportieren und das Transportfahrzeug steht vor dem Gebäude auf der Straße.

Verstopfte Wohnbezirke

Dieses ist der zweite Alptraum der Entwicklung zur Cyber-City 2020.

Entsorgung (Cyber-City 2020)

In Cyber-City 2020 wird die Entsorgung nach Bedarf geschehen und nicht nach Plan wie heute. Spezialisierte Firmen werden digital benachrichtigt, wenn der Hauscontainer für Glas voll ist. Das Entsorgungssystem wird mehr den wirklichen Bedürfnissen angepaßt und das Verkehrsvolumen leicht verringern.

Bewegung von behinderten Menschen (Cyber-City 2020)

Mit dem Älterwerden der Bevölkerung wird die Anzahl der Behinderten stark zu nehmen. Auch sie wollen sich aktiv in der Stadt fortbewegen können, d.h. sie werden öfter als bisher von Spezialtransporten gebracht und geholt werden.

Diese Transportdienste werden eine weitere Belastung des Verkehrs darstellen.

Behindertentransport

2. Phantasien über die Stadt der weiteren Zukunft (Cyber-City 2050)

Einkauf (Cyber-City 2050)

Der Verbrauchsgütereinkauf verringert sich stark.

Die Hersteller haben für den normalen Verbraucher ihre Microfabriken in die Haushalte verlagert. Für viele Bewohner wird ein Teil der Güter bei Bedarf direkt in der Küche hergestellt:

- Getränke werden nach Programm aus Konzentraten gemischt mit Frischwasser.
- Backwaren werden nach Bedarf frisch und nur in der benötigten Menge gebacken.
- Gerichte werden aus Konzentraten rekonditioniert und zubereitet oder voll synthetisch aus Grundstoffen aufgebaut.

Die Techniken dafür sind in Ansätzen bereits heute vorhanden.

Logistisch wird die Cyber-City 2050 stark entlastet, die Hersteller bringen Rohmaterialien in das Haus und warten die Geräte (Roboter-Küchen, Replikatoren). Durch den Wegfall der Verpackungen, des Flüssigkeitstransports und dem Volumenvorteil wird das Transportaufkommen stark reduziert.

Der direkte Einkauf von Möbeln, Kleidern etc. entfällt weitgehend.

Bei wesentlichen Änderungen der Lebensumstände wie Umzug, Trennung, Zuwachs, Tod etc. wird ein Berater das Nötige an Einrichtungen und Kleidern vorschlagen, bestellen und liefern, installieren und den Bewohner in der Handhabung schulen.

Die Waren werden auf das Kundenprofil, den Wohnungszuschnitt und Lebensstandard angepaßt hergestellt und für die Dauer dieses Lebenszustandes gemietet. Die Bestellungen werden mit Verteilerdiensten zum Kunden gebracht. Die Umschlaghäufigkeit der Wohnungen, Einrichtungen und Gebrauchsgegenstände steigt enorm.

Wenn die Beschleunigung des Wandels weiter zunimmt, wird Cyber-City 2050 hier große logistische Probleme bekommen.

Kommunikation und Information (Cyber-City 2050)

Die Menschen, die in Cyber-City 2050 leben, meine Kinder und Enkel, werden möglicherweise Kommunikationsimplantate tragen und mit einer neuen Sprachform (Cybertalk) permanent miteinander und mit den Datenzentren verbunden sein.

Diese Entwicklung ist aber selbst für mich zu radikal, um Prognosen über die logistischen Auswirkungen zu machen.

Dienstleistungen (Cyber-City 2050)

Geräte und Häuser warten und reparieren sich selbst. Sie werden von Spezialisten elektronisch fernüberwacht und gepflegt.

Die Anforderung an die Logistik geht stark zurück.

Entsorgung (Cyber-City 2050)

In Cyber-City 2050 ist das kein Thema mehr. Da alles genau nach Bedarf ohne Verpackung bereitgestellt wird, fällt dieses Problem weg. Ein Großteil der Abfallstoffe wird direkt im Hause wiederaufbereitet bzw. in den Microfabriken eingesetzt.

Die Anforderungen an die Logistik gehen stark zurück.

Wir sollten uns aber vorerst mit der näheren Zukunft befassen.

3. City-Logistik in der Übergangszeit

In dem Maße, wie das weiter oben geschilderte erste Szenario Cyber-City 2020 stufenweise Wirklichkeit wird, treten interessante Probleme auf.

Einkauf von Waren (Übergangszeit)

Die Bewohner der City sind heute freiwillige, geduldige und flexible Transportarbeiter. Sie fahren zum Supermarkt, erledigen die Eigentumsübertragung an der Kasse, beladen ungeeignete Transporträume (Kofferräume oder Rücksitze) mit schweren Kisten, suchen Parkplätze vor ihren Häusern, schleppen das schwere Zeug ins Haus, die Treppen hoch und setzen es ab.

Das sind Millionen von flexiblen, kostenlosen und geduldigen Transportsklaven.

Das ganze Verfahren ist aus der Sicht des Logistikers unrentabel, unkontrollierbar und chaotisch. Es ist auch ein Grund für das verzweifelte Festhalten am Privatauto in der Stadt.

Wenn nun zukünftig die digital gekaufte Ware durch Verteilerdienste (UPS, Post, Fedex und ähnliche) zum Besteller ins Haus gebracht werden soll, entstehen folgende Herausforderungen an die Logistik:

- Der Verteiler muß seine Ankunftszeit mit dem Besteller digital abstimmen, das wird aber durch Staus etc. ungenau. Es entstehen Doppelfahrten und Wartezeiten.
- Die Verteilerfahrzeuge sind größer als die Privatfahrzeuge.
- Die Verteiler müssen vor dem Haus halten/parken und konkurrieren damit mit den parkenden Privatwagen, Mülltonnen und Fahrrädern. Sie halten dann oft regelwidrig in der Fahrbahn in zweiter Reihe.
- Der Verteiler muß die Ware in das Haus bringen, oft mehrere Stockwerke hoch.
- Der Verteiler muß die Eigentumsübergabe zum Besteller persönlich dokumentieren.

Das ergibt Standzeiten des Verteilerfahrzeuges von 5 bis 20 Minuten. Abgesehen von der Parkproblematik wird das die Lieferung stark verteuern. In der jetzigen City mit beidseitig parkenden Pkws ist das Problem nicht lösbar.

Dienstleistungen (Übergangszeit)

Wenn das beschriebene Szenario eintrifft, werden vor jedem Stadthaus jederzeit 1 bis 2 Lieferwagen stehen, aus denen die Handwerker oder Wartungsleute ihr Material und Geräte ins Haus tragen. Jeder Auftrag dauert ca. 30-90 Minuten.

Was unter Einkauf gesagt wurde, trifft hier voll zu, nur daß die Dienstleister jetzt zusätzlich mit den Verteilern und anderen Dienstleistern um den nicht vorhandenen Parkraum konkurrieren.

Bewegung von behinderten Menschen (Übergangszeit)

Abholdienste werden wie Taxis relativ gut mit den Behinderten kommunizieren können. Sie brauchen nur ca. 5-10 Minuten für das Einladen der Rollstuhl-Person. Aber auch sie konkurrieren um den Standplatz direkt am Haus.

Zusätzliche Taxis und Rufbusse (Übergangszeit)

In dem Maße, wie Privatautos abgeschafft werden (hoffentlich), werden die Bewohner per Telefon oder Modem kleine Rufbusse oder Taxis bestellen. Die Halte- und Einstiegszeiten sind gering, 2-3 Minuten. Aber wo soll das Taxi halten?

In Cyber-City 2020 ergibt sich ein immens steigender Bedarf an Park- und Schaltflächen vor den Gebäuden. Die folgende Tabelle faßt die Auswirkungen auf den Andienerverkehr zusammen.

Die sonstigen Einflußgrößen auf die Logistik, wie:

- weitere Verdichtung der Bebauung,
- Zunahme des Lebensstandards,
- Zunahme der Mobilität,
- Zunahme der Alleinwohner,

sind hier nicht erfaßt.

Cyber-City 2020 - Schätzung der Fahrzeugbewegungen an einem Gebäude mit 10 Wohneinheiten

Verursacher	Grund	Anz./ Tag	Fahrzeugdaten Länge (m)	Min/ Spiel	Belastung m*min
Einkauf					
UPS, Fedex, Kaufhofservice etc.	Anlieferung von Tele-Shopping Waren	20	8	12	1920
Getränkeservice	Trinkwasser, Bier etc.	5	10	30	1500
Privatfahrzeug	Anlieferung von Selbstabholer-Ware	5	5	30	750
Dienstleistungen					
Handwerker	Reparaturen aller Art, 1 Baustelle	2	8	60	960
Servicetechniker	Waschmaschine, Computer, Videofon	4	6	80	1920
Reinigungsdienst	Raum-, Geräte-, Kleiderreinigung	2	8	60	960
Arzt, Pfleger, Seelsorger	Kranke besuchen, Behinderte pflegen	3	5	60	900
Restaurantdienst	Pizza, Chinese-, Bioservice	5	4	20	400
Sicherheitsdienst	Polizei, Wachdienste	1	4	20	80
Menschen					
Behinderte (3 im Haus)	Ausflug, Arztbesuch etc.	6	8	7	336
Besucher per Taxi	Diverse	6	8	3	72
Bewohner per Taxi, Rufbus	Zur Arbeit, zum Vergnügen	10	8	3	240
Entsorgung					
Abfall, Recycling	Diverse	1	10	3	30
Sperrmüll	Möbel etc.	0.2	10	5	10
Stadtverwaltung	Reinigungsdienst Straße	1	15	3	45
Total Anlieferspiele und Platzbedarf (m*min)			**117**		**10123**
Kapazität eines 12 m Hauses (12m*720 min)					8640
Fehlbedarf bei optimaler Planung					**1483**
Fehlbedarf bei chaotischem Betrieb, ca.					**5000**

Voraussetzung: kein Baum, kein Privat-Pkw, kein Fahrrad, keine Mülltonne, keine Telefonzelle, keine Straßenlampen etc.

Wie man sieht, wird Cyber-City 2020 ein logistischer Alptraum.

Für die Bewohner dagegen wird es viel einfacher, sie werden vom Lastenträger zum Auftraggeber. Sie werden fast ausschließlich im Dienstleistungsgewerbe arbeiten.

Den schwarzen Peter haben aber die Stadtplaner, denn die müssen diese Cyber-City auf den logistischen Fundamenten des 19. Jahrhunderts aufbauen.

4. Die Herausforderung an Ingenieure, Architekten, Politiker und Planer

„Große Strukturveränderungen enthalten ein hohes kreatives Potential."

Wir müssen vor den Cyber-City-Gebäuden freie Umschlagplätze schaffen, die Verweilzeiten der Verkehrsteilnehmer drastisch reduzieren und einen Teil des Liefer- und Entsorgungsverkehrs in die Nachtzeit verlegen.

- Komplett geänderte Nutzung der Straßen und Straßenränder.
- Neuartige Warenübergabe-Terminals an den Gebäuden.
- Spezialisierte Verteilerfahrzeuge, die auch nachts arbeiten können.
- Intelligente Transport-Roboter.
- Kleinere und alternative Individualfahrzeuge.

(Eine mengenmäßige Reduzierung der Fahrten ist dagegen nur durch Senkung des Lebensstandards der Bewohner möglich, und wer will das schon?)

Diese Vorgaben sollten eine Art Planungsphilosophie für die nächsten Jahrzehnte bilden. Erlauben Sie mir, einige Ideenskizzen vorzustellen.

5. Aufgabe: Freie Umschlagplätze vor den Cyber-City-Gebäuden

Wie sieht es heute aus?

Die Straßen im Wohn- und Kleingewerbebereich sind von linearen Dauerparkplätzen gesäumt. Kaum, daß mal Platz für einen Baum oder einen Recyclingbehälter ist. Die abgestellten Pkw werden nur zu 2-5 % ihrer Standzeit genutzt.

Bis zu 60 % des Verkehrs ist parkplatzsuchender Verkehr.

Lieferanten und Handwerker stellen ihre Fahrzeuge in zweiter Reihe ab, das führt zu teilweise stundenlangen Verstopfungen ganzer Straßen.

Um wieder freie Umschlagsflächen zu erhalten, müssen wir die nicht genutzten Pkw entfernen:

- Auslagern der Pkw auf Außenparkplätze mit Pendlerbussen
- Billigste Mietwagenringe auf Basis der nicht genutzten Pkw (Car-Sharing-Modelle)
- Billige Taxis, Gemeinschaftstaxis, Rufbusse
- Parkzeitbegrenzung oder generelles Parkverbot
- Steuerliche Anreize für Nicht-Pkw-Besitzer
- Massives Fördern alternativen Individualverkehrs

Eine mutige Stadtverwaltung hätte dann folgendes Bild, wo außer den Häusern und großen Bäumen alles entfernt worden ist, bereit zur Neugestaltung im Sinne des Auftrages: „Freie Umschlagplätze zu gestalten“.

Die freiwerdenden Straßenränder sind dann neu zu gestalten und auf die Cyber-City-Nutzung umzustellen. Es entstehen schmalere Fahrtrassen und breitere Bereitstellzonen und Terminal-Buchten.

Die neu geschaffenen logistischen Schaltflächen werden beansprucht von:

- Taxi- und Rufbus-Haltestellen
- Warenübergabe-Terminals
- Warenbelieferung und Versand bei Geschäften und Gewerbe
- Mietbare Kleinwagen im Blockparkplatz
- Servicefahrzeug-Parkplätze
- Zeitlich beschränkte Besucherparkplätze
- Fahrradstell-Systemen
- Parken von Rollstühlen
- Recyclingbehältern
- Kundendienst-Schaltern der Verwaltungen, Polizei etc.
- Nachrichtenzentren und Treffpunkten
- Mini-Freizeitzentren, Parks, Spielplätzen
- Grüninseln
- Verkaufsständen, Straßencafés etc.

Cyber-City hat also ein sehr breites Logistikangebot, fast alles neue Funktionen gegenüber der heutigen Monokultur von linearen Dauerparkplätzen rechts und links der Straße.

6. Aufgabe: Drastische Reduzierung von Verweilzeiten der Verkehrsteilnehmer

Wir müssen vor den Cyber-City-Gebäuden logistische Schaltflächen schaffen und die Verweilzeiten der Verkehrsteilnehmer drastisch reduzieren.

Warenübergabe-Terminals für die Verteilerfahrzeuge und die Bewohner

Die Übergabe der Ware muß direkt an der Straße erfolgen. Dazu müssen Warenübergabe-Terminals aufgestellt werden. Diese Mischung aus Briefkasten und Gepäckaufbewahrung ist ein Regalsystem mit geschlossenen, elektronisch gesicherten Behältern für die einzelnen Bewohner.

Der Lieferant vom Kaufhof, UPS, der Postbote, der Pizza-Bäcker erhält mit der Bestellung den für diese Bestellung geltenden digitalen Schlüssel. Er öffnet, legt die Pakete, die Pizza, die gereinigten Kleider etc. hinein und schließt wieder ab. Die Eigentumsübergabe ist abgeschlossen.

Das Warenübergabe-Terminal informiert den Bewohner (Besteller) über die eingetroffene Ware, und der kann sie nach Bedarf abholen.

Vorteile dieser neuen Warenübergabe-Terminals:

- Die Standzeiten der Verteilerfahrzeuge werden auf 2 Minuten verringert.
- Keine Terminabstimmung nötig.
- Kein Fahrzeugsichern, Treppensteigen, Klingeln, Warten etc.
- Doppelanfahrten entfallen.
- Abholen von Arbeitsaufträgen wie Reinigung, Reparatur etc. im selben System.
- Abholen von Klein-Recycling-Behältern organisiert.
- Postverteilung von Briefen (wenn es die noch gibt) automatisch.

7. Aufgabe: Verlegung des Liefer- und Entsorgungsverkehrs in die Nachtzeit

Warenübergabe-Schleusen für Geschäfte, Gewerbe, Restaurants, Büros

Im Gegensatz zu den Bewohnern erhalten die Geschäfte ihre Ware in größeren Mengen und auf Paletten. Wir müssen dafür standardisierte Warenübergabe-Schleusen an den Geschäften auf der Straßenseite anbringen (keine unzugänglichen Rampen im Hinterhof).

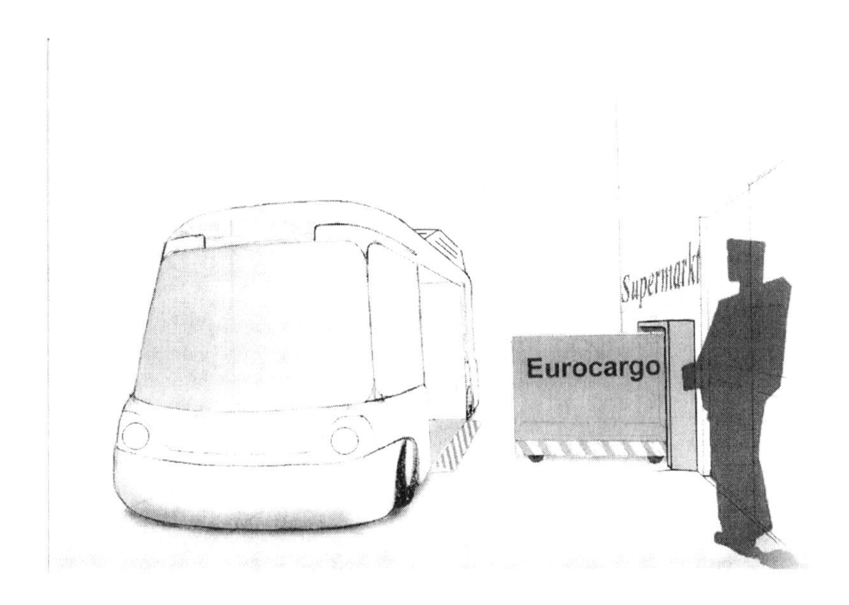

Diese Schleusen erlauben die Belieferung von Kaufläden, Bars, Büros und Handwerkern während der Nachtschicht. Voraussetzung sind leise Transportmittel (daran arbeiten wir zur Zeit), palettierte Ware, gesicherte Schleusen, da kein Personal beim Empfänger zur Annahme da ist - und die elektronische Eigentums-Übergabe.

Das Verteilerfahrzeug fährt rechtwinklig an die Schleuse heran, macht digitalen Eigentumstransfer mit der Schleuse, diese öffnet sich, dann öffnen sich die Fahrzeug-Seitentüren, das Fahrzeug stellt sich auf die richtige Höhe und fördert die Palette auf das Förderband der Schleuse oder die Palette rollt selbständig in die Schleuse. Diese schließt wieder und am nächsten Morgen kann das Personal des Empfängers die Ware auspacken.

Das mühevolle Entladen der Lastwagen wäre dann Vergangenheit.

Vorteile von Warenübergabe-Schleusen:

- Die Standzeiten der Verteilerfahrzeuge werden auf 2 Minuten verringert.
- Keine Terminabstimmung.
- Keine Verkehrsbehinderung in der zweiten Reihe.
- Nachtzeitbelieferung sinnvoll und möglich.

- Abholen von Arbeitsaufträgen wie Reinigung, Reparatur etc. im selben System.
- Abholen von Abfall-Behältern möglich.
- Sichere Eigentumsübergabe.

8. Aufgabe: Automatische Be- und Entladung, Transport-Roboter

Cyber-City kann endlich das mühevolle Be- und Endladen von Lastkraftwagen durch automatische Transportabläufe ersetzen. Die wesentlichen Elemente dazu sind fahrerlose Transportpaletten und ein Verteilerfahrzeug, welches diese vom Lager zum Kunden bringt - und das nachts, ohne Ruhestörung und ohne Personal auf der Empfängerseite.

Automatische Beladung eines Transport-Roboters

Diese Transport-Roboter werden in den Auslieferungslagern oder am Ende des Montagebandes automatisch beladen und melden sich digital einem in ihre Zielrichtung fahrenden Verteilerfahrzeug. Dann fahren sie in dieses Fahrzeug rein und werden mit anderen Transport-Robotern in ihr Zielgebiet gebracht.

Dort verlassen sie das Verteilerfahrzeug und suchen sich ihren Weg zur Warenübergabe-Schleuse des Kunden. Sie melden sich digital und fahren in das Lager des Kunden.

Nach der Entladung nehmen sie Leergut oder Versandprodukte des Kunden mit.

Der Einsatz dieser Transport-Roboter ist vielseitig:

- Warenverteilung zwischen Hersteller, Güterverteilzentrum und Kunden
- Abtransport von Abfall, Kreislaufmaterial und Fertigware des Kunden
- Transport von Material und Ausrüstungen für Dienstleistungsfirmen
- Transport von Behinderten und Kranken
- Sonstige Transportaufgaben

9. Aufgabe: Alternativen Individualverkehr beschleunigen und sicherer machen

Diese Maßnahmen müssen parallel zu den existierenden öffentlichen Massenverkehrsmitteln kommen.

Da die Bevölkerung von Cyber-City hoffentlich ihre Privatwagen zugunsten der Umschlagflächen abgegeben oder ausgelagert hat, müssen andere gleichwertige oder bessere Transporttechniken kommen. Wie in allen Dingen könnte Cyber-City die neue Mobilität über verschiedenste aktive und passive Transportsysteme erzeugen.

Billige Kleinstleihwagen

In den Straßenzügen gibt es spezielle Mietparkflächen mit elektrisch betriebenen Kleinwagen, die per Berechtigungskarte gemietet werden und irgendwo auf anderen Mietparkflächen wieder abgestellt werden. Diese Fahrzeuge sind sehr kompakt zu parken und laden sich selbst an entsprechenden Einrichtungen auf.

Privatfahrzeuge

In Cyber-City sind nur die Privatfahrzeuge zugelassen, die eine Tageszeitnutzung, also Fahrbetrieb, von über 70 % haben. Die Fahrer müssen ihre Zeit außerhalb ihres Parkplatzes vormelden, damit er anderweitig verplant werden kann. In der digitalen Welt ist das alles sehr einfach kontrollierbar.

Taxis und Rufbusse

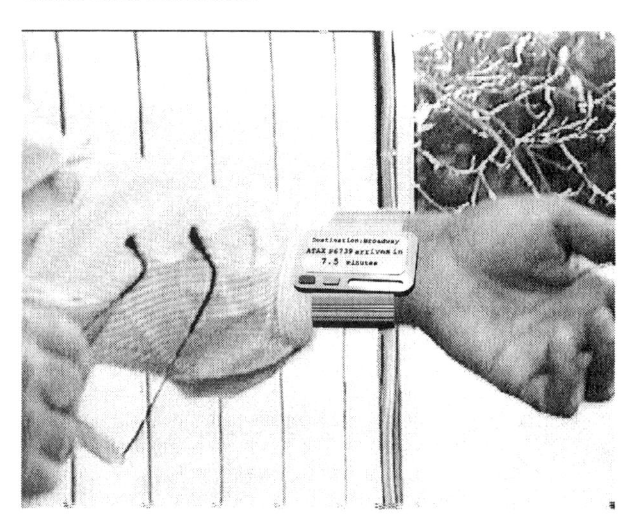

essx / 2. Xantener Stadtkongreß

Jeder Bewohner erhält eine Funkrufkarte, mit der er/sie Taxis oder Rufbusse anfordern kann. Das übergeordnete Empfangssystem ortet den Kunden und prüft, welches Taxi in der Nähe ist oder welcher Rufbus die angefragte Strecke fährt und noch Platz hat. In Cyber-City ist die digitale Erfassung aller Transport-Dienstleister möglich und damit auch der automatische Anfrage-Angebotsabgleich.

Aktive Fortbewegungsarten der Bewohner von Cyber-City:

- Gehen, Schnellgehen, Laufen
- Rollschuhlaufen, Skateboardfahren
- Fahrradfahren, Dreiradfahren, Tretrollerfahren etc.

Passive Fortbewegungsarten:

- Rikschas und Sänften
- Schnellfahrende, elektrisch getriebene Rollstühle, Fahrsessel, Go-Carts
- Kleinmotorräder, Vespas, Motor-Skateboard

Alle diese Methoden dienen der raschen und sehr flexiblen Fortbewegung und der Gesundheit der Bevölkerung. In Manhattan kann man an jedem Tag Teile dieses Systems bewundern.

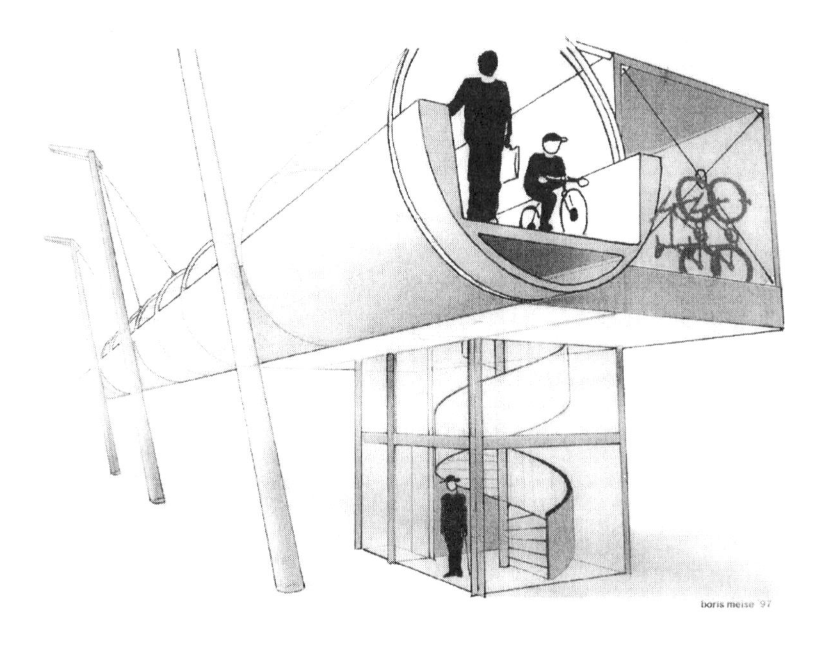

Da der Verkehr in den Straßen erheblich sein wird und tunlichst nicht durch Fußgänger oder Radfahrer gestoppt werden sollte, könnte Cyber-City für diese alternativen individuellen Verkehrsarten ein neues aufgeständertes Schnell-Wegenetz schaffen. Der Benutzer kann über Rampen, Aufzüge oder Treppen die ca. 2 m breite Fahrrinne erreichen und kreuzungsfrei durch die City und über Parks, Flüsse und durch Gemeindezentren rennen, fahren oder schaukeln.

Die Fahrrinne kapselt sich bei schlechter Witterung ab und hat eigene Fahrzeug-Parkplätze.

Da sie nur geringen Belastungen ausgesetzt ist, kann sie weitgehend aus durchsichtigem Plastik entstehen und so architektonisch gut gestaltet werden.

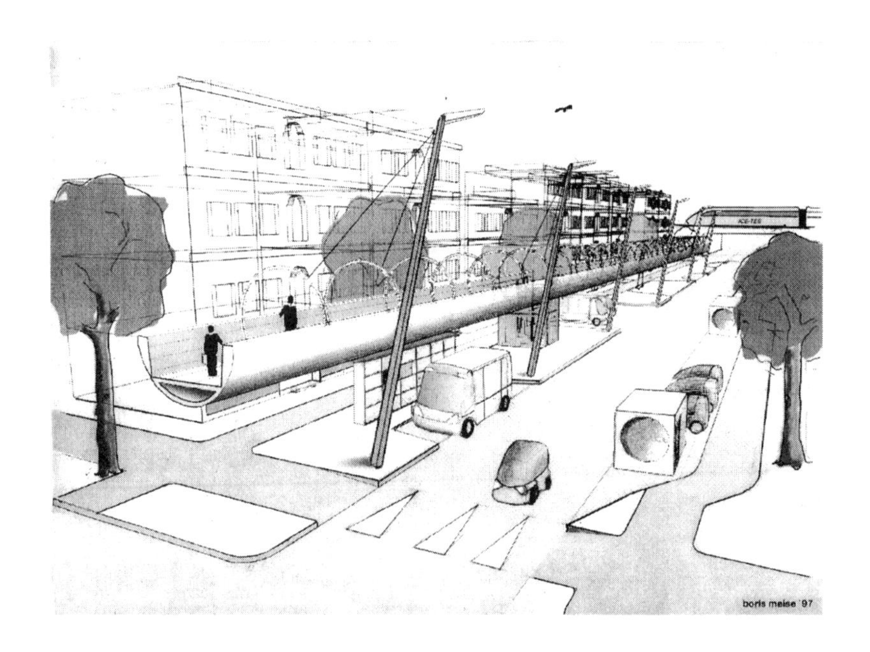

10. Ausblick

Cyber-City kommt in einigen Ländern früher, in anderen später. Die Übergangszeiten von der heutigen Großstadt zu Cyber-City werden nicht so lustig sein, und das fühlen wir schon heute.

Planung und Politik neigen zu verzögerten und verzögernden Reaktionen auf Wandel. Dann haben wir das bisherige System mit

Millionen von parkenden Pkws in den Straßen neben den neuen Verteiler- und Dienstleistungsfahrzeugen. And that will be no fun.

Ich habe vor, in Cyber-City zu wohnen, also arbeite ich schon jetzt an dem neuen System.

Vielleicht kann eine Provokation, wie die hier gezeigten Utopien und Ideen, eine rechtzeitige Diskussion bewirken.

Lesenswert:

- *Caroll: Through the looking glass*
- *Negroponte: Being digital*

"Unsichtbares sichtbar machen" Rekonstruktion der Römerstadt COLONIA ULPIA TRAIANA mit dem Computer

Claus Diessenbacher, Ernst Rank

In einem Oberstufenseminar (WS ´94/´95 und SS ´95) mit dem Titel "Unsichtbares sichtbar machen, Rekonstruktion einer antiken Stadt mit CAD" haben 16 Studenten der Fakultät Bauwesen der Universität Dortmund ein umfassendes räumliches Computermodell des Hauptortes der römischen Provinz Niedergermanien, der COLONIA ULPIA TRAIANA, in der Nähe des heutigen Xanten geschaffen. In Zusammenarbeit zwischen Architekten und Archäologen entstand das Modell in unterschiedlichen Abstraktionsgraden. In der städtebaulichen Sicht ist die Stadt mit ihrer Umgebung relativ abstrakt modelliert. In der nächsten Detaillierungsstufe sind die wichtigsten architektonischen Objekte (Forum, Thermen, Amphitheater etc.) herausgegriffen und feiner modelliert. In der dritten Stufe wurden einzelne Innenräume rekonstruiert oder an Details gezeigt, wie die römische Technik (z.B. in den Thermen) ´funktioniert` hat.

1. Zielsetzung und Aufgabenstellung

Im Vordergrund dieses Oberstufenseminars stand die Vermittlung von CAD-Arbeitstechniken und -prinzipien zur Modellierung und Visualisierung von dreidimensionalen Objekten. Abgesehen vom Umgang mit einem 3D-CAD-System bot dieses Seminar die Chance, Entwurfs- und Konstruktionsprinzipien vergangener Baukulturen zu ergründen und zu verstehen und somit Architekturgeschichte auf eine andere Weise zu erfahren.

Die Themenauswahl sowie die Zusammenstellung der notwendigen Planunterlagen wurde vom Archäologischen Park Xanten vorgenommen, was jedoch an quantitative und qualitative Grenzen stieß, da einerseits von den insgesamt 40 Insulae der Colonia 25 noch völlig unerforscht sind und andererseits der Forschungsstand in einigen Teilbereichen noch keine Gebäuderekonstruktion zuließ. Aus dem Katalog der schon erforschten Objekte wurden gesellschaftlich interessante, öffentliche Gebäude ausgesucht, welche zu folgenden neun Themenkomplexen führten:

1. *Amphitheater*
   cand. Arch. Gudrun Dissen, cand. Arch. Christian Siepmann
2. *Große Thermen*
   cand. Arch. Sonja Hübner, cand. Arch. Anja C. Wenzler
3. *Hafentempel*
   cand. Arch. Gorden Bringemeier, cand. Arch. Klaus Limpert
4. *Capitolstempel*
   cand. Arch. Silke Krumnack, cand. Arch. Uta Wilhelm
5. *Forum*
   cand. Arch. Stephan Pohle, cand. Arch. Hinrich Schoppe
6. *Matronentempel*
   cand. Arch. Burkhard Schlieckenrieder, cand. Arch. Christina Zippel
7. *Stadtbefestigung*
   cand. Arch. Mark Kassautzki, cand. Arch. Thomas Morys
8. *Gesamtstadt in einem sehr abstrakten Detaillierungsgrad*
   cand. Arch. Boris Biskamp, cand. Arch. Martina Unterschemann

9. *Herberge*
cand. Arch. Marcus Blonstedt, cand. Arch. Daryoush Sofla

Das Seminar gliederte sich in zwei wesentliche Arbeitsbereiche.
Im ersten Schritt sollten die notwendigen Planunterlagen und Informationen gesichtet und gegebenenfalls zu einer minimalen Entwurfsgrundlage ergänzt werden. Die vorhandenen Planunterlagen waren in der Regel Grundriß- und Schnittzeichnungen im Maßstab 1 : 100 oder Dokumentationen des Bodenbefundes.
Da von einigen Objekten noch keine vollständige zeichnerische Rekonstruktion vorlag, mußten diese zunächst erstellt bzw. komplettiert werden. Das notwendige Wissen dazu sollte aus der Literatur oder in Gesprächen mit den Archäologen zusammengetragen werden.

Die eigentliche computergestützte Rekonstruktion sollte der Inhalt des zweiten Arbeitsschrittes sein, mit dem Ziel einer architektonischen und weniger einer exakten archäologischen Rekonstruktion. Das verwendete CAD-System war ALLPLAN (Nemetschek, München) in einem Netzwerk von HP-Workstations. Da von Anfang an die Visualisierung von Einzelobjekten und der Gesamtstadt in Form eines Videofilmes vorgesehen war, mußte eine konsequente Hierarchie bzgl. des Abstraktionsgrades der jeweiligen Objekte angestrebt werden.
Die Aufgabe jeder Arbeitsgruppe war somit, ihr Gebäude als dreidimensionales Modell mit einem im Verhältnis zur jeweiligen Fragestellung vertretbaren Detaillierungsgrad zu entwickeln. Vom Hafentempel beispielsweise wurden zwei unterschiedlich detaillierte Modelle erstellt. Das erste mit einer verringerten Anzahl der Polygonpunkte an den Säulen zur Einbindung in die Gesamtdarstellung der Stadt, das zweite mit einer feineren Detaillierung von Inkrustationen, Pilastern usw. zur Betrachtung von Einzelheiten in der Cella. Zur Erreichung dieser Ziele sollte jede Gruppe zunächst das von ihr behandelte Objekt in Einzelbauteile zerlegen und in einen Bauteilkatalog ablegen, der anschließend als 'Makrokatalog' für die jeweilige Objektrekonstruktion jeder Gruppe herangezogen werden sollte.

2. Computergestützte Rekonstruktion

Ein Ziel der Rekonstruktion von historischen Bauwerken in der Archäologie ist, eine dreidimensionale Vorstellung des Objektes zu entwickeln.
In der traditionellen Vorgehensweise endet dieser Prozeß meist mit der Erstellung von Zeichnungen, die das Gebäude in Form von Grundriß, Schnitt, Ansicht und evtl. Details darstellen und/oder in der Erstellung von Holzmodellen oder Präsentationzeichnungen für museale Zwecke (Abb. 1).
Von den Objekten Amphitheater, Hafentempel, Stadtbefestigung, Herberge und Große Thermen existierte eine nahezu vollständige zeichnerische Rekonstruktion als auch ein in Teilen rekonstruiertes, von den Archäologen als 1 : 1 Modell bezeichnetes, Bauwerk. Für diese Gebäude mußte im wesentlichen eine Umsetzungen der 2D-Zeichnungen in ein 3D-Geometriemodell am Computer erfolgen.
Die Objekte Capitolstempel, Forum und Matronentempel sind noch nicht vollständig ergraben und erforscht, so daß vor der Entwicklung eines 3D-Computermodells zunächst die fragmentarischen Zeichnungen und Skizzen ergänzt werden mußten.

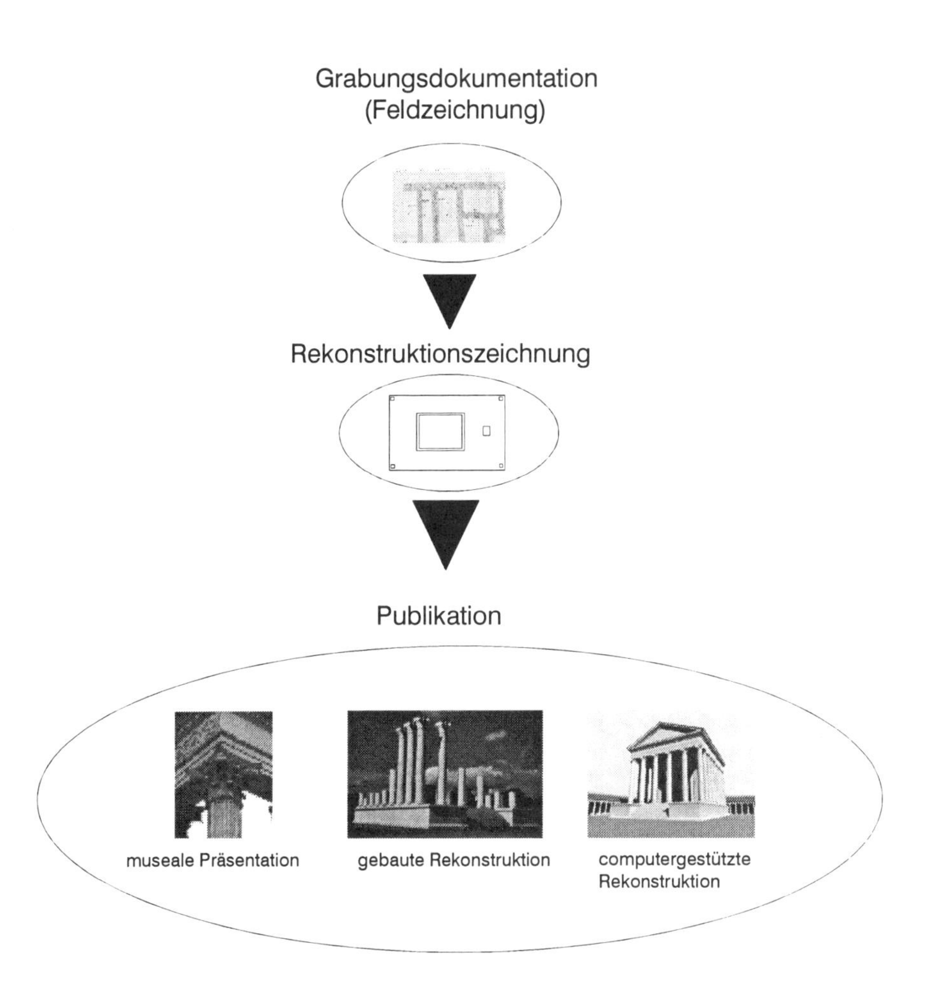

Abb. 1: Rekonstruktionsprozeß

Die im folgenden dargestellten Bilder dokumentieren beispielhaft anhand der Thermenanlage den Weg von der Ausgrabung bis hin zur computergestützten Rekonstruktion und Visualisierung.
Die darauffolgenden Seiten zeigen vier weitere Objekte, die einen Querschnitt des unterschiedlichen Modellieraufwandes darstellen, welcher durch den jeweiligen Komplexitätsgrad der geometrischen Form und durch die unterschiedliche Menge der zur Verfügung stehenden Informationsmaterialien bestimmt wurde.

Die Thermen

Bearbeiterinnen: cand. Arch. Sonja Hübner, cand. Arch. Anja C. Wenzler

"In jeder römischen Stadt gehörten öffentliche Bäder zu den unverzichtbaren Einrichtungen. Die Privathäuser besaßen selten Badezimmer. Die großen Thermen waren alltäglicher Treffpunkt der Bürger.
Im technischen Standard, in Badekomfort und Ausstattungsluxus entsprachen die Thermen höchsten Ansprüchen.
Kernbereiche für den Badebetrieb sind Umkleideraum, Kaltbad, Abkühlungsraum und Heißbad.
... Heizung und Wasserversorgung bildeten ein effektives und ausgereiftes System. Die Öfen erhitzten das Wasser in den Kesseln und gleichzeitig die Fußboden- und Wandheizung. Das Abwasser aus dem Badebecken spülte durch eine Ringleitung die Latrine."
(Anita Rieche) (1)

Abbildung 2 zeigt den Ort der Ausgrabung im Archäologischen Park. Im wesentlichen sind hier fragmentarisch erhaltenen Fundamente und Teile der Hypokaustenanlage freigelegt. Von diesen Funden wurden Feldzeichnungen im Maßstab 1 : 20 angefertigt (Abb. 3).

Abb. 2: Ort der Ausgrabung im Archäologischen Park Xanten (APX)

Abb. 3: Ausgrabung der Hypokaustenanlage mit Feldzeichnung

Auf der Grundlage der Feldzeichnungen und mit Hilfe zeichnerischer Darstellungen vergleichbarer Bauten z.B. von den Thermen in Heerlen (Niederlande) und Pompeji (Abb. 4 rechts), wurden von den Archäologen Rekonstruktionszeichnungen der gesamten Anlage in Form von Grundriß- und Ansichtdarstellungen im Maßstab 1 : 200 erstellt (Abb. 4 links).

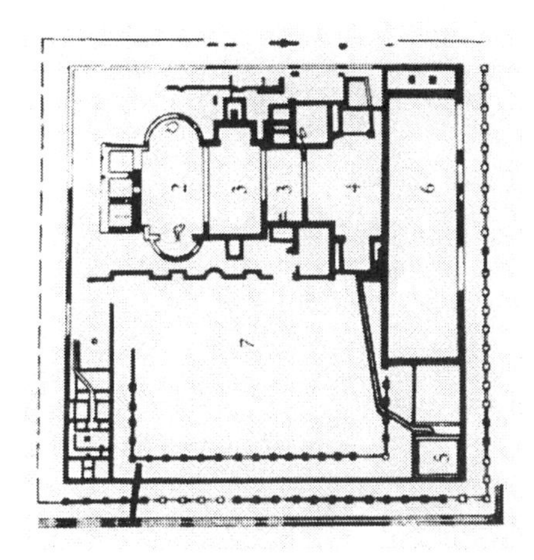

Grundriß der gesamten Thermenanlage

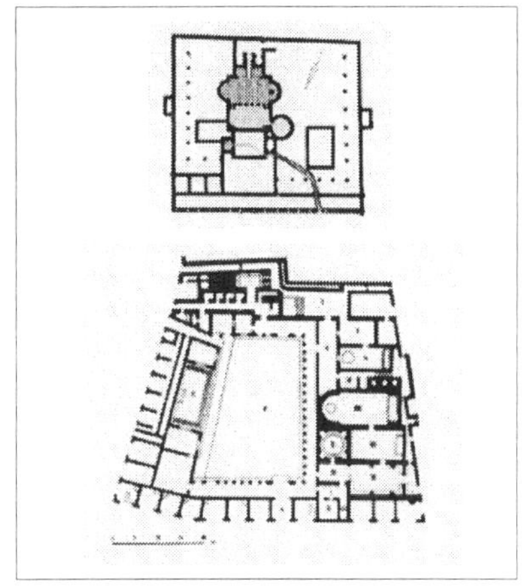

Oben: Thermen, Heerlen/Niederlande
Unten: Thermen, Pompeji

Abb. 4: Links: Rekonstruktionszeichnungen der 'großen Thermen' im APX
Rechts: Rekonstruktionszeichnungen der Thermen in Heerlen und Pompeji

Diese Darstellungen bildeten wiederum die Grundlage für die computergestützte Rekonstruktion, die sich in drei unterschiedlichen Abstraktionsgrade gliedert.
Abbildung 5 zeigt das Massenmodell der Thermenanlage als ersten Abstraktionsschritt.

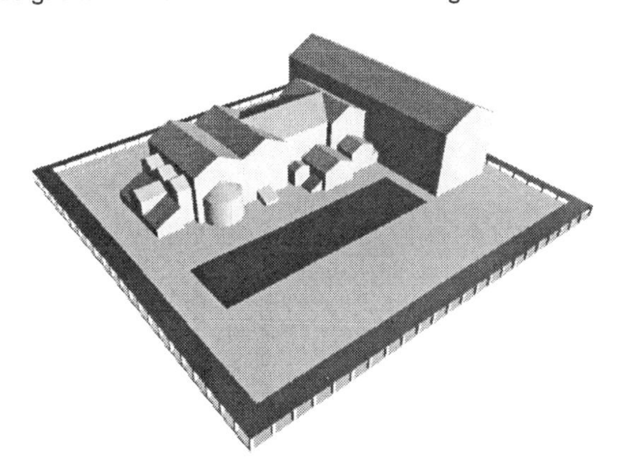

Abb. 5: Massenmodell der Thermenanlage

In der zweiten Detaillierungsstufe wurden Fassaden- und Fensterelemente der Aussenwände modelliert und visualisiert (Abb. 6).

Abb. 6: Zweite Detaillierungsstufe: Fassaden- und Fensterelemente

Den letzten Schritt der Detaillierung bildeten neben der Innenraumdarstellung die Hypokaustenanlage und der Ofen. Da die Rekonstruktionszeichnungen keine ausreichenden Informationen über die Konstruktion beinhalteten, wurden zeichnerische Darstellungen vergleichbarer Situationen von anderen Objekten herangezogen (Abb. 7 oben). Das zur Verfügung stehende Material bestand in diesem Fall nur aus maßstabslosen Isometrien und perspektivischen Skizzen, so daß die Dimensionierung der konstruktiven Elemente der subjektiven Schätzung der Bearbeiterinnen unterlag.

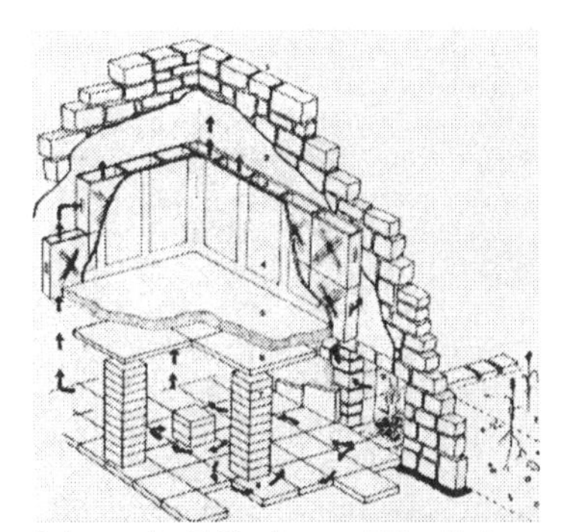

Schema der Fußboden- und Wandheizung der Thermen in Heerlen/Niederlande

Rekonstruktionsskizze einer Ofenanlage

Abb. 7: Oben: Rekonstruktionszeichnung und -skizze
Unten: Dritte Detaillierungsstufe: Innenraumgestaltung und haustechnische Anlagen (Hypokausten und Ofen)

Das Amphitheater

Bearbeiter: cand. Arch. Gudrun Dissen, cand. Arch. Christian Siepmann

"Massive, aus Grauwacker gemörtelte Fundamente gaben der Konstruktion die notwendige Sicherheit. ... Die Last ruhte im wesentlichen auf Pfeilern.
Zehntausend Plätze boten die ringsum laufenden Ränge.
Städtische Beamte mußten die 'Spiele' finanzieren. Sie erkauften sich damit das Wohlwollen der Bevölkerung.
... Die drei untersten, breiten Sitzstufen waren den Honoratioren vorbehalten. Hier wurden hölzerne Sessel aufgestellt. Auf den oberen Sitzreihen saßen die Zuschauer direkt auf den Stufen" (Anita Rieche) (1)

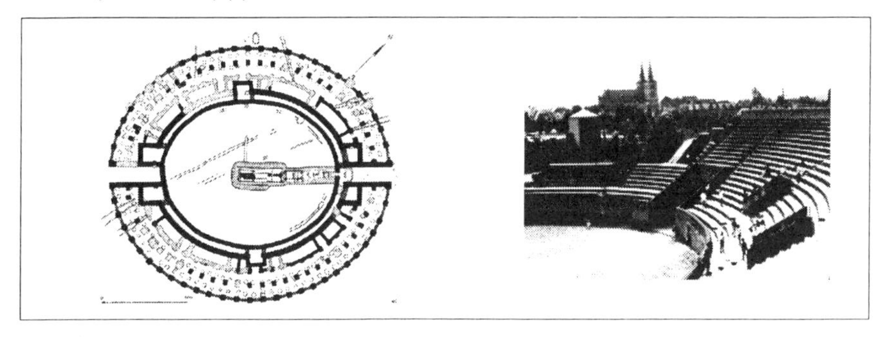

Abb. 8: Links: Rekonstruktionszeichnung von 1940 (Konrad Heidenreich) (44);
Rechts: Blick auf die Tribünen des 1 : 1 Modells im APX

Das Amphitheater war das erste ergrabene Bauwerk der CUT. Schon in den vierziger Jahren wurden die ersten Fundamentanlagen freigelegt und zeichnerische Rekonstruktionen angefertigt. Mittlerweile existieren für dieses Objekt umfangreiche Forschungsergebnisse, so daß die Rekonstruktion am Computer im wesentlichen aus einer Umsetzung der 2D-Darstellungen in ein 3D-Modell bestand. Darüber hinaus wurde die Modellierung des Objektes durch die ovale Form erleichtert. Es mußten lediglich einige sog. 'Tortenstücke' (Abb. 9) erstellt werden, von denen mit Hilfe der Kopierfunktion zunächst ein Viertel des Ovals erstellt wurde. Durch zweimaliges Spiegeln dieses Viertels entstand anschließend das gesamte Objekt.

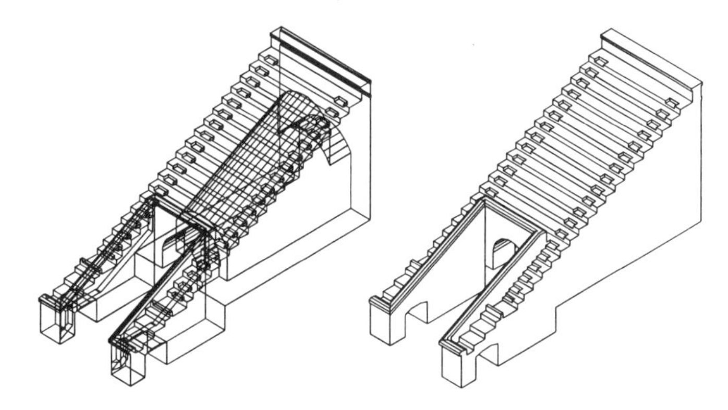

Abb. 9: Draht- und Hidden-Line-Darstellung des Eingangssegments

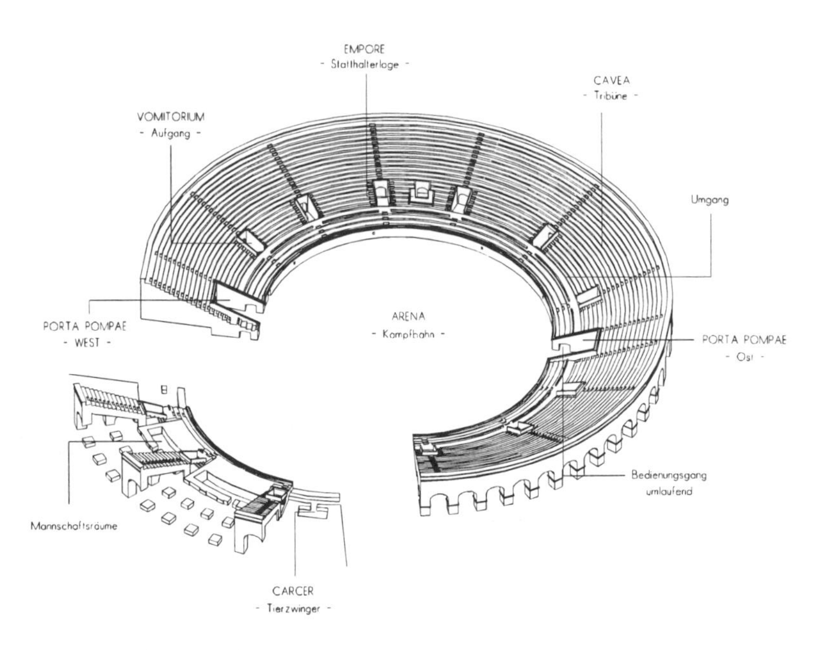

Abb. 10: Funktionalität des Amphitheaters

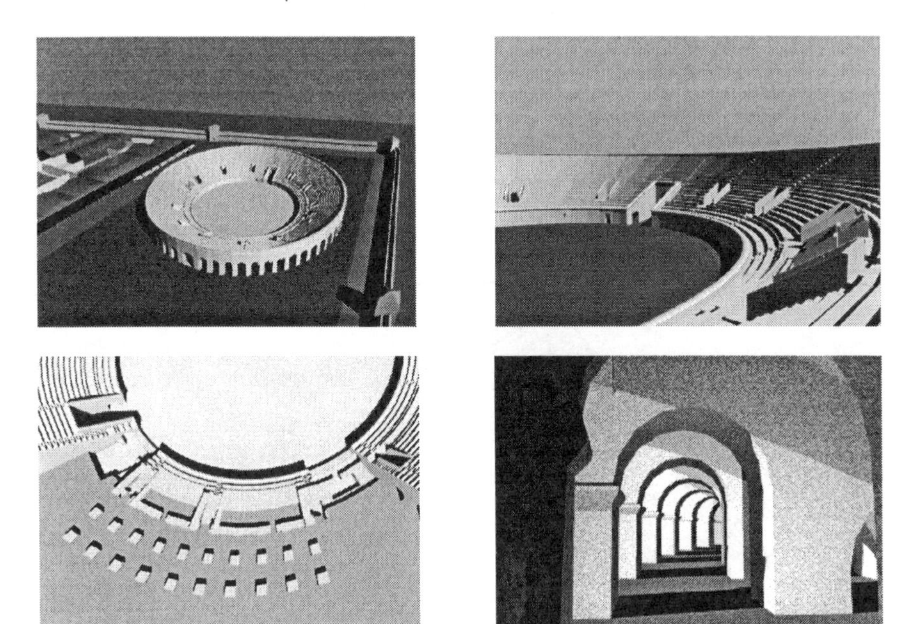

Abb. 11: Fotorealistische Darstellungen des Amphitheaters

Der Hafentempel

Bearbeiter: cand. Arch. Gorden Bringemeier, cand. Arch. Klaus Limpert

"Der Hafentempel war nach dem Kapitol der zweitgrößte Tempel der Stadt. Nach seiner Lage erhielt er von den Ausgräbern den Namen Hafentempel. ... Die Fundamentplatte ermöglichte die archäologische Rekonstruktion des Tempels. ... Der Hafentempel ist zu einem Teil wieder-aufgebaut. Nur eine Ecke des Tempels ist bis zur Dachhöhe rekonstruiert. Sie zeigt alle sicher belegten Bauglieder.
... Der Hafentempel war nicht nur außen reich dekoriert. Auch die Cella war ornamental gestaltet." (Anita Rieche) (1)

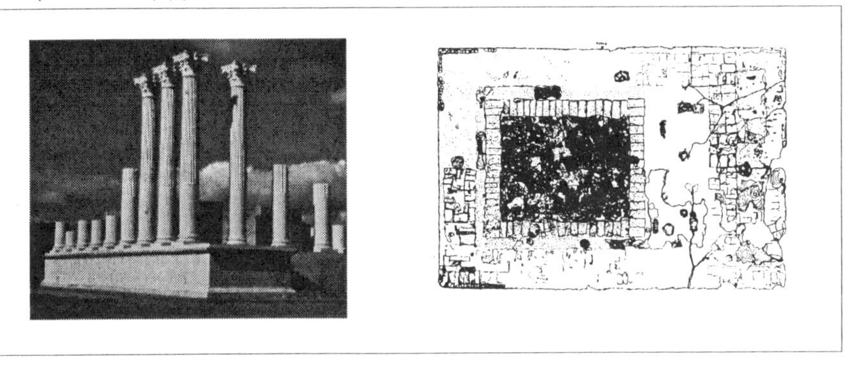

Abb. 12: Links: Ausschnitt der rekonstruierten Anlage im APX;
Rechts: Zeichnerische Darstellung des Bodenbefundes

Da dieses Objekt in Teilen im Maßstab 1 : 1 rekonstruiert worden ist, existieren, ähnlich wie bei dem Amphitheater, architektonische Zeichnungen, die das Objekt in unterschiedlichen Detaillierungsgraden darstellen.
Eine Komplettierung des Informationsgehalts der Rekonstruktionszeichnungen, wie sie z.B. bei den großen Thermen im Bereich der Hypokausten und des Ofens notwendig waren, mußte hier nicht erfolgen.
Sich wiederholende Bauelemente wie z.B. die Säule oder Teile der Kassettendecke erleichterten die Modellierarbeit, da diese Bauteile nur einmal erstellt und anschließend an die entsprechende Position kopiert werden konnten. Der Säulenkopf (Kapitell) dagegen benötigte, aufgrund der komplexen geometrischen Form und fehlender Detailzeichnungen einen sehr hohen Modellieraufwand.

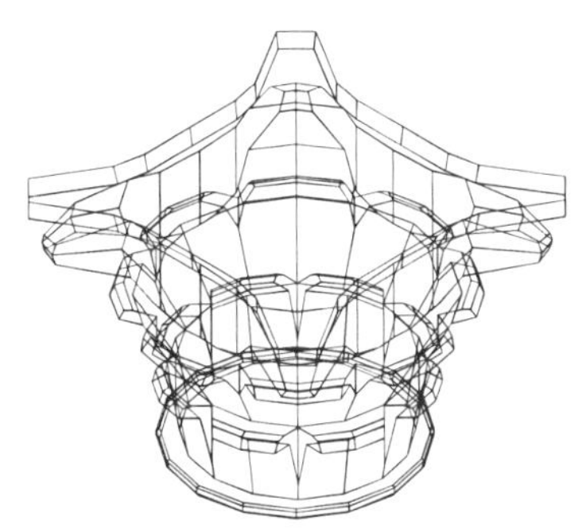

Abb. 12: Drahtgitter-Darstellung des Säulenkopfes

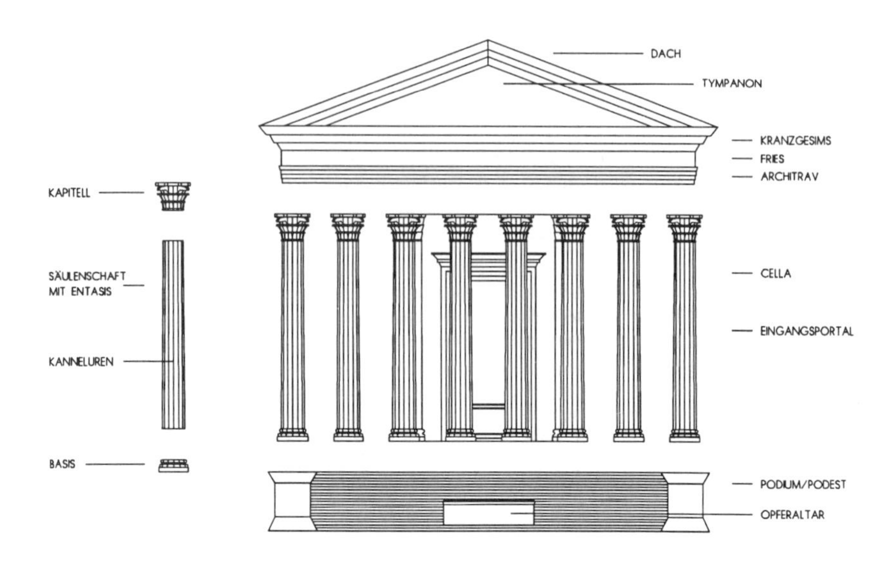

Abb. 13: Konstruktionselemente des Tempels

Abb. 14: Fotorealistische Darstellungen des Hafentempels

Das Forum

Bearbeiter: cand. Arch. Stefan Pohle, cand. Arch. Hinrich Schoppe

"Zentrum des öffentlichen Lebens in einer römischen Stadt war das Forum. Der architektonisch gestaltete Platz und die ihn umgebenden Bauten konzentrierten die wesentlichen Funktionen des städtischen Gemeinwesens: Verwaltung, Gerichtsbarkeit, Handel und Kult.
... Die Bauten und Einrichtungen des Forums dienten den Erfordernissen der städtischen Organisation. Gleichzeitig aber bedeutete seine stets aufwendige und repräsentative Gestaltung auch Selbstdarstellung der Stadt als römisches Gemeinwesen: für Bürger und Fremde die Verkörperung Roms in der Provinz." (Ursula Heimberg, Anita Rieche) (2)

Abb. 15: Links: Foto der Ausgrabungsstätte;
Rechts: Rekonstruktionskizze der Marktsituation

Das Forum der CUT bestand aus zwei Magazingebäuden und einer dreischiffigen Basilika, dem Zentrum des Forums. Sie bot Raum für Gerichtsverhandlungen und beherbergte Handelsbüros und Geldwechselstuben. Der Innenraum dieses Gebäudes war entsprechend aufwendig und repräsentativ gestaltet.
Das von den Archäologen zur Verfügung gestellte Informationsmaterial beschränkte sich jedoch auf eine Grundriß- und eine Ansichtsdarstellung der gesamten Anlage im Maßstab 1 : 100. Da Recherchen bzgl. der Innenraumgestaltung römischer Basiliken in der Literatur nicht die notwendigen Informationen lieferten, wurde der Raum von den Bearbeitern nach eigenen architektonischen Vorstellungen gestaltet. Diese Vorstellungen wurden modelliert und mit den Archäologen anhand von fotorealistischen Darstellungen diskutiert. Abbildung 17 zeigt auf der linken Seite die erste Version des Innenraums. Da die Archäologen jedoch vermuteten, daß die Römer in repräsentativen Gebäuden eher Stein als Holz für Innenraumelemente verwendet haben, wurde die Galerie aus Holz durch eine aus Stein ersetzt (Abb. 17 rechts).
Wesentliche Elemente des Gebäudes wurden somit am Bildschirm im Dialog mit den Archäologen entwickelt.

Eine sehr interessante Verwendung des Geometriemodells ist eine Fotomontage einer fotorealistischen Darstellung in eine Luftaufnahme des APX (Abb. 16).
Diese Darstellung bietet dem Betrachter eine Vorstellung der Gebäudeproportion durch den Vergleich zu rekonstruierten oder vorhandenen Objekten.

Abb. 16: Fotomontage einer Visualisierung des Forums in eine Luftaufnahme des APX

Abb. 17: Links: Innenraum mit einer Galerie aus Holz
Rechts: Innenraum mit einer Galerie aus Stein

Abb.18: Zentralperspektive der Marktplatzsituation

Die städtbauliche Situation

Bearbeiter: cand. Arch. Martina Unterschemman, cand. Arch. Boris Biskamp

Die COLONIA ULPIA TRAIANA war , neben der COLONIA CLAUDIA ARA AGRIPPINENSIUM (Köln), ein Hauptort der Provinz Niedergermanien.

"Für ein weites Umfeld bildete die Stadt das Zentrum. Ihre öffentlichen Bauten verdeutlichten die Zugehörigkeit zum römischen Reich. Zugleich kennzeichneten sie den hohen Status der Stadt.

Innerhalb der Mauern lebten auf 73 Hektar etwa 10.000 Menschen. Die Bevölkerung bestand aus romanisierten Galliern und Germanen. Mit der Stadtgründung erhielten auch Veteranen einer abziehenden Legion Grundstücke. Sie bildeten eine wirtschaftlich starke Einwohnerschicht. (Anita Rieche) (1)

Abb. 19: Skizze einer Stadtansicht

Auf der Grundlage eines eigescannten Lageplanes (M 1 : 2000) wurde zunächst eine zweidimensionale Vektordarstellung der urbanen Struktur erstellt (Abb 20). Diese bildete in jeder Gruppe das Ordnungssystem für die richtige Plazierung und Ausrichtung des jeweils zu bearbeitenden Gebäudes.

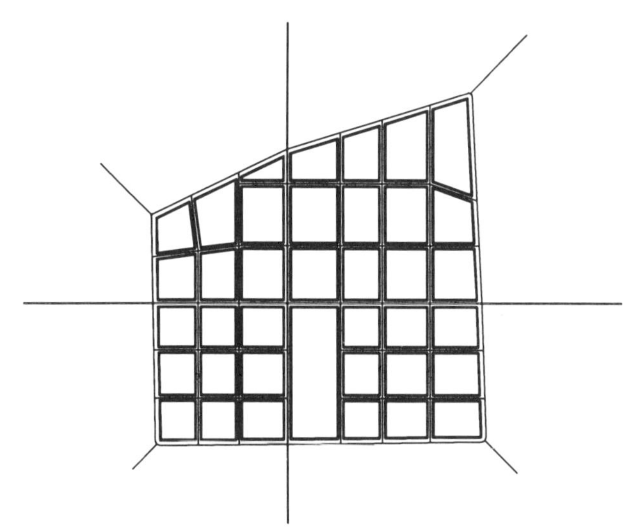

Abb. 20: Urbane Struktur

Da vorausgesetzt wurde, daß die Betrachtung der gesamten städtebaulichen Struktur stets aus einer Vogelperspektive stattfinden wird, wurde die architektonischen Objekte in einem sehr niedrigen Detaillierungsgrad modelliert. Jede Arbeitsgruppe hatte somit zunächst die Aufgabe ihr Objekt als dreidimensionales Massenmodell zu erstellen. Das Problem der beim damaligen Forschungsstand noch mangelden Kenntnis zur Bebauung der meisten Insulae wurde dadurch gelöst, daß Lücken durch Duplizierung und Modifizierung privat bebauter Flächen, also mit Wohn- und Handwerkervierteln aufgefüllt wurde.

Die folgenden Bilder zeigen die Teilmodelle, aus denen die gesamte Stadt aufgebaut ist.
Abbildung 21 zeigt die topographische Situation. Das Geometriemodell ist wegen der zum Teil gebirgigen Landschaft als Facettenmodell ausgeführt, dessen gekrümmte Oberfläche in Dreiecksflächen aufgelöst ist.

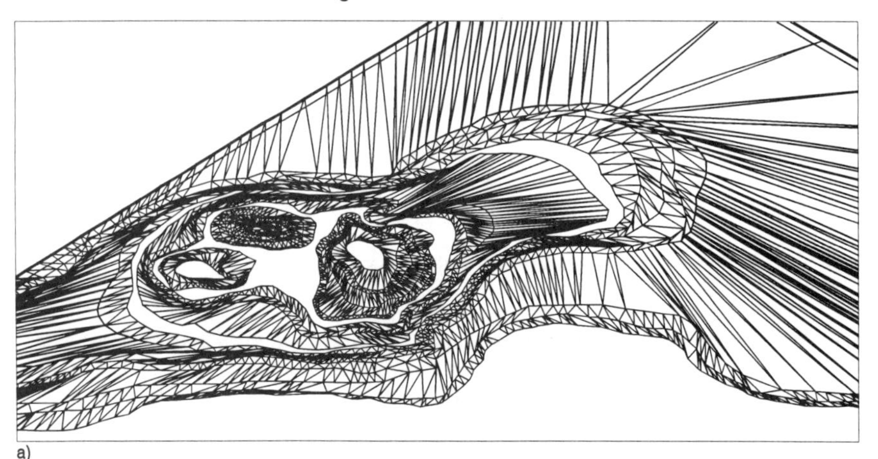

a)

b)

Abb. 21: a) Hidden-Line-Darstellung der Geländesituation
b) Fotorealistische Darstellung

Weitere Modelle sind die Wohnquartiere (Insulae) in einem sehr reduzierten Detaillierungsgrad. Die architektonische Form der einzelnen Wohngebäude ist hier auf wenige Grundformen reduziert wie z.B. Quader, Zylinder oder Pyramide (Abb. 22).

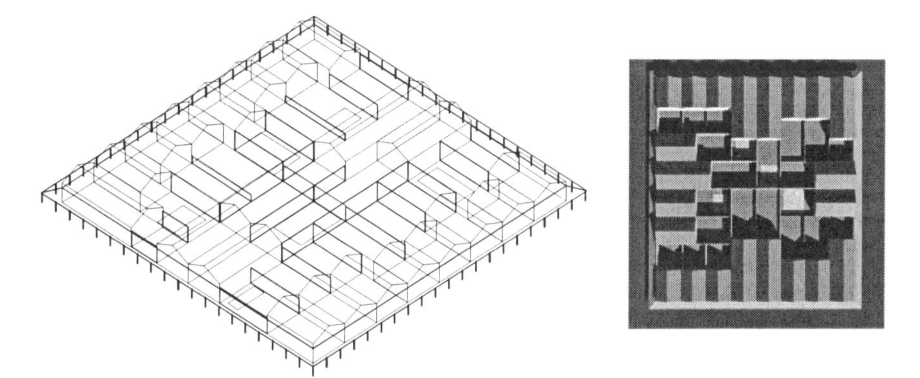

Abb. 22: Drahtgitter- und fotorealistische Darstellung eines Insulatyps

Die letzte Stufe der Modellelemente sind die öffentlichen Gebäude Herberge, Matronentempel, Capitolstempel, Hafentempel, Amphitheater, Therme, Forum und die Festungsanlage, die von der jeweiligen Arbeitsgruppe in einem mit den Wohnquartieren vergleichbaren Abstraktiongrad für das Stadtmodell erstellt wurden (Abb. 23).

Abb. 23: Abstraktes Stadtmodell der CUT

Entwurf eines computergestützten Rekonstruktionszyklus

Die primären Medien für die Rekonstruktion von Bauwerken in der Archäologie sind, ebenso wie in der Architektur, das Papier und der Bleistift für zweidimensionale und das Modell aus Holz oder Pappe für abstrakte dreidimensionale Darstellungen.
Ziel einer archäologischen Rekonstruktion mit Hilfe der genannten Medien ist es, eine Vorstellung von einem Objekt zu entwickeln, die im wesentlichen eine Interpretation des Befundes darstellt. Das Ergebnis ist in Bezug auf den Abstraktionsgrad und den Informationsgehalt mit dem Vorentwurf des Architekten gleichzusetzen, in dem er eine erste skizzenhafte Vorstellung eines Gebäudes entwickelt.
Sobald jedoch das Objekt gebaut werden soll, müssen Überlegungen zur Funktionsfähigkeit des Gebäudes angestellt werden, welche für die Planung eine Erhöhung des Detaillierungsgrades bedeuten.
Wird eine Objekt nicht real gebaut sondern computergestützt rekonstruiert, so sollte die gleiche Vorgehensweise zugrunde gelegt werden.
Das virtuelle Bauen[1] bietet dabei eine Dimension der Anschaulichkeit, die Lücken in Forschungsergebnissen sichtbar machen und zu Fragestellungen anregen kann, wie dies mit den traditionellen Medien Bleistift und Papier nur schwer möglich ist.

Am Beispiel des Überarbeitungsprozesses der Thermenanlage soll aufgezeigt werden, wie die Verwendung des Computers die modellhafte Rekonstruktion und somit auch den Forschungsprozeß unterstützen kann.

1. Überarbeitung des Computermodells der "großen Thermen".

Im September 1996 fand eine Ausstellung im Regionalmuseum Xanten statt, die das gesamte Material des Seminars im Form von Schautafeln, Videoanimationen und multimedialen Präsentationen darstellte.
Da seit Beginn des CAD-Seminars im Oktober 1994 der Grabungs- und Rekonstruktionsprozeß der Objekte weiter fortgeschritten war, mußten die entsprechenden Computermodelle in einigen Bereichen überarbeitet werden, um den Besuchern ein aktuelles Modell des Forschungsstandes präsentieren zu können.
Aufgrund des begrenzten Zeitrahmens konnten nur zwei Objekte, das abstrakte Stadtmodell und die großen Thermen, bearbeitet werden.
Das Ausgangsmaterial für die Überarbeitung der Thermenanlage waren Vektorgrafiken und Visualisierungen, die von den Studenten während des Seminars erstellt worden waren. In der ersten Besprechung mit den Archäologen stellte sich heraus, daß diese Ergebnisse wesentliche (unvermeidbare) Lücken aufwiesen, die durch neue Erkenntnisse aus Grabungsbefunden aufgezeigt wurden. Viele Ungenauigkeiten waren auch auf die mit einer gewissen Unschärfe behafteten Rekonstruktonszeichnungen zurückzuführen, die die Studenten als Vorlage für die Erstellung des 3D-Computermodells verwendet hatten. Die Folge war die Notwendigkeit einer kompletten Überarbeitung der Gebäudegeometrie.

[1] Virtuelles Bauen ist definiert als:
a) geometrisches Modelieren von räumlichen Objekten am Computer
b) Visualisieren dieser Objekte mit modernen Techniken
c) Einbinden dieser Modell in Telekommunikationssysteme

a)

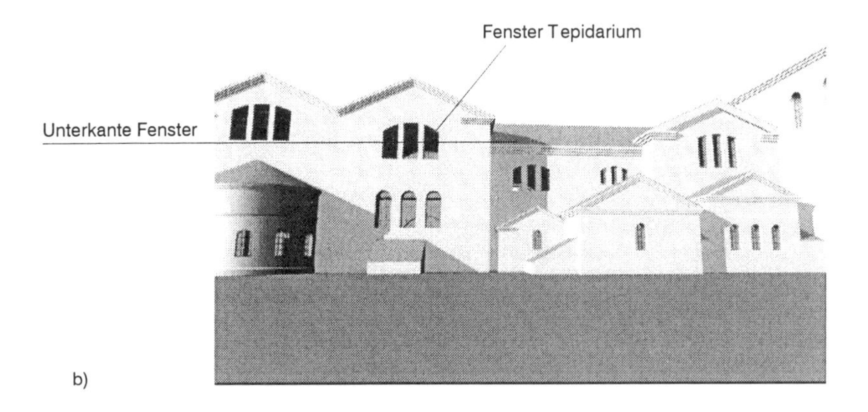

b)

Abb. 24: a) Rekonstruktionszeichnung
b) Visualisierung des Computermodells mit Korrekturangabe

Dies sei an folgendem Beispiel verdeutlicht. Die Position der Fenster in der Außenfassade des Tepidariums sollte aus gestalterischen Gründen auf das Niveau der Fenster des Caldariums angehoben werden (Abb. 24).
Die Korrektur wurde vorgenommen und anhand einer Vektorgrafik überprüft. Das Ergebnis war zufriedenstellend.
Jedoch zeigte die Kontrolle der Innenraumsituation, die sehr schnell von dem 3D-Modell abgeleitet werden konnte, eine konstruktiv unlogische Position der Fenster, da sie sich nun zu dicht unter der Gewölbedecke befanden, so daß die Ausbildung eines Fenstersturzes nicht möglich gewesen wäre. Die Fenster müßten also nach unten verschoben werden, welches aber im Widerspruch zu der korrigierten Lage der Fenster im Aussenbereich stand (Abb. 25).

Aufgrund dieser Erkenntnis wurde die gesamte Dachkonstruktion in Frage gestellt. Erst die Diskussion, ob die Firstgesimse in den Giebelbereichen durchgezogen oder nur angedeutet waren, brachte Aufschluß über die mögliche Lage der Fenster im Tepidarium und Caldarium.
Die Entscheidung der Archäologen, daß eine durchgezogenen Gesimslinie wohl am ehesten anzunehmen sei, hatte einen wesentlichen Einfluß auf die Gebäudegeometrie. Es mußten alle Fenster im oberen Bereich nach unten verschoben werden, da sie sonst mit den durchgezogenen Gesimsen in Konflikt geraten wären.
Die Überprüfung der jeweiligen Korrekturschritte fand auf der Grundlage von Hidden-Line-Darstellungen der jeweiligen Situationen statt (Abb. 25).

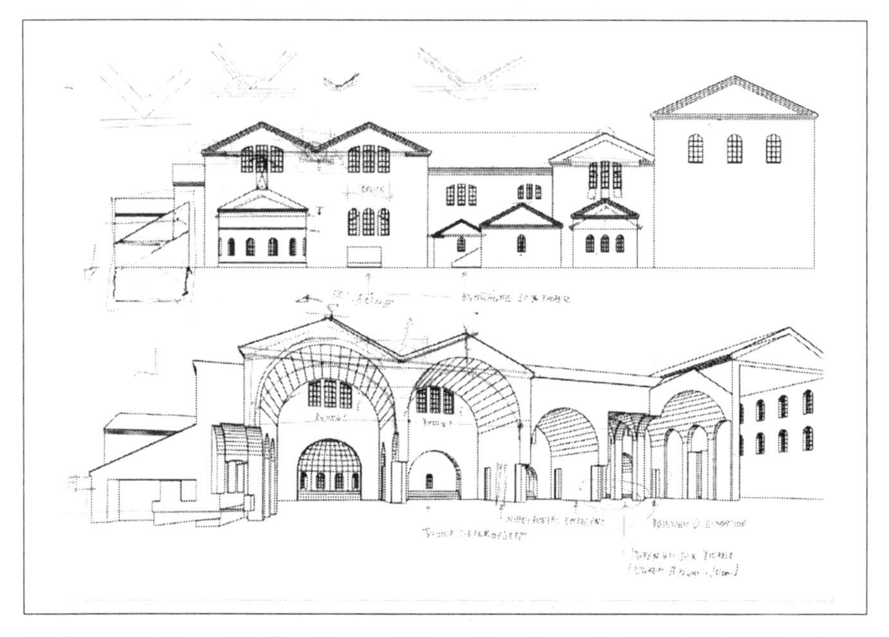

Abb. 25: Arbeitsskizze auf der Grundlage von V ektorgrafiken, die von dem 3D-Modell ableitet wurden

Während der Einarbeitung dieser Korrekturen in das Computermodell fiel erstmalig auf, daß die von den Studenten erstellten Gewölbe konstruktiv nicht funktionieren können, da in dem verbleibenden Raum über ihnen kein zur damaligen Zeit erstellbarer Dachstuhl hätte errichtet werden können. Die Gewölbe mußten also auch nach unten verschoben werden.
Alle Apsiden (halbkreisförmige Anbauten) waren von der Höhenänderung betroffen, da die Fenster mit ihnen nicht mehr korrespondierten. Die Folge dieser einen Überlegung war eine völlig neue Gebäudegeometrie in Bezug auf Proportion und Konstruktion (Abb. 27).

Die neue Gebäudegeometrie plausibilisierte Änderungen an anderen Stellen des Gebäudes.
Neuen Ausgrabungsergebnissen zur Folge war der Ofenraum (Präfurnien) wesentlich tiefer im Erdreich eingegraben. Diese Erkenntnis aus der Ausgrabungssituation entsprach sehr gut der neuen Gebäudeform (Abb. 26).

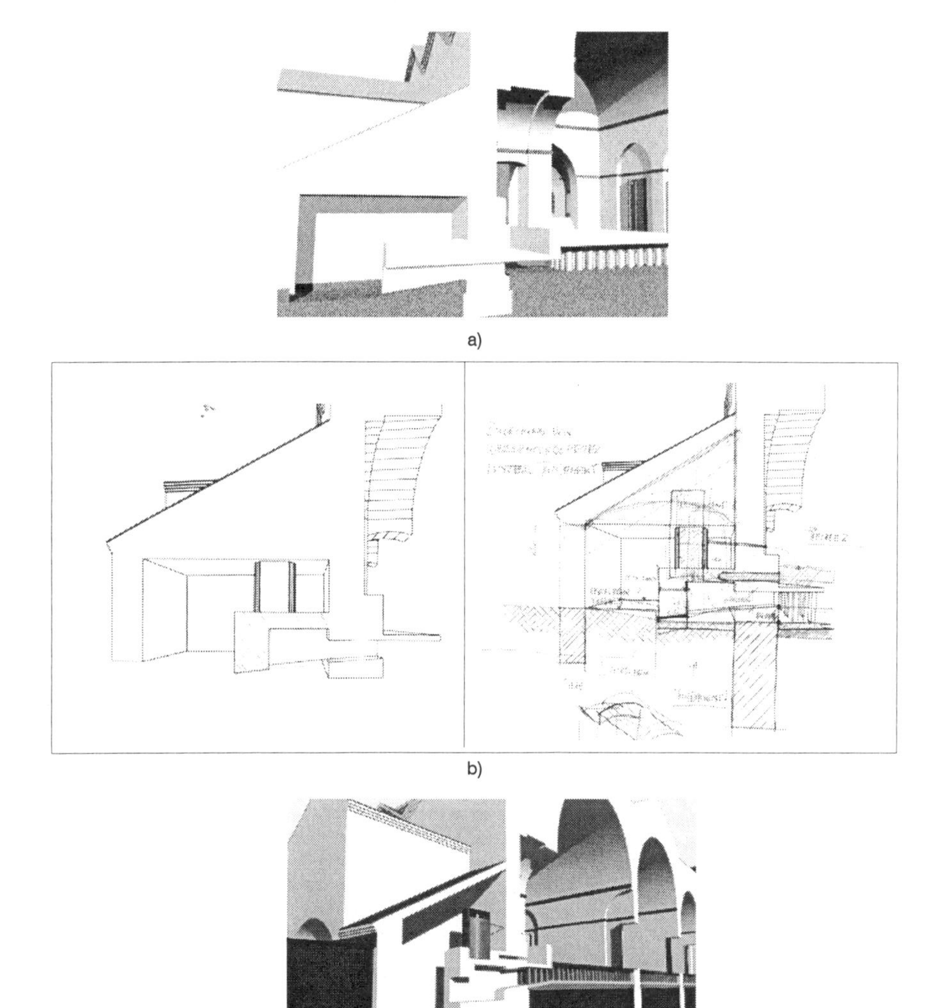

c)

Abb. 26: Ausschnitte aus dem Überarbeitungsprozeß der Ofensituation, a) vorhandene Ofensituation, b) Arbeitsskizzen auf der Grundlage von Hidden-Line-Darstellungen, c) neue Ofensituation

Die Ofenräume waren von den Studenten in ihrer wesentlichen geometrischen Disposition nicht eindeutig ausformuliert. Hier mußte das Gebäude ohnehin detaillierter erarbeitet werden. Bei der Modellierung des Standortes des Wasserbehälters fiel auf, daß auch hier die Dachkonstruktion völlig unlogisch ausgeführt worden war. Eine massive Ausbildung konnte nur als Gewölbe erfolgen. Da aber eine Pultdachgeometrie anzunehmen ist, handelt es sich sicher um eine Holzkonstruktion. Auf diese Variante läßt auch der Umstand schließen, daß nur dann ein genügend großer Wasserbehälter von dem Raum aufgenommen werden konnte.

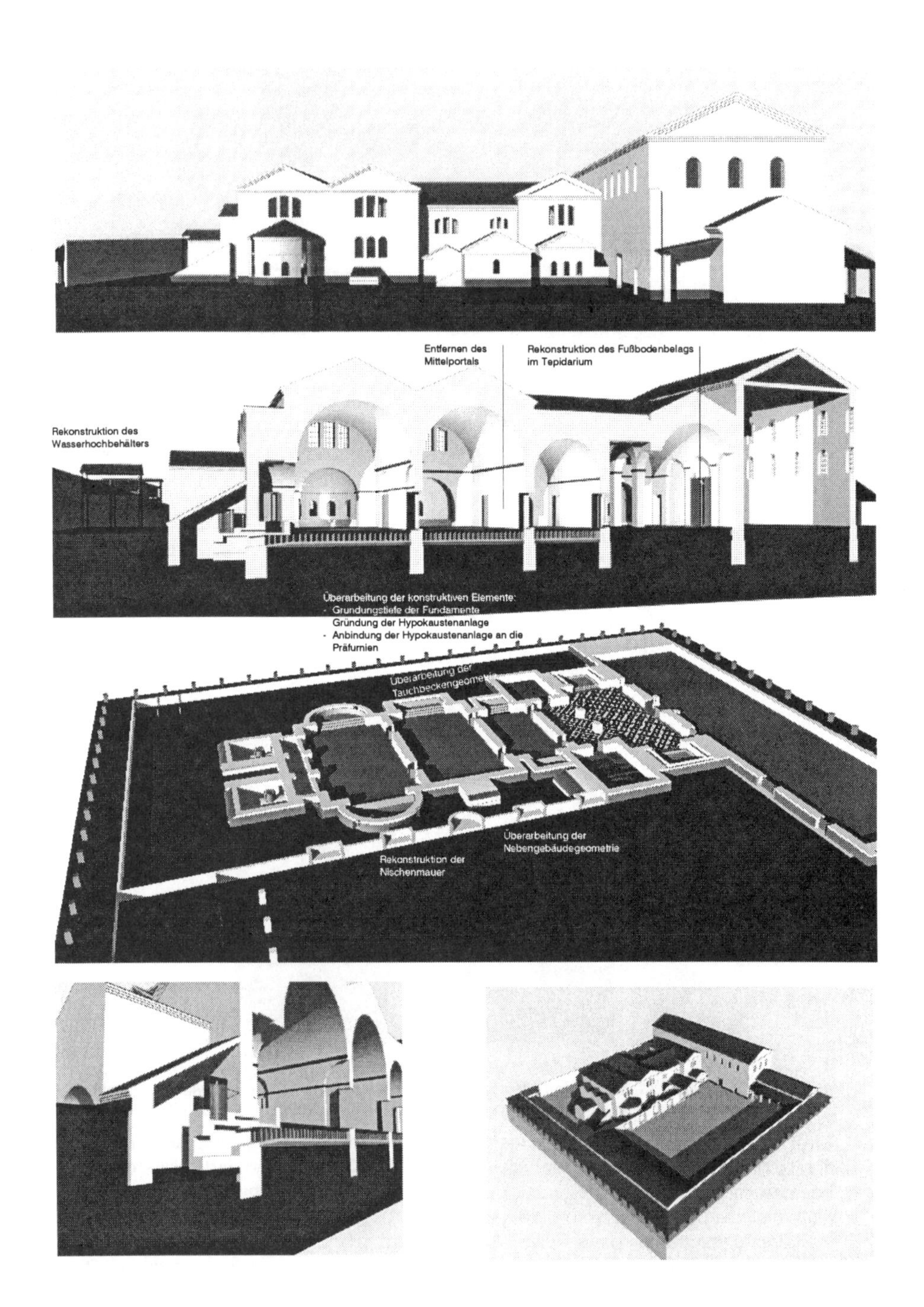

Abb. 27: Überarbeitete Thermenanlage, Grabungsstand Juli 1996

2. Kritische Betrachtung

Während der Rekonstruktion der Römerstadt und der Überarbeitung der Thermenanlage zeigte sich, daß der Computer ein hilfreiches Kontrollwerkzeug sein kann, wenn es um eine detailliertere archäologische Rekonstruktion des Gebäudes geht. Die Voraussetzung dafür ist, daß das Modell von Anfang an virtuell am Computer konstruiert wird.
Die Möglichkeit, das Objekt jederzeit aus beliebigen Perspektiven in unterschiedlichen Darstellungen (Hidden-Line- oder fotorealistische Darstellungen) im Detail und im Ganzen betrachten und studieren zu können, kann zu Fragestellungen anregen, die für das Verständnis der Funktionalität bedeutsam sind.

Der Einsatz des Computers in den traditionellen Rekonstruktionsprozessen, z.B. dem der Thermenanlage, fand zu einem Zeitpunkt statt, *nachdem* die zeichnerische Rekonstruktion schon abgeschlossen war. In der Überarbeitung des Computermodells wurden Lücken und Ungenauigkeiten in der Geometrie sichtbar, die auf den geringen Detaillierungsgrad der Zeichnungen zurückzuführen waren. Der dadurch ausgelöste Zyklus von Generierung und Evaluierung des 3D-Objektes mit Hilfe des Computers führte zu signifikanten Berichtigungen der 3D-Vorstellungen (Abb. 28).

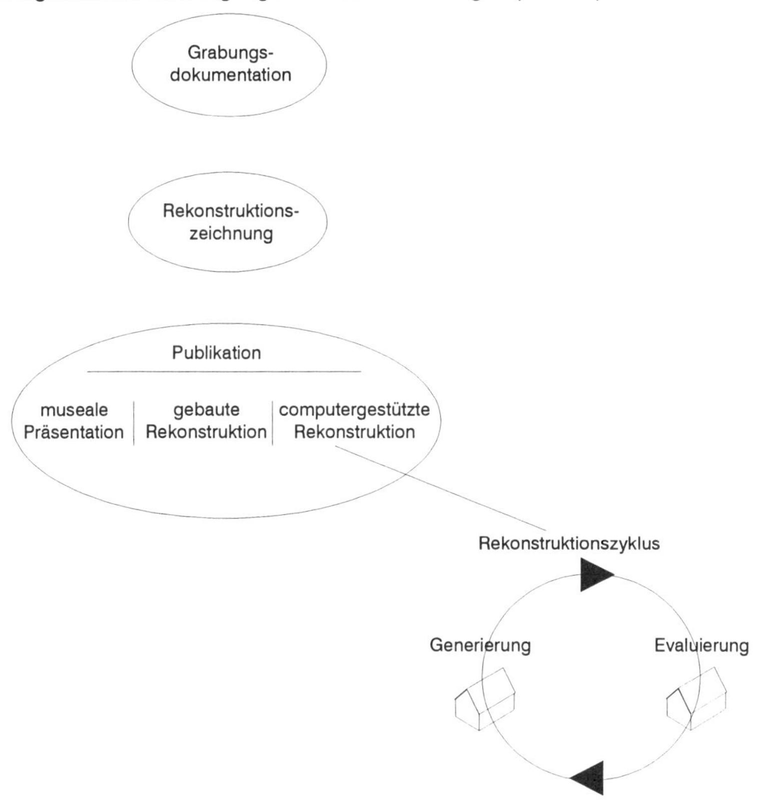

Abb. 28: Einsatz des Computers im traditionellen Rekonstruktonsprozeß

Wenn nun das Computermodell von Anfang an parallel zum Grabungsprozeß entwikkelt wird, werden manche Fehler in der Modellbildung frühzeitig ausgeschlossen, was eine genauere archäologische Rekonstruktion ermöglicht.
Die Vorgehensweise könnte sich folgendermaßen gestalten:
Parallel zur Erstellung der Feldzeichnungen wird der Befund sukzessive am Computer in ein dreidimensionales Modell mit einem sinnvollen Detaillierungsgrad umgesetzt. Diese 3D-Geometrie, bei einem Gebäude sind es in der Regel fragmentarisch erhaltene Fundamente, würde nun die Grundlage für die Entwicklung einer ersten modellhaften Vorstellung bilden.
An dieser Stelle setzt der Rekonstruktionszyklus ein, dessen Schwerpunkt die dreidimensionale Objektstudie in Bezug auf Konstruktion, Proportion, Farbe und Licht ist (Abb. 29).

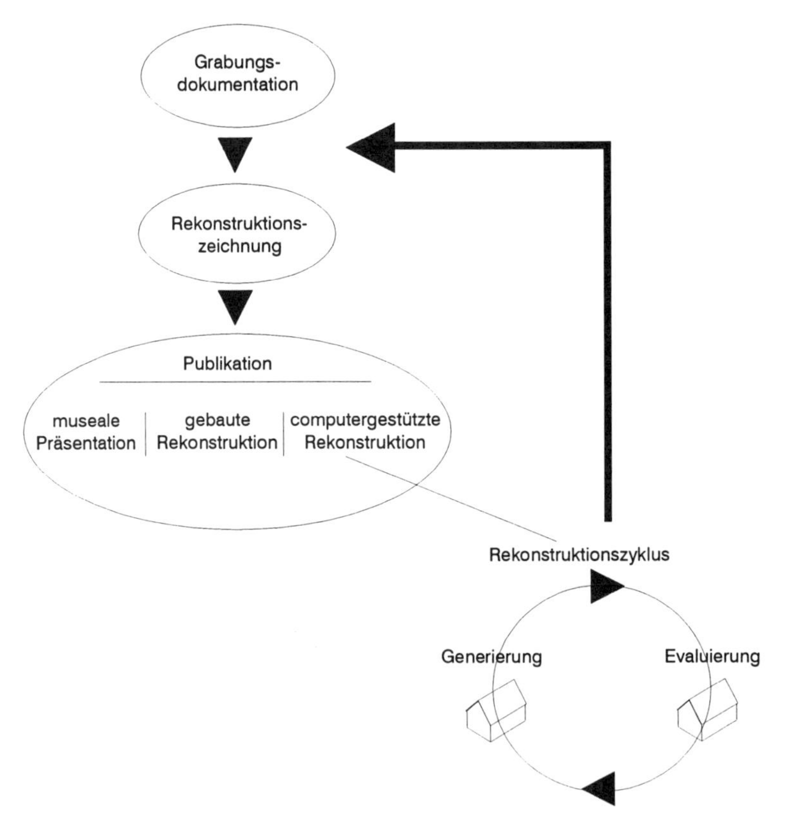

Abb. 29: Frühzeitiger Einsatz des Computers im Rekonstruktionsprozeß

Diese Vorgehensweise bietet für Dokumentationen und Publikationen die Möglichkeit, die Entwicklung einer räumlichen Rekonstruktion, von vagen ersten Vorstellungen über viele durch Grabungsbefunde gestützte Zwischenschritte bis zu einem (immer vorläufigen) ´Endergebnis` zu präsentieren.

Diese Präsentation der alternativen Modelle in Form einer zeitlichen Sequenz von Forschungsschritten ist wichtig, da sie auf die Unschärfe des Wissens der Archäologen über die Bauwerke hinweist. Eine Erfahrung, die während der Ausstellung im Regionalmuseum in Xanten gemacht wurde, begründet dieses Vorgehen. Wird nämlich eine Visualisierung losgelöst von einer Dokumentation des Rekonstruktionsprozesses präsentiert, so kann sie einen Reifegrad des Objektes vorgaukeln, der aus fachlicher Sicht noch gar nicht gegeben ist und dem Besucher bzw Betrachter die Vorstellung vermitteln, daß diese Darstellung nicht ein Zwischenstand, sondern das endgültige Ergebnis darstellt.

Ein multimediales archäologisches Museum

Multimedia, ein Thema, welches mittlerweile in vielen Bereichen des alltäglichen Lebens Einzug gehalten hat, wird als Oberbegriff für eine V ielzahl neuer Produkte und Dienstleistungen aus dem Computer-, Telekommunikations- und Medienbereich verstanden.
Wesentliche Merkmale der computergestützten, multimedialen Anwendungen sind die Verwendung verschiedener Medien wie Audio, Text, Grafiken, Animationen, Bilder und Video sowie die Möglichkeit der interaktiven Nutzung.
Der Vorteil dieser Technik liegt in den besseren Möglichkeiten der Kommunikation und der Informationsvermittlung und -beschaffung vor dem Hintergrund der individuellen und kreativen Gestaltung von objektspezifischen Inhalten.

Die rasante Entwicklung weltweiter Netze und multimedialer Techniken, wie sie in letzter Zeit im INTERNET großes öf fentliches Interesse gefunden haben, legt es nahe, die hierfür grundlegenden neuen Informationstechnologien auch für museale Zwecke einzusetzen.
Das Internet ist im wesentlichen ein weltumspannender offener Verbund lokaler, regionaler und überregionaler Rechnernetze. Mitte 1995 waren nahezu zwei Millionen Rechner und ca. zehn Millionen Benutzer angeschlossen. Mittlerweile werden über das Internet eine ungeheure Menge an Informationen und Dienstleistungen aus unterschiedlichen Disziplinen angeboten, so daß eine Aufzählung immer nur subjektiv und unvollständig sein kann.
Innerhalb dieses Netzes werden verschiedene Netzdienste angeboten, mit denen Informationen vermittelt und abgerufen werden können. Im Jahre 1989 wurde am Kernfoschungszentrum CERN (Centre Europeén de Recherches Nucléaires) ein Softwaresystem entwickelt, welches es ermöglicht, das gesamte Netz wie eine einzige Datenbank abfragen zu können. Das System ist heute unter dem Namen ´World Wide Web`, ´WWW` oder ´W3` bekannt. Ein signifikantes Element des WWW ist die Verwendung von ´Hypermedia-Browser`- Software (´to browse` =herumschmökern, durchblättern) wie z.B. ´Cello`, ´Mosaik` oder ´Netscape`.
´Hypermedia`-Systeme haben im Gegensatz zu ´Multimedia`-Programmen nicht nur die Fähigkeit unterschiedliche Medien wie Audio, Video, Grafik, Text etc. zu integrieren, sondern auch Informationsverknüpfungen zwischen all diesen Medien zu ermöglichen. Da im allgemeinen der Begriff ´Multimedia` aber diese Techniken einschließt, soll er im folgenden auch stellvertretend für hypermediale Techniken verwendet werden. Aufgrund der interaktiven Bedienerführung eignen sich Multimedia-Systeme für Orientierungs- und Informationssysteme. Wesentlich ist hierbei die Konvention, wie die Multimedia-Dokumente zu erstellen sind, damit sie von den Browsern interpretiert werden können. Im Rahmen des W3-Projekts verwendet man hierfür die ´Hypertext Markup Language` (HTML), die das Einbinden von Grafik und anderen Medien ermöglicht. (3)
Betrachtet man die schon exitstierenden Anwendungen multimedialer Techniken einiger Museen im Internet, z.B. "Le Grand Louvre" (Paul H. Smith, 1996), so reicht das Spektrum von der Orientierungshilfe (´Wo kann ich welche Ausstellung und/oder welches Objekt finden?`) bis hin zu individuellen multimedialen Informationen zu spezifischen Objekten, wodurch der interessierte Besucher sich mit beliebig vielen Detailinformationen oder Hintergrundwissen versorgen kann.

Mit der Möglichkeit der individuellen Auswahlinformationen, kann ein Besucher eine wesentlich aktivere Rolle in einer multimedial unterstützten Ausstellung einnehmen, als in einer klassischen Ausstellung, wo er normalerweise auf eine rein passive Besichtigung beschränkt ist.
Ein sehr interessantes Feld in der Anwendung von Multimediatechniken im Internet ist der Bereich der baugeschichtlichen Archäologie. Ein Beispiel für diese Verwendung ist der Prototyp eines multimedialen archäologischen Museums in Form eines interaktiven Führer durch die Römerstadt COLONIA ULPIA TRAIANA (http://www.bauwesen.uni-dortmund.de).
Der multimediale Führer ist aus Texten und einer Vielzahl von fotorealistischen Bildern aus dem Studentenseminar sowie Grafiken und Fotos des Archäologischen Parks und des Regionalmuseums Xanten aufgebaut.
Die übergeordnete Struktur des Dokumentes stimmt mit der hierarchischen Struktur des CAD-Modells überein.
Die Qualität eines Multimediadokumentes zeichnet sich durch die schnelle und intuitive Erlernbarkeit der Struktur durch den Benutzer aus. In dem hier präsentierten multimedialen archäologischen Museum wurden deshalb Bilder als Hauptorientierungselemente in Form von 'Clickable Maps' verwendet, um Informationen aus der nächsten Hierarchiebene zu wählen. Betrachtet man z.B. die Eingangsseite des Dokumentes (Abb. 30), so wird eine Vogelperspektive der städtebaulichen Situation präsentiert, aus der der Benutzer Informationen von verschiedenen Objekten bekommen kann, indem er dieselben mit der Maus anklickt.

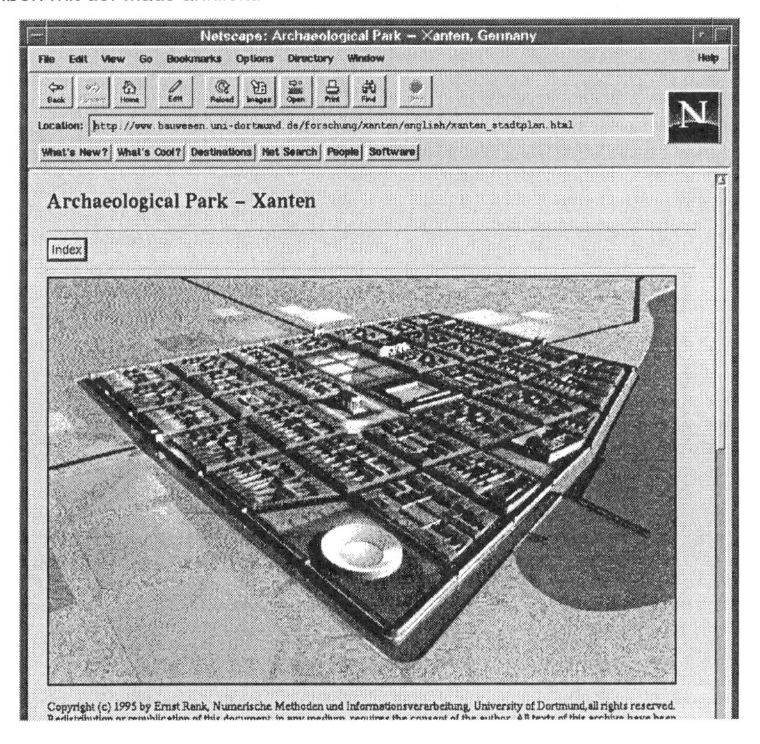

Abb. 30: Vogelperspektive der städtebaulichen Situation

Die gewählte Form der Darstellung des multimedialen Museums beabsichtigt sowohl, eine erste Einführung in den archäologischen Park zu sein, als auch Hintergrundinformationen zu verschiedenen Objekten zu vermitteln.
Beide Wege der Benutzung beginnen mit einer Seite, welche aus Textinformationen und einem perspektivischen Blick der gesamten Stadt zusammengesetzt ist (Abb. 31).

Abb. 31: Das Anklicken des Amphitheaters führt zu Detailinformationen des Objektes

Betrachtet man z.B. den Ausgrabungsort des Capitolstempels (Abb. 33a) und diskutiert über die mögliche Gesamtform, so wird deutlich, daß das Multimediasystem unter der Verwendung des 3D-CAD-Modells eine Fülle von zusätzlichen Informationen vermitteln kann.
Der Einstieg in dieses Objekt ist wieder ein fotorealistisches Bild des Tempels mit der Möglichkeit, über 'Clickable Maps' mehr Details auswählen zu können (Abb. 32).

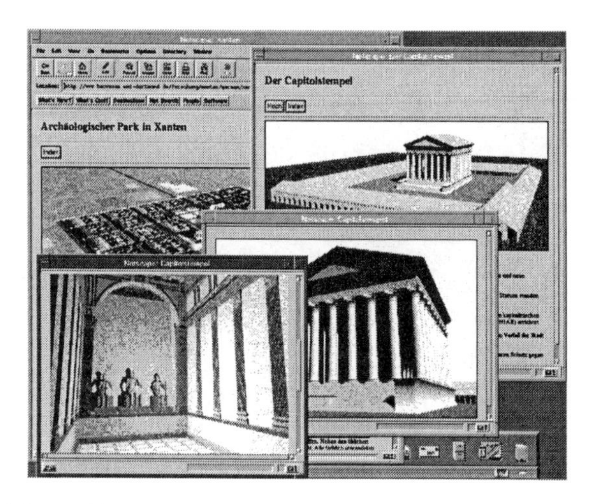

Abb. 32: Der Capitolstempel im Detail und im Ganzen

Ein eingescanntes Bild des Ausgrabungsortes und ein Grundriß, in dem der ergrabene Bereich dargestellt ist, geben dem Benutzer eine Vorstellung von der Größe der gesamten Tempelanlage (Abb. 33b).

a)

b)

Abb. 33: a) Grabungsort, b) Rekonstruktionszeichnung

Abbildung 34 zeigt weitere Gebäudedetails in Form einer Gegenüberstellung von realer Situation und fotorealistischer Darstellung des Computermodells.

Abb. 34: Konstruktionsdetail des Capitolstempels mit einem Bild des Säulenkopfes in der realen Situation (links) und als Computervisualisierung (rechts)

Eine attraktive Perspektive für den Einsatz dieses multimedialen Systems ist eine Präsentation im Bereich der antiken Stadt selbst. Abgesehen von einer direkten 1 : 1 Rekonstruktion bietet die Gegenüberstellung von realen Ausgrabungsbefunden und virtuellen Rekonstruktionen dem Besucher eine wesentlich bessere Chance die örtliche Situation und die römische Baukultur im Ganzen zu verstehen, als jeder klassische Weg der Präsentation von Archäologie.

Die virtuelle Welt der Colonia Ulpia Traiana

"Virtual Reality" ist ein Thema, über welches in der Architektur immer intensiver diskutiert wird. Tatsache ist, daß Systeme, die eine 'virtuelle Realität' erzeugen können, eine enorm große Hardwareleistung benötigen, so daß der Einsatz dieser Technologie im Berufsalltag der Planer noch der Zukunft angehört.

Als *Virtual Reality* bezeichnet man einen dreidimensionalen synthetischen Raum, in dem der Mensch zu jedem Zeitpunkt mit autonomen Objekten in Echtzeit interagieren kann, was bedeutet, daß er ein gleichberechtigter, integraler Bestandteil des digitalen Systems ist.
Das Vorhandensein folgender vier Aspekte ist dafür Voraussetzung: die '3D Ein- und Ausgabe', das 'Echzeitverhalten', die Möglichkeit der Existenz von 'autonomen Objekten' und von 'Immersionseffekten'.

"'3D Ein- und Ausgabe' bedeutet, daß sowohl die Darstellung, als auch die Sensoren des VR-Systems dreidimensional ausgebildet sind. Das betrifft nicht nur die visuellen Kanäle, sondern ebenfalls alle anderen Kanäle, wie den audiellen (Ton), den taktilen (Tastsinn) usw..

'Echtzeitverhalten' bedeutet, daß sowohl die Verzögerungszeiten bei der Eingabe als auch die Antwort- und Rechenzeiten des VR-Systems in einem Bereich von weniger als zehn Millisekunden liegen.

'Autonome Objekte' sind dadurch gekennzeichnet, daß sie Eigenschaften besitzen, die auch unabhängig von der derzeitigen Nutzerreaktion existieren. Bewegt z.B. der Nutzer sein Blickfeld von einem rotierenden Objekt weg, so bewegt sich dieses trotzdem im nicht sichtbaren Bereich weiter.

'Immersion' bezeichnet den Effekt, wenn sich der Nutzer psychisch vollständig in der virtuellen Welt befindet. Man sagt auch, er ist eingetaucht.
Immersion ist bisher sehr wenig erforscht. Es ist kaum meßbar, ob eine immersives VR vorliegt. Einzig anerkannte Methode ist der sogenannte Ducktest: in der VR wird dem Nutzer ein virtueller Gegenstand in Richtung des Gesichtes geworfen. Duckt es sich dabei, wird davon ausgegangen, daß er das System als eine alternative Welt anerkennt."
(Martin Kohlhaas, Holger Regenbrecht) (4)

Eine sehr interessante und zukunftsweisende Verwendung des Datenmodells der Colonia Ulpia Traiana waren zwei von der Gesellschaft für Mathematik und Datenverarbeitung (GMD) in St. Augustin entwickelte Schnittstellen zur Schaffung einer 'Virtuellen Realität': die 'Responsive Workbench' und die 'Virtual Balance'.
Bei der *'Responsive Workbench'* steht die Stadt in Form eines virtuellen Stereobildes auf einem ca. 2x1 Meter großen Projektionstisch und kann mit Stereobrille und Datenhandschuh manipuliert werden. Der Benutzer interagiert mit den virtuellen Objekten und erhält auf Anfrage entsprechend neugenerierte Informationen vom Rechner. Von einzelnen Gebäuden kann z.B. das Dach entfernt werden um 'online' in das Innere sehen zu können. Es ist ebenso möglich, einzelne Bauteile herauszugreifen, um ihre Konstruktionselemente im Detail zu studieren.
Mit Hilfe von Steuer- und Modifikationswerkzeugen, welche ebenfalls auf dem horizontalen Arbeitstisch liegen, kann eine Person z.B. mit den Objekten der Stadt arbeiten, wobei mehrere Betrachter, ebenfalls durch die Verwendung von Stereobrillen, das Geschehen beobachten und auch aktiv daran teilhaben können.
Diese Technologie könnte einen sehr wesentlichen Meilenstein in der Entwicklung des

Computereinsatzes in der Architektur darstellen. Der Architekt war es bisher gewohnt, für den Entwurf eines Bauwerkes mit Werkzeugen zu arbeiten, deren Handhabung intuitiv erlernbar ist (Bleistift, Papier, Holz, Pappe etc.).
Ein Computer bzw. ein CAD-System benötigt hingegen zur Erzeugung eines Datenmodells Eingabemedien wie Maus, Tastatur, Digitalisierboard oder die Menüstruktur auf der Bildschirmoberfläche. Der Anwender muß zunächst die Sprache dieser Eingabemedien erlernen um seine Gedanken zu visualisieren. Dies stellt eine sehr große Hemmschwelle dar, die viele Planer davon abhält, den Entwurfsprozeß mit dem Computer zu unterstützen. Die Verwendung von Bleistift und Papier hingegen benötigt nicht das Erlernen einer vergleichbar umfangreichen Sprache um Gedanken sichtbar zu machen, der Ideenfluß vom Kopf auf das Papier ist sehr viel unmittelbarer als auf den Bildschirm eines Computers.
Die 'Responsive Workbench' könnte durch den direkten Kontakt mit dem Objekt, also ohne den Einsatz eines Zwischenmediums, spontane und intuitive Ideen sehr viel schneller sichtbar machen als es mit einer traditionellen Rechnerstruktur möglich ist.

Die Schnittstelle *'Virtual Balance'* macht auf eine ganz andere Art und Weise Illusionsräume zugänglich. Der Benutzer steht dabei auf einer beweglichen Plattform und steuert durch Gewichtsverlagerung seine Position und Blickrichtung im Computermodell, welche in Form eines Computerbildes auf einer vor ihm stehenden großen Leinwand dargestellt werden. In der Verwendung des Datenmodells der Colonia Ulpia Traiana war es dem Besucher zum ersten Mal möglich, in Echtzeitbewegungen den Weg seiner Erkundungstour durch das Datenmodell der Colonia Ulpia Traiana selbst zu bestimmen (Abb. 35).
Diese 'interaktive Besichtigung' macht deutlich, welche schier unerschöpflichen Möglichkeiten neben den Möglichkeiten der Multimedia-Techniken die 'virtual reality' in Zukunft der Archäologie und dem Bauwesen eröfnen werden. In der baugeschichtlichen Archäologie bietet die neuartige Technologie die Möglichkeit vergangene Städte wieder zum Leben zu erwecken. Im Bauwesen können von geplanten Bauobjekten oder Gebäudekomplexen am Computer ein derart realistisches Modell erstellt und besichtigt werden, daß Planungs- und Entscheidungsprozesse auf einer völlig neuen Grundlage ablaufen werden.

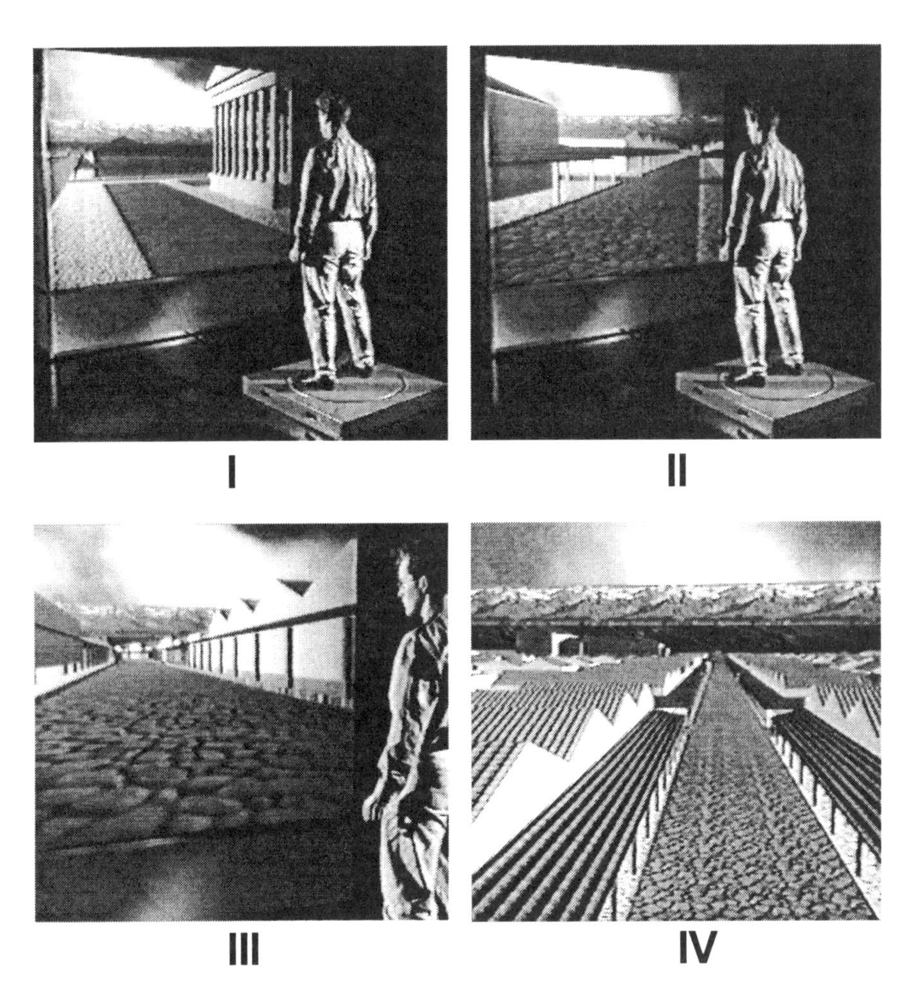

Abb. 35: Die ´Virtual Balance`

Bilder aus der virtuellen Stadt

Die städtebauliche Suituation

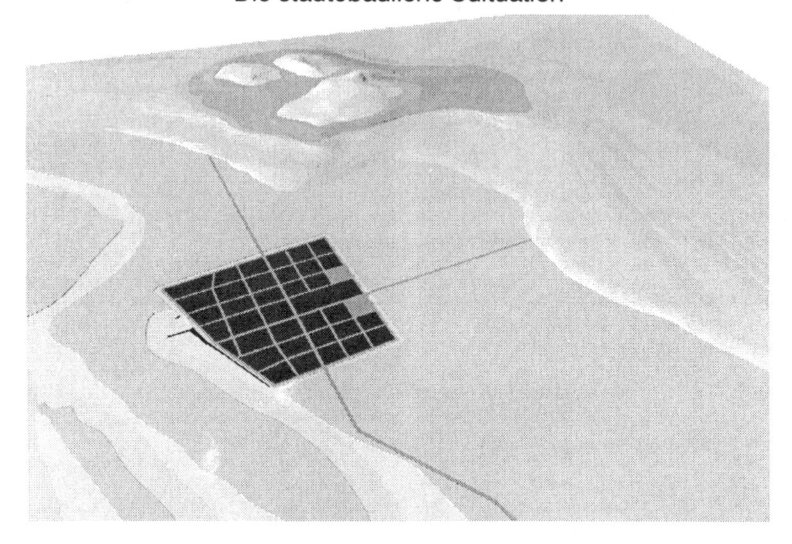

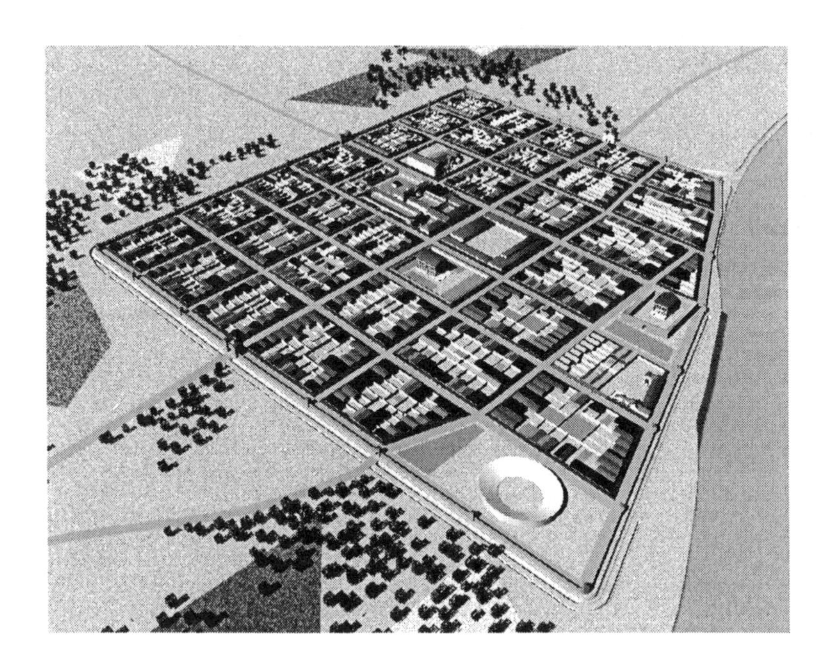

Das Amphitheater

Der Capitolstempel

Das Forum

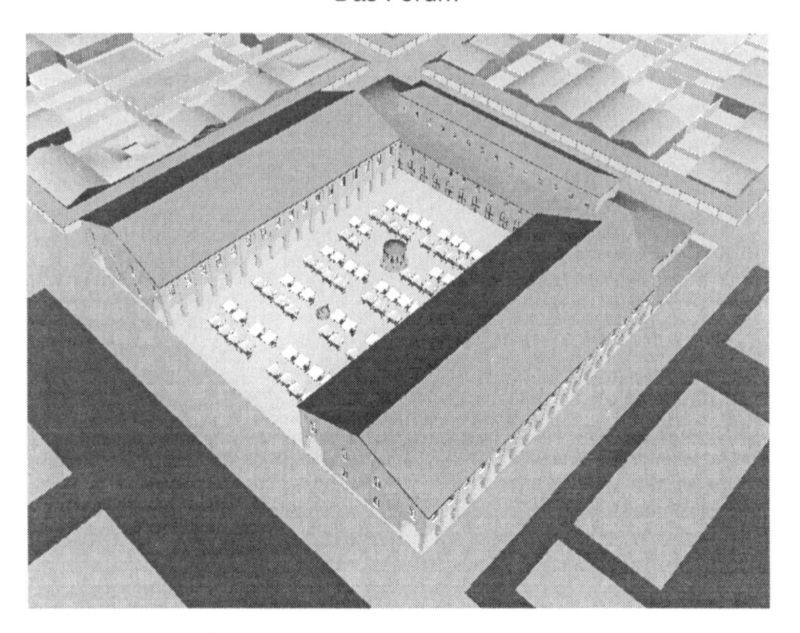

Die Herberge

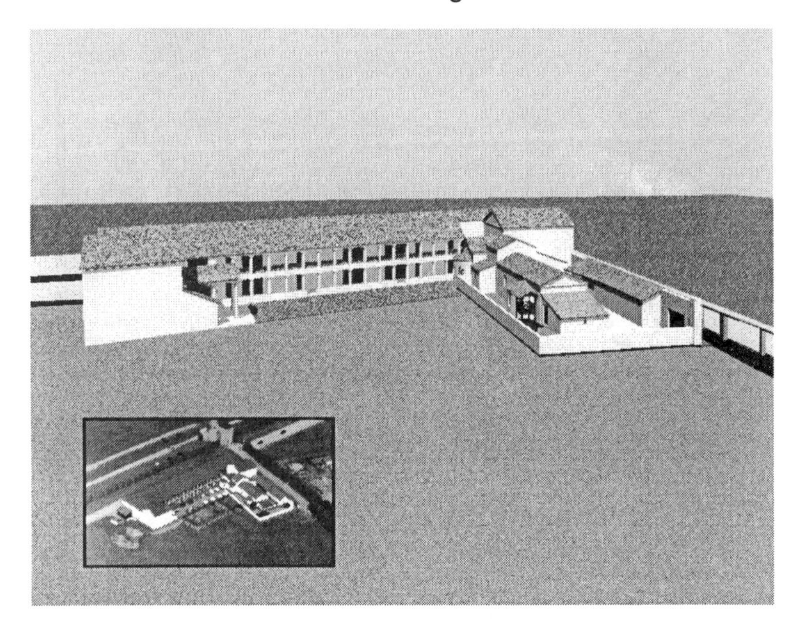

Der Hafentempel

Die Festungsanlage

Der Matronentempel

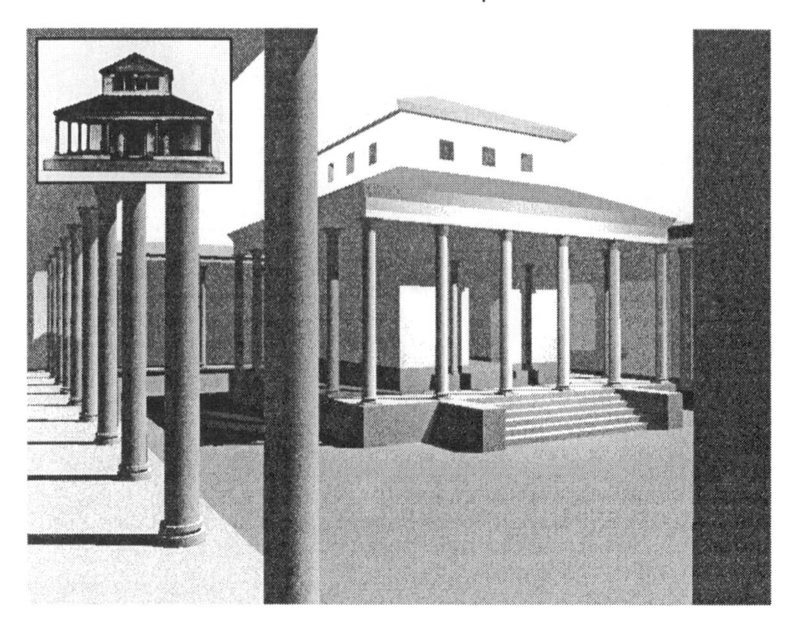

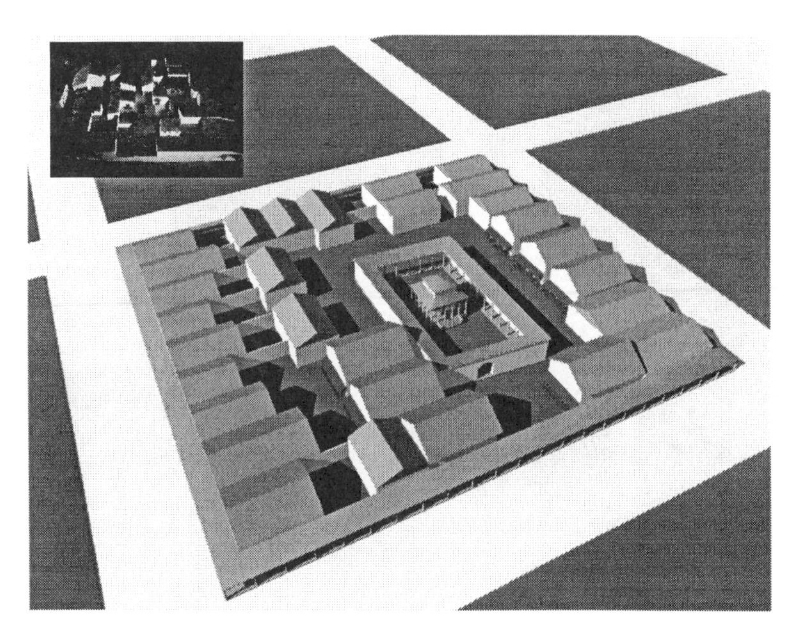

Literaturverzeichnis

(1) Anita Rieche: Führer durch den Archäologischen Park Xanten, Rheinland-Verlag GmbH, Köln, 1994

(2) Ursula Heimberg, Anita Rieche: Die römische Stadt, Rheinland-Verlag GmbH, Köln, 1986

(3) Claus Schönleber, Cornelius Keck: Internet Handbuch, Franzis-Verlag Gmbh, Feldkirchen, 1996

(4) Martin Kohlhaas, Holger Regenbrecht: Skript zum CAAD-Spezialkurs II der Bauhaus Universität Weimar, Lehrstuhl "Informatik in der Architektur und Raumplanung" Prof. Dr. Ing. Architekt Dirk Donath

(5) W. Krueger, B. Froehlich: The Responsive Workbench, IEEE Computer Graphics and Applications, 1994

(6) Gerhard Schmitt: Architectura et Machina, Friedr. Vieweg & Sohn Verlagsgesellschaft mbH, Braunschweig/Wiesbaden, 1993

(7) Christine Degenhart: ALLPLAN in der Architektur, Friedr. Vieweg & Sohn Verlagsgesellschaft mbH, Braunschweig/Wiesbaden, 1995

(8) Hans Kahlen: CAD-Einsatz in der Architektur, Verlag W. Kohlhammer, Stuttgart/Berlin/Köln, 1989

(9) W. Witte, E. Rank, C. Dießenbacher: CAD-Datenimport und Visualisierungstechniken, Fachzeitschrift: Bauinformatik, Februar 1993

(10) Harald Gatermann: Hyper-Media. Ein neues Medium für Planung und Präsentation in der Architektur; Computer-Spezial 1994, Bertelsmann Fachzeitschriften GmbH

(11) Konrad Heidenreich: Das Amphitheater der Colonia Ulpia Traiana bei Xanten, ein Versuch seiner Wiederherstellung. Bonner Jahrbücher 145, 1940

(12) E. Rank, C. Dießenbacher: Teaching Design with CAD?, Proceedings of ECAADE '93, G. Schneltzer (ed.), Eindhoven, November 1993

Verkehrsmanagement

Peter Zimmermann

Inhalt

1. Einleitung
2. Verkehr, Mobilität und Information
3. Verkehrsmanagement - ein Element aktiver Verkehrsgestaltung
4. Nutzen und Nutznießer von Verkehrsmanagement
5. Die Akteure und Ausblick

1. Einleitung

Verkehr, Verkehrspolitik und Mobilität sind ein europa-, aber auch ein weltweites Thema. Mit der wachsenden europäischen Integration ist die Harmonisierung von allen verkehrsrelevanten Vorschriften und Standards notwendig. Für die Industrie bedeutet dies die zügige Entwicklung zu einem einheitlichen europäischen Markt. Deutschland ist als gleichzeitige Drehscheibe des Ost-West- sowie des Nord-Süd-Verkehrs das wichtigste Durchgangsland in Europa. Verkehrsprobleme und der damit verbundene Druck zu ihrer Lösung werden daher in Deutschland mit besonderer Schärfe auftreten. Politik und Wirtschaft müssen deshalb gerade in Deutschland gemeinsam Lösungen erarbeiten. Eine zukunftsweisende, auf den Erhalt der Mobilität und auf den Schutz der Umwelt gleichermaßen ausgerichtete Verkehrspolitik ist aber nicht nur für die Hersteller innovativer Verkehrs(management)-systeme in Deutschland Chance und Herausforderung zugleich, sie kann auch entscheidend zur Standortsicherung beitragen.

Neben der verkehrsträgerorientierten Verbesserung der elektronischen Steuer- und Regelgeräte ist insbesondere die Vernetzung der Verkehrsträger ein erheblicher Beitrag zur Lösung der wachsenden Verkehrsprobleme. Daher sollte jede Maßnahme unterstützt werden, die den für die jeweilige Aufgabe am besten geeigneten und umweltschonendsten Verkehrsträger optimiert - also die praktische Anwendung von Verkehrsmanagement. Wie wir alle wissen, bilden Informations- und Kommunikationstechnologien hierzu den Schlüssel. Mit ihrer Hilfe lassen sich Anschlußbeziehungen zu anderen Verkehrsträgern komfortabel und zuverlässig realisieren.

Leit- und Informationssysteme sind das Herzstück für jedes Management des Gesamtverkehrs in einer Stadt oder Region, inklusive Parkmöglichkeiten, ÖPNV- und Bahnverbindungen sowie An- und Abflugzeiten. Dabei können die Verkehrsinformationen sowohl in Fahrzeugendgeräten als auch vor Reiseantritt unter Nutzung von Telefon, Btx, Datex-J, Videotext oder anderen Möglichkeiten der elektronischen Informationsübertragung verfügbar gemacht werden. Nutzer sind nicht nur die Verkehrsteilnehmer, sondern auch die kommunalen Selbstverwaltungen oder die überregionalen Fernstraßenverwaltungen. Einheitliche elektronische Abrechnungssysteme vom Fahrschein über Parkhausgebühren sorgen für mehr Transparenz und Durchgängigkeit. Verkehrsmanagement - oder auch Telematik - bildet dazu die technologische Basis. Technologie alleine löst jedoch unsere Verkehrsprobleme nicht. Verkehrspolitische Eingriffe in den Gesamtverkehr und neue Organisationsformen sind unvermeidlich.

2. Verkehr, Mobilität und Information

Die generelle Zielsetzung der deutschen Verkehrspolitik ist es, die heute noch sehr unterschiedliche Auslastung der Verkehrsträger Straße, Schiene, Luft und Wasser durch eine sinnvolle Vernetzung zu verändern und die Nutzung der entstehenden integrierten Verkehrsketten attraktiv zu gestalten, um damit einen Beitrag zur Lösung der wachsenden Verkehrsprobleme zu leisten. Das ifo-Institut hat 1995 im Auftrag des Bundesministeriums für Verkehr eine Ist-Analyse und Prognose des Verkehrsaufkommens durchgeführt. Das Verkehrswachstum im Personen- und Güterverkehr ist danach ungebrochen. Im Gegensatz zu früheren Prognosen wird sich jedoch der Zuwachs im Güterverkehr auf die Straße konzentrieren, wenn dem nicht entsprechende Maßnahmen entgegenwirken.

Integrierte Verkehrsmanagementsysteme und Mobilitätsdienste können ein multimodales und Grenzen überschreitendes Verkehrsnetzwerk erzeugen. Dabei ist die schrittweise Integration von Einzelsystemen zu einem ganzheitlichen Verkehrssystem die Herausforderung der Zukunft. Die zu lösende Aufgabe ist die belastungsabhängige Beeinflussung des Gesamtverkehrs im Wechselspiel zwischen Angebot und Nachfrage. Gleichzeitig müssen umfassende Informationen über alle Verkehrsträger für die Nutzer (Verkehrsteilnehmer) verfügbar sein, um den Zugang zu den vielfältigen Angeboten so einfach und attraktiv wie möglich zu gestalten. Dies gilt auch schon - und insbesondere - vor Antritt der Reise.

Jeder von uns nutzt die heute zur Verfügung stehende Mobilität für sich und seine Bedürfnisse, wird aber gleichzeitig davon berührt, beeinträchtigt oder gar betroffen. Diesen Dualismus zwischen Notwendigkeit und Risiko aufzulösen, erfordert Systemdenken, Konsens und Partnerschaft. Einen Beitrag, dieses Problem zu lösen, bietet das Verkehrsmanagement.

Die nachfolgende Abbildung faßt den Wandel der Mobilität im gesellschaftlichen Umfeld zusammen. Die Mobilität und die zu ihrem Erhalt erforderlichen Verkehrsinformationsdienste sind eine der Grundvoraussetzungen in unserer arbeitsteiligen Welt. Sie ermöglichen, Arbeitsstätte, Geschäfte und Veranstaltungen zu erreichen. Sie sind durch den menschlichen Individualismus geprägt und stark vom Freizeitverhalten dominiert. Verkehr erzeugt aber auch Lärm, Emissionen und Streß. Mobilität bedeutet auch Sicherheitsrisiken und speziell in Spitzenzeiten überfüllte öffentliche Verkehrsmittel und Straßen.

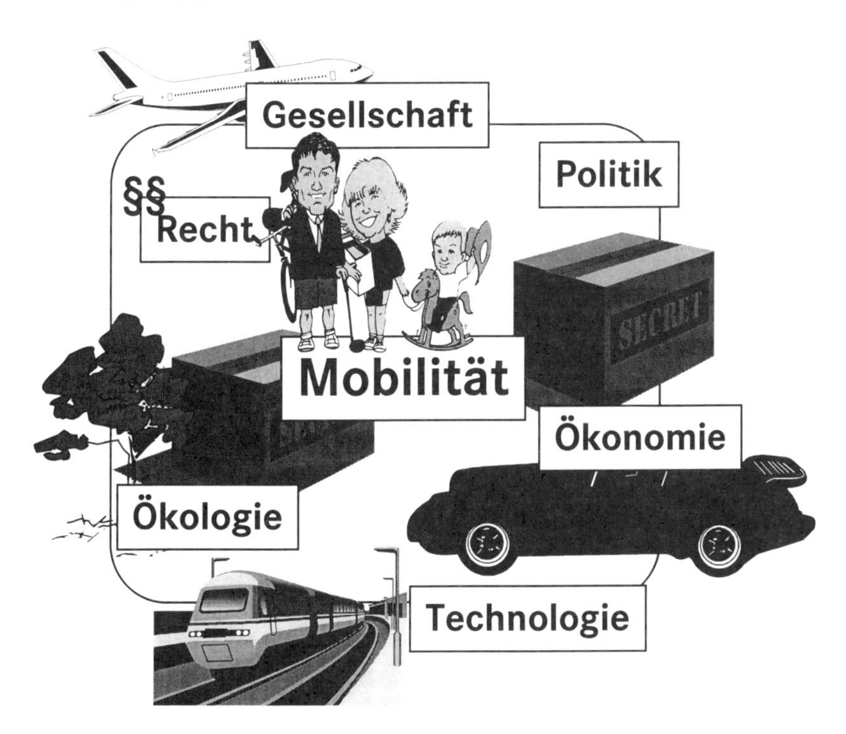

3. Verkehrsmanagement - ein Element aktiver Verkehrsgestaltung

Mit einem zuverlässigen und aktuellen Informationsangebot über die Verkehrslage und die verschiedenen Möglichkeiten zur Auswahl des Reisemittels kann ein erheblicher Beitrag zur Entlastung der Engpaßsituation im Verkehr geleistet werden.

Für ein zuverlässiges und aktuelles Verkehrsinformationsangebot ist es erforderlich, Verkehrszustandsinformationen und Umweltdaten zu sammeln, diese Daten mit dem Verkehrsaufkommen analytisch zu vernetzen, um dann den Verkehr in seiner Gesamtheit steuern und beeinflussen zu können. Damit bietet die Verkehrsinformation auch den Selbstverwaltungen ein erhebliches Potential an Basisdaten zum Steuern und Gestalten – also dem Management - „ihres" Verkehrs.

Wesentliches Element von wirtschaftlich darstellbaren Informationsdiensten ist die gemeinsame Erfassung der heute und in Zukunft verfügbaren Verkehrszustandsdaten in einer „Datenbörse". Damit kann Doppelaufwand vermieden und die gebotene Standardisierung von Schnittstellen der Datenerfassung der öffentlichen Hand in Kommunen, im Fernverkehr und im öffentlichen Verkehr gemeinsam mit den privatwirtschaftlich erfaßten Daten beschleunigt werden.

Die nachfolgende Grafik faßt die wesentlichen Anwendungsbereiche von aufbereiteten Verkehrszustandsdaten zusammen. Für den Komfort des Verkehrsteilnehmers sind Verkehrs- und Reiseinformationsdienste von besonderem Interesse. Kommunen und Straßenverwaltungen sind an Diensten für Verkehrsmanagement und Einsatzleitung interessiert. Der gewerbliche Verkehr hat bereits eigene Informationsdienste aufgebaut; die öffentlichen Verkehrsträger setzen seit langem Dispositions- und Betriebsleitsysteme und Fahrgastinformationen ein. Ergänzend kommt als Abrundung die Bemühung um elektronische Zahlung und Buchung hinzu. Die Vielfalt der Dienste und der dafür erforderlichen Maßnahmen wird im folgenden detaillierter beschrieben.

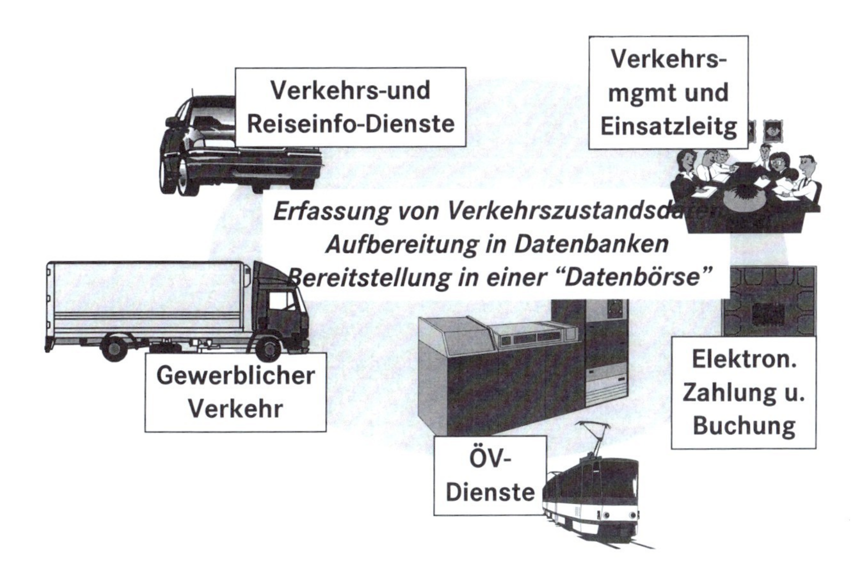

Verkehrs- und Reiseinformationsdienste

Sie erhöhen die Sicherheit, den Komfort und die Planbarkeit für den Verkehrsteilnehmer und den Verkehrsträger. Zu dieser Dienstekategorie gehören:

- *Verkehrszustandsinformation* als Basisinformation für alle Management- und Planungsaufgaben und die weitere „Veredelung" zu anwenderorientierten Dienstleistungen.
- *Routenführung* auf der Basis von dynamischen Verkehrslageinformationen zur aktuellen Orientierung im Straßenverkehr und Vermeidung von vermeidbaren Suchfahrten.
- *Informationen während der Fahrt* können Komfort und Sicherheit für den Fahrer erhöhen. Dies gilt sowohl für den Individual- als auch für den öffentlichen Verkehr. Wesentliches Element ist hierbei die aktuelle Anschlußinformation und der Hinweis auf Veränderungen durch Störung im Verkehr und beim Wetter.
- Die *Pre-Trip-Information* als On-Line-Dienst ermöglicht die Planung der Verkehrsmittelwahl und des Reiseantrittszeitpunkts und stellt so ein enorm wichtiges Instrument im Gesamtverkehrsgefüge dar.
- Als letztes Beispiel der Verkehrs- und Reiseinformationsdienste soll die *Disposition von Fahrzeugen* durch Fahrgemein-

schaften - gemeint sind alternative Nutzungsmodelle wie Car Pooling oder Car Sharing - genannt werden.

Verkehrsmanagement und Einsatzleitung

Sie bildet die Grundlage von attraktiven Diensten für den Individualverkehr, den öffentlichen Verkehr, die Verkehrsplanung und -steuerung. Zu dieser Kategorie gehören:

- *Notrufdienste, Pannenhilfsdienste und Diebstahlwarnung* werden bereits in einigen Fällen von der Industrie als Hilfsdienste für Fahrzeuge des Individualverkehrs angeboten. Sie helfen Menschen und Güter zu schützen.
- *Unfall- und Katastrophenmanagement* können durch den Einsatz von Verkehrsinformationen verbessert werden. Sie helfen den Verantwortlichen auf Situationen rasch zu reagieren und den übrigen Verkehr so wenig wie möglich zu beeinträchtigen.
- *Verkehrslenkung im Ballungsraum und in der Fläche* durch Kommunen und Straßenbehörden kann durch dynamische Zustandsinformation erheblich beeinflußt - und vor allem verbessert - werden. Dazu gehört auch die Baustellenlogistik. Die volkswirtschaftlichen und umweltbezogenen Effekte liegen auf der Hand.
- Seit langem werden im *öffentlichen Verkehr* und bei der Deutschen Bahn AG *Betriebs- und Dispositionssysteme* eingesetzt. Sie erhöhen die Sicherheit und ermöglichen kürzere Zugfolgen und verbessern die Abstimmung auf andere Verkehrsträger.
- *Fracht- und Hafenlogistik* wird in der Binnen- und Seeschiffahrt vielfach eingesetzt. Damit werden die internen Abläufe harmonisiert und der Anschluß im Kombiverkehr zu anderen Verkehrsträgern elektronisch unterstützt.
- Als spezielle Anwendung der Verkehrsinformation sind *Reise-Dienste* im Internet und BTX zu sehen, die Aufschluß über die Verkehrssituation geben.

Verkehrsinformation im öffentlichen Verkehr

Sie erhöht die Sicherheit, den Komfort für den Teilnehmer, die Zuverlässigkeit und kann den Modal Split beeinflussen. Zu diesem Feld gehören:

- Die *Fahrgastinformation* erhöht die Attraktivität des öffentlichen Verkehrs und bietet dem Reisenden den Komfort, den er bei der Nutzung eines komplexen Verkehrssystems mit Tarifen und Umsteigevorgängen erwartet.

- *Pre-Trip-Reiseplanung* unterstützt den Reisenden bei der Reisemittelwahl. Sie informiert ihn über Dauer, Tarife und Umsteigemöglichkeiten.
- *Betriebssteuerung und Einsatzplanung* ermöglicht einen sicheren automatischen Betrieb, die Planung und das Management öffentlicher Verkehrsmittel. Sie dient dem Einsatzmanagement der Betreiber, unterstützt Reaktionen auf Störfälle und ermöglicht die Anschlußsicherung im Nahverkehr und zwischen Nah- und Fernverkehr.

Verkehrsinformation im gewerblichen Verkehr

Sie erhöht ebenfalls die Sicherheit, senkt Betriebsausgaben und erhöht die Sicherheit. Beispiele sind:

- *Flotten- und Fahrzeugmanagementdienste* ermöglichen die Kommunikation zwischen Fahrer und Disponent, Spediteuren und Anbietern kombinierter Transportleistungen. Sie ermöglichen außerdem die Überwachung des technischen Zustands der Fahrzeuge.
- *Frachtmanagement* ermöglicht die Disposition von Routen zur Vermeidung von Leerfahrten und die Verfolgung von verderblichen und wertvollen Gütern. Citylogistik ist hier einzureihen.
- *Terminalmanagement* - speziell im kombinierten Verkehr - stellt die Verbindung zwischen den beteiligten Unternehmen (Straße, Schiene, Luftfracht und Binnenschiffahrt) her.
- Die *elektronische Abwicklung* - der Frachtbrief - automatisiert Verwaltungsprozeduren und macht sie schneller und sicherer. Die Fahrleistungen werden automatisch registriert.
- Im *Gefahrgutmanagement* können entsprechende zugelassene Routen in den Dispositonsprozeß eingeführt werden. Die sofortige Meldung von Unfällen ermöglicht die Beschleunigung von Hilfsmaßnahmen.
- Alle geschilderten Dienste gelten auch für *firmeninterne Transporte*. Die konsequente Nutzung verkehrlicher und logistischer Information hilft in hohem Maß Kosten zu sparen.

Elektronische Zahlung und Buchung

- *Integrated Payment* im öffentlichen Verkehr erhöht dessen Komfort und Flexibilität bei der Nutzung. Die eingesetzten Chipkartensysteme werden zur Zeit erprobt.
- *Buchungs- und Reservierungsdienste* ermöglichen Auffinden und Reservieren von freien Plätzen in öffentlichen Verkehrsmitteln und von Parkplätzen.
- Die Bundesregierung erwägt, für den Schwerlastverkehr eine streckenbezogene Straßenbenutzungsgebühr elektronisch zu erheben.

Die Realisierung dieser Verkehrsmanagementtechniken erfolgt durch den Einsatz der Telematik. Sie stellt das Bindeglied zwischen Verkehr und Informationstechnologie her. Hinzu kommen die unabdingbaren verkehrspolitischen Vorgaben, die von der Politik vorgegebenen Rahmenbedingungen und die auch trotz Einsatz von Telematik notwendigen Infrastrukturmaßnahmen.

Die Telematik darf und wird sich nicht in der Bereitstellung von Geräten erschöpfen, sie muß als *Dienstleistung* zur Verfügung gestellt werden. Häufig wird Telematik nur als Hilfeleistung für den individuellen Straßenverkehr betrachtet. Dies ist falsch und wird dem Anspruch nicht gerecht. Telematik schließt die Bereiche

- Verpflichtende Systeme (Verkehrszeichen etc.)
- Sicherheitssysteme (Notfallhilfe, Schutzsysteme)
- Informationssysteme für den kollektiven und den individuellen Verkehr
- Managementsysteme einschließlich Kapazitätsverwaltung
- Mobilitätsdienste für IV, ÖV und Wirtschaftsverkehr
- Mobilitätssysteme (Alternative Nutzungsmodelle für Verkehrsmittel)

ein.

Verpflichtende Systeme	**Sicherheits-Systeme**	**Informations-Systeme**	**Management-Systeme**	**Mobilitäts-Dienste**	**Mobilitäts-Systeme**
Intelligente Verkehrszeich.	Notfall- und Rettungssyst.	Kollektive Info-Systeme		Zielführungs-Dienste	Integrierte Verkehrssyst.
Fahrbahn-Signalisierung	Fahrzeug-Schutzsyst.	Individuelle Info-Systeme			Fahrzeug Mehrfachnutzg.
Lichtsignal Anlagen		Integrierte Zahlungssysteme			
		Verkehrsmanagement- und Informationssysteme			
		Rechnergestützte Betriebsleitsysteme			
		Individuelle Verkehrsleit- und Informationssysteme			
			Personenverkehrsdienste Informationen, Buchung, Reservierung		
	Güterverkehrs-Sicherheit		Flottenmanagement im GV		

Der Verkehr in Ballungsräumen und auf den Fernstraßen braucht in der Endausbaustufe eine integrative Lösung. Der - an sich - gesunde Wettbewerb zwischen den Verkehrsträgern richtet mehr Schaden an als er Vorteile bringt. Jedes Verkehrsmittel hat Stärken und Schwächen, aber keines ist in der Lage, alle Probleme zu lösen. Eingriffe in die einzelnen Bausteine sind sicherlich der erste Schritt, können aber nur ein Notbehelf sein. Daher müssen schlußendlich alle Verkehrsträger miteinander verbunden und koordiniert werden. Nur ein integrierendes Miteinander, bei dem jeder seine Stärken einbringt, kann die gewünschten Managementergebnisse bringen.

Die beschriebenen Verkehrsinformationsdienste sind häufig bereits im Einsatz oder sind seit längerem in der Diskussion. Die Innovation besteht darin, daß jetzt in verstärktem Maß über die Vernetzung der Informationen diskutiert wird. Besonders hervorgehoben werden muß jedoch, daß diese Dienste heute - im wesentlichen - auf statischen Informationen beruhen. Die aktualisierte Verkehrslage wird - mit Ausnahme der Linienbeeinflussung auf Autobahnen - noch kaum zur Verkehrsbeeinflussung genutzt. Die Bereitstellung und Aufbereitung von dynamischen Verkehrsinformationen ist die eigentliche Herausforderung, die angenommen werden muß. Aus *statischen Informationen* müssen *dynamische Dienstleistungen* gemacht werden. Die Anschlußinformation zwischen Nah- und Fernverkehr darf nicht auf Fahrplänen beruhen, sondern muß die echte Verkehrslage in Betracht ziehen. Eine Planung vor Reiseantritt wird erst dann wertvoll, wenn alle Informationen - auch Tarife, Störungen, Anschlußmöglichkeiten - zur weiteren Entscheidungsfindung abgerufen werden können. Das folgende Bild stellt diese Zusammenhänge im Prinzip dar.

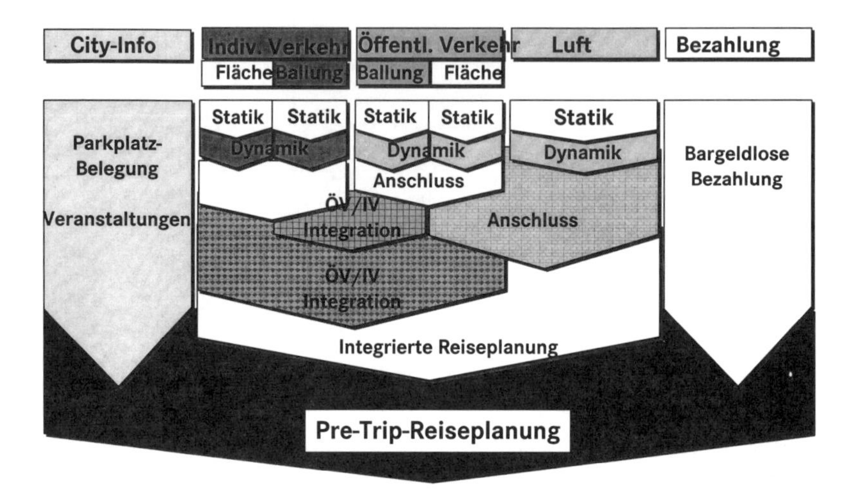

4. Nutzen und Nutznießer von Verkehrsmanagement

Eine Analyse aller bestehenden Möglichkeiten zeigt, daß ein wirkungsvolles integriertes Verkehrsmanagement, das umfassende Informationen und auch *attraktive Dienstleistungen* für den Verkehrsteilnehmer gegen eine ausgewogene Gebühr erbringt, den optimalen Ansatz darstellt. Das Kernstück des integrierten Verkehrsmanagements ist ein *Rechner- und Datenverbund*. Ich meine damit nicht eine riesige Rechenanlage, sondern eine „*Organisationsform*", die den Zugriff auf alle verfügbaren verkehrlichen Daten ermöglicht. Aus den verfügbaren Verkehrsinformationen können dann *Mehrwertdienste* generiert werden.

Die flächendeckende Sammlung, Interpretation und *Prognose* von Verkehrslagedaten muß die Datenbasis für die skizzierten Möglichkeiten bieten. Sie liefern *dynamische Informationen*, mit denen dann Betriebsleitsysteme bedarfsgerecht in Echtzeit auf sich verändernde Situationen reagieren können. Damit können Bus-, Tram-, Taxiflotten und der Individualverkehr im Betrieb optimiert werden. Ebenso ist die Verknüpfung von Fern- und Nahverkehr möglich.

Verkehrslageberichte werden künftig Prognosen enthalten. Sie haben heute den Status eines primitiven Wetterberichts, in dem Sie nur erfahren, daß es gerade schneit und sonst nichts. Dies wird sich grundsätzlich ändern. Morgen werden Sie genaue Vorhersagen über die Entwicklung des Verkehrs - bezogen auf den jeweiligen Standort - erfahren, damit Sie ihre Reiseplanung entsprechend einrichten können. Noch weitergehende Nutzungen sind denkbar; diese Daten können zur besseren Gestaltung unserer künftigen urbanen und regionalen Strukturen genutzt werden.

Das verkehrsträgerübergreifende *Verkehrsmanagement* erzeugt durch Verknüpfung der relevanten Einzelsysteme einen möglichst ungestörten Transportfluß von Gütern und bequemes, effizientes Reisen. Das *Kapazitätsmanagement* sichert dabei die wirtschaftliche Nutzung der eingesetzten Verkehrsmittel und die Korrelation der Fahrpläne, sowie schnell umsetzbare Störfallstrategien.

Im Grunde genommen ergänzen sich die öffentlichen Ziele und die Ziele der Privatwirtschaft nahtlos. Verkehrs- und Wirtschaftspolitik sind darauf bedacht, die erforderliche Mobilität zu erhalten. Sie schaffen damit auch die Grundlage für unser Wirtschaftssystem unter Beachtung der mittelbar betroffenen Umweltbedingungen. Die Wirtschaft bietet Produkte und Dienstleistungen an, die diesen Rahmen ausfüllen können.

Nutzer dieser Verkehrsinformationen sind Leitsysteme für den individuellen, den öffentlichen und den Wirtschaftsverkehr, Parkraummanagementsysteme und die allgemeine Verkehrsinformation über den Rundfunk. Die öffentliche Hand erkennt den Nutzen für ihre hoheitlichen Aufgaben - wie Verkehrssicherheit, Verkehrs- und Regionalplanung.

Verkehrsinformationsdienste, wie sie seither beschrieben wurden, nutzen dem Verkehrsteilnehmer, der Volkswirtschaft und der Industrie. Die wesentlichen Einflußmöglichkeiten sind:

- Verbesserung der Sicherheit im Verkehr
- Verbesserung und Aktualisierung der Datenbasis für eine Verkehrsbeeinflussung
- Reduktion der Umweltbelastung im Individualverkehr

- Hebung von Kapazitätsreserven der bestehenden Verkehrsinfrastruktur
- Verbesserung der Betriebsabläufe und Steigerung der Effizienz im öffentlichen Verkehr
- Erhöhung der Teilnehmerzahlen durch Attraktivitätssteigerung des öffentlichen Verkehrs
- Beschleunigung von Störfallmaßnahmen
- Verbesserung von Betriebsabläufen im Güterverkehr und damit Kostenreduktion
- Erhöhung der passiven und aktiven Sicherheit im Verkehr generell - insbesondere im Güterverkehr
- Politisch und wirtschaftlich sinnvolle Vernetzung der Verkehrsträger
- Identifikation von Mobilitätsalternativen
- Optimierung von Transportketten und
- Online-Reiseplanung vor Antritt

Die nachfolgende Abbildung faßt die geschilderten Aussagen grafisch zusammen.

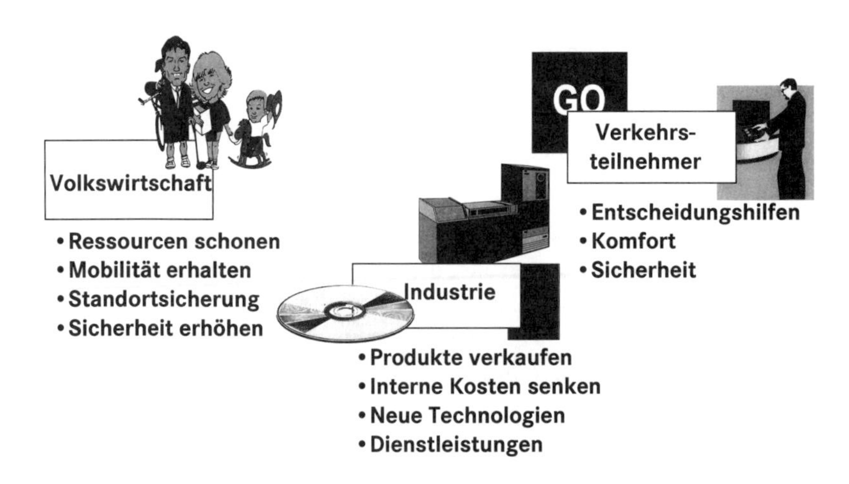

Nach den qualitativen Aussagen über den Nutzen von Verkehrsmanagement einige (unvollständige) Beispiele, die durch Befragungen in Ballungsräumen mit Testfeldern für Verkehrsmanagement ermittelt wurden. Sie sind in der nachfolgenden Abbildung zusammengestellt. Die Pläne der Deutschen Bahn AG mit der Einführung von CIR-ELKE sind diesem Chart hinzugefügt.

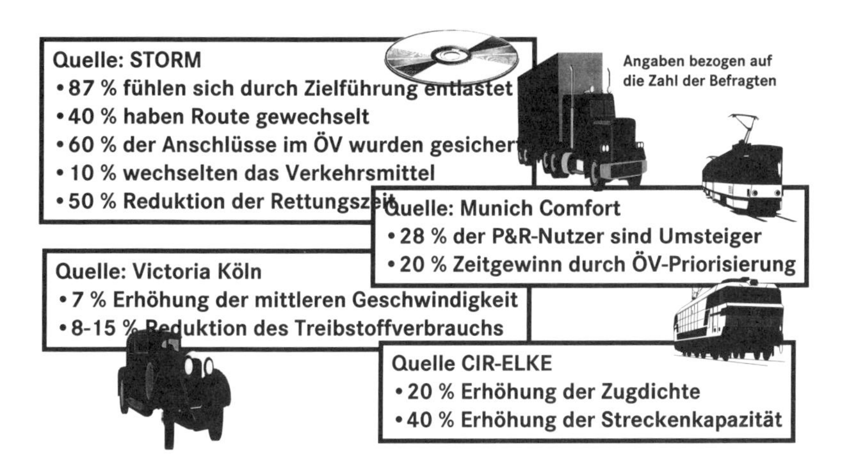

In gemeinsamen Aktionen der Europäischen Kommission, den Kommunen und der Industrie wurden an verschiedenen Orten Feldversuche zum Verkehrsmanagement durchgeführt. Aus dem breiten Spektrum der Ergebnisse hier einige Beispiele.

Reduktion der Schadstoff-Emission durch Verkehrsmanagement

Quartet/Apollon Athen

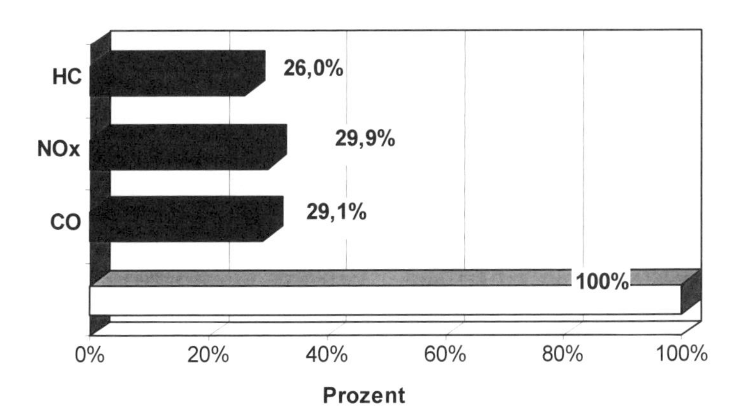

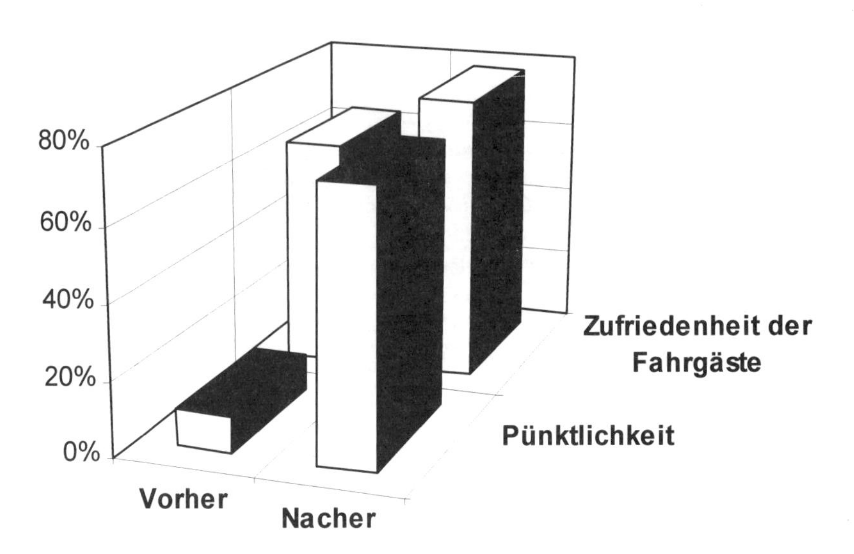
Trambeschleunigung in München
80%
60%
40%
20%
0%
Vorher
Nacher
Pünktlichkeit
Zufriedenheit der Fahrgäste

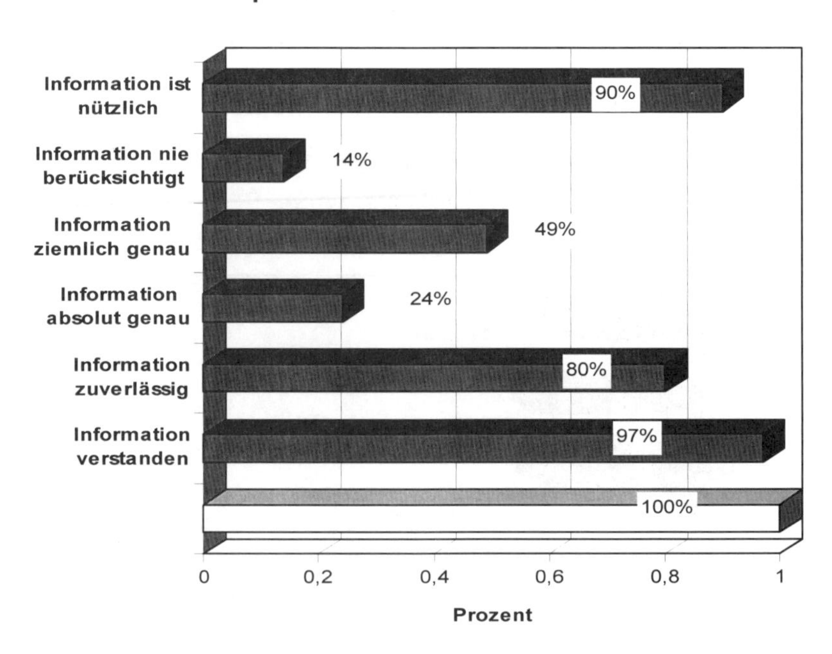
Akzeptanz von Verkehrsinformation in Paris
Information ist nützlich
90%
Information nie berücksichtigt
14%
Information ziemlich genau
49%
Information absolut genau
24%
Information zuverlässig
80%
Information verstanden
97%
100%
0
0,2
0,4
0,6
0,8
1
Prozent

Auf den Bundesfernstraßen werden in zunehmendem Maße an kritischen Stellen Linienbeeinflussungsanlagen aufgebaut. Sie helfen, den Verkehr sicherer, flüssiger und umweltschonender abzuwickeln.

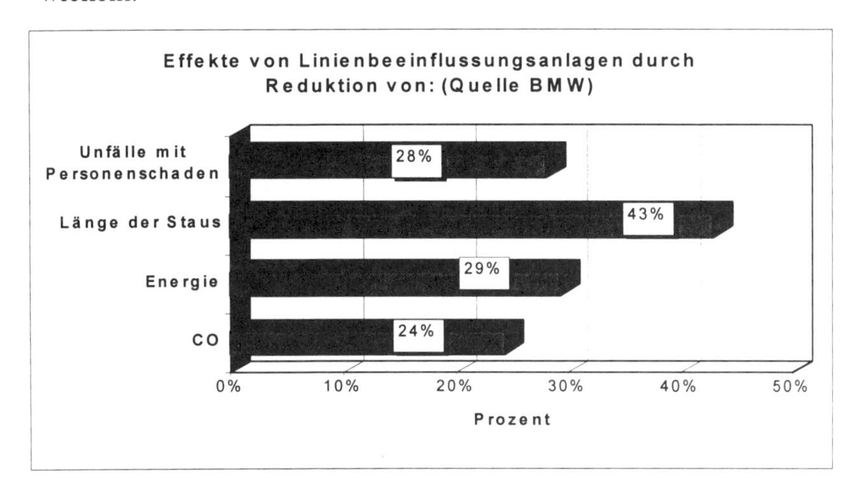

5. Die Akteure und Ausblick

Die Umsetzung des integrierten Verkehrsmanagements erfordert ein neues Denken und neue Strukturen im öffentlichen und privaten Bereich. Hierzu zählen insbesondere die *Public Private Partnerships*, die als eine neue Art der unternehmerischen Umsetzung auf einer ausgewogenen Form der Zuordnung von Nutzen und Risiken auf die öffentlichen und privaten Partner aufbauen.

Die öffentliche Hand, Verkehrsbetriebe und die Industrie sind gefordert, hierfür effektive Organisationsformen zu finden. Dabei geht es nicht darum, eine angeblich ineffizient arbeitende öffentliche Einrichtung durch eine „natürlich" effektiv arbeitende private Organisation zu ersetzen. Es geht vielmehr darum, die bestehenden öffentlichen Infrastrukturen effizient zu nutzen, die im öffentlichen Bereich gesammelten Verkehrsdaten so aufzubereiten, daß die Integration der Verkehrsträger und die Verbesserung des Verkehrsflusses auch unter Einschluß aktueller Störungen möglich wird. Privatwirtschaftliches Engagement hat sich in vielen Bereichen der Wirtschaft als Motor der *Vermarktung neuer Dienstleistungen* erwiesen. Hierbei denke ich besonders an den Kommunikationsbereich. Gleiches gilt wohl auch für den Verkehr.

Die Wahrnehmung öffentlicher Aufgaben und die privatwirtschaftlichen Interessen müssen in einer partnerschaftlichen Zusammenarbeit auf einen Nenner gebracht werden. *Der Nutzen muß für beide Partner erkennbar sein.*

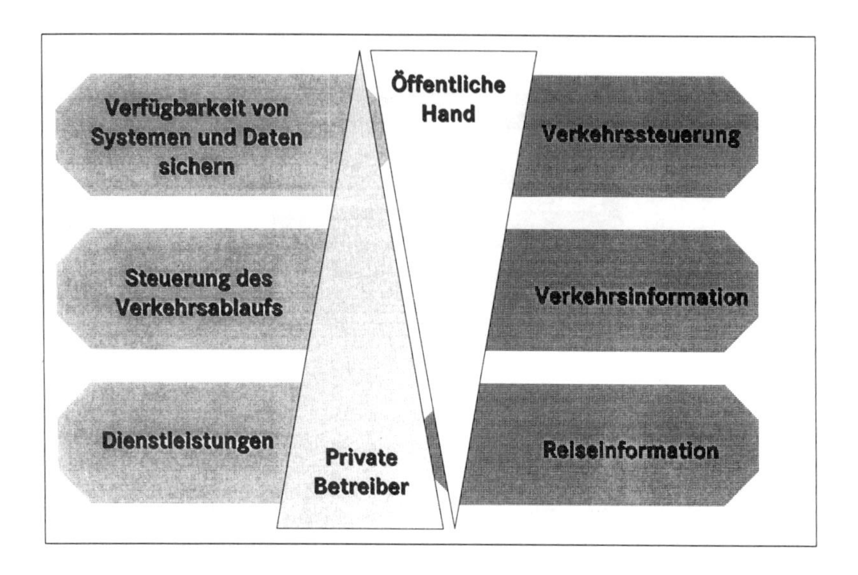

Verkehrsinformationsdienste sind Herausforderung und Notwendigkeit zugleich zur Bewältigung der existenten und erwarteten Verkehrsprobleme. Bereits mit statischen Informationsdiensten können erhebliche Verbesserungspotentiale erreicht werden. Mit der Dynamisierung dieser Dienste - auf der Basis aktueller und zuverlässiger Verkehrszustandsinformation - kann ein weiterer Schritt in die richtige Richtung getan werden. Die Vielfalt der denkbaren Dienste erfordert einen hohen Aufwand bei der Datenerfassung und -aufbereitung. Daher ist die partnerschaftliche Kooperation zwischen Industrie, Verkehrswirtschaft und öffentlicher Hand der Schlüssel zum Erfolg. Die bestehenden Hemmnisse für den marktwirtschaftlichen Einsatz müssen im Dialog ausgeräumt werden, um den Durchbruch für den Aufbau eines intelligenten Informationsnetzwerks zu erreichen. Wir können damit die notwendige Mobilität ressourcenschonend erhalten.

Lassen Sie mich meine Thesen zum Verkehrsmanagement zusammenfassen:

Die Mobilität ist unverzichtbar. Siedlungsstruktur, Wirtschaftsleben, Anziehungskraft des Handels, die aktive Teilnahme am kulturellen Leben setzen eine hohe Mobilität voraus. Bei hinreichender Attraktivität von öffentlichen Verkehrsmitteln ist eine Verschiebung des Modal Split erreichbar. Verkehrsmanagement leistet dazu einen Beitrag.

Die vorwiegend durch den Individualverkehr unter Verwendung von fossilen Treibstoffen induzierte Umweltbelastung muß zurückgeführt werden. Der Preis für Mobilität sind Lärm, Schadstoffbelastung, volkswirtschaftliche Ausfallraten durch Staus und Unfälle. Dieses Mischproblem aus Technik und persönlicher Wertvorstellung ist nur im Zusammenspiel zwischen Politik und Industrie anzugehen. Verkehrsmanagement leistet hierzu einen Beitrag.

Ein integrativer Lösungsansatz, der Technik der Fahrzeuge, Beeinflussung der Personen- und Warenströme sowie moderne Kommunikations- und Informationstechnik einschließt, bietet ein liberales und effizient steuerbares Mobilitätsangebot. Verkehrsmanagement leistet hierzu einen Beitrag.

Der Verkehr im Ballungsraum muß in Zusammenhang mit dem Regionalverkehr im Umland gestaltet werden, um ein durchgängiges System ohne Engpässe zu erreichen. Verkehrsmanagement leistet hierzu einen Beitrag.

Arbeitsgruppe 1

Verkehrsleitsysteme, Automatische Parkhaussysteme

Wolf Köster

Thesen der Arbeitsgruppe 1:

1) Der MIV (Mobile Individualverkehr) ist Ausdruck individueller Freiheit und Kennzeichen der modernen, mobilen Gesellschaft und insofern unverzichtbar.

2) Parkangebote für Innenstädte bzw. am Rande der Innenstädte sind und bleiben erforderlich.

3) Automatische Parkhaussysteme sind sinnvoll und auch trotz relativ hoher Pro-Stellplatz-Kosten wirtschaftlich, da je nach Größe bis zu 40 % weniger Baufläche und bis zu 60 % weniger Bauvolumen als bei herkömmlichen Systemen erforderlich sind.

4) Parken in der Innenstadt ist durch Systematisierung und Integration automatischer Parksysteme verbesserbar. Parken in verdichteten Wohn- und Mischgebieten wird dagegen immer mehr zum Problem. Lösungen sind zwar denkbar, stoßen jedoch auf große Rechts- und Finanzierungsprobleme.

5) Verkehrsleitsysteme und aktuelle Verkehrsinformationen sind für den MIV und für den ÖPNV sinnvoll und müssen vernetzt werden, um Kapazitätsauslastungen und den „model split" positiv zu beeinflussen.

6) Die Förderung von Verkehrsleitsystemen, von intelligenteren Parksystemen und von aktuellen Verkehrsinformationen muß parallel vorangetrieben werden. Integrierte Handhabungen sind vielerorts überfällig.

7) Qualifizierter und spezialisierter Einzelhandel ist und bleibt eine wesentliche Säule innerstädtischer Attraktivität. Angesichts seiner Bedrohung durch zunehmendes Tele-Shopping besteht Handlungszwang im Sinne vorstehender Thesen.

Für Fachleute, die in täglicher städtebaulicher Verantwortung stehen, besteht keine Zeit für Experimentier- oder Probephasen. Ihr Handeln ist zumeist vom Beseitigen drängender Defizite bestimmt, die sich beim Stadtumbau und der Veränderung städtebaulicher Strukturen ergeben. Dabei führen sie einen Zweifrontenkrieg: einmal gegen betroffene Bürger, unter denen sich Führerscheinbesitzer als Verkehrsexperten, Bauherren als Bauexperten und Gewerbetreibende als Wirtschaftsexperten verstehen, zum anderen gegen die Gemeinderäte, den kommunalen Entscheidungsgremien, deren Mitglieder ebensolche Bürger sind, die nur an politisch effektvollen Entscheidungen innerhalb der jeweiligen Legislaturperiode interessiert sind und für visionäre Planungen weder Auge noch Ohr haben.

Um einen solchen Zweifrontenkrieg besser führen zu können, müssen Städteplaner anders und umfassender ausgebildet werden. Neben komprimierterer, realitätsbezogener Fachausbildung mit hohem kulturellen Anspruch müssen mehr wirtschaftliche und realpolitische Kenntnisse und Erfahrungen vermittelt und interdisziplinär-visionäre Blicke in die Zukunft eröffnet werden. Das bedeutet, daß mehr und ständig erfahrene Praktiker in die Vorlesungen einbezogen werden müssen. Das heißt aber auch, daß diese mit Überzeugung dazu bereit sein müssen.

Arbeitsgruppe 2

Globalisierung des Arbeitsmarktes unter Einbeziehung von Outsourcing- und Homework-Technik

Günter Fischer

Das Nebeneinander von Begeisterung für die Fülle technischer Möglichkeiten einerseits und einer skeptischen Besorgnis bezüglich Entwicklung und Beherrschbarkeit nachteiliger Folgewirkungen andererseits bestimmte den Grundtenor der Diskussion. Die Betrachtungen wurden festgemacht an Beispielen, über die konkret berichtet wurde:

1. Beispiel

Siemens-Software für bestimmte Produktsysteme wird erstellt von indischen Mathematikergruppen.

Exakte und gezielte Aufwandsanalyse- und Organisationstechnik erschließen neue Möglichkeiten der Fragmentierung von Produktionsabläufen, der Modulierung von beispielsweise lohnintensiven Leistungspaketen und der Einzelverteilung von Fertigungssegmenten nach global angelegtem Wettbewerb zwecks Qualitäts- und Kostenoptimierung.

Der Vorteil des *global outsourcing* ist Kostensenkung bei hohem Qualitätsniveau.

2. Beispiel

Datenvernetzte örtliche Trennung von Leistungsteilen im Gesundheitswesen; ein Krankenhaus-Experte berichtet von praktizierter Teleradiologie.

Effekte wie Beispiel 1 ergaben in wenigen Jahren erhebliche Preissenkungen für CT-Anlagen (Computertomographie) und ermöglichten dem Krankenhaus das Anschaffen einer eigenen CT-Geräteausstattung, deren diagnostische Nutzung für Hauspatienten ohne eigenes Radiologenteam durch Vertragspartnerschaft mit einem geographisch beliebig entfernten Fremdinstitut betrieben wird.

Der Vorteil vernetzter *Online-Arbeitsteilung* liegt in ortsnaher verbesserter Patientenbetreuung, die ohne diese technisch-organisatorische Vernetzung nicht finanzierbar wäre.

Bezüglich klassischer *Homework-Ergebnisse* stehen gesicherte Expertendaten nicht zur Verfügung; der Sorge um eine „Doppelung von Hardware-Schrott“ stehen gute Erfahrungen mit Zeitzuteilungen für zentrale *Gemeinschafts-Offices* in Holland gegenüber.

Welche *Auswirkungen* aus Veränderungen der Arbeitswelt auf Lebensqualität, Städtequalität, Umweltqualität werden erwartet?

Wir erleben ein ungeplantes unterschwelliges Aufheben bestimmter Gefüge, mit denen wir aufgewachsen und vertraut sind:

- Nationale Grenzen verlieren ihre Bedeutung bei global vernetzbaren Wirtschaftsstrategien.
- Gewohnte Vergütungsregelungen wie Stundenlohn und Monatsbezüge für Arbeitszeit verlieren Bedeutung für Wertfindungen und Tarifverhandlungen, je mehr Leistungen in globalem Wettbewerb über Werkverträge vergeben werden.
- Permanente Temposteigerungen führen zum Verlust notwendiger „Verdauungs-Zeit“.

Dazu die Sicht des Stadtsoziologen Professor Hassenpflug:

„Generell ist Globalisierung mit Beschleunigung verknüpft. Nicht nur sind raum- und zeitüberwindende (a-typische und a-chronische) Techniken Medien der Globalisierung, sondern Geschwindigkeit beginnt alle Lebensbereiche zu beeinflussen. Diese Entwicklung bedroht die lokalen Ortsqualitäten. Was aber ist Ort? Orte sind durch drei Merkmale charakterisiert:

1. durch Geschicklichkeit. Das Erinnerungspotential macht Gegenwart für die Zukunft offen.

2. durch Singularität. (Globalisierung wird durch einen Universalismus begleitet, der die Orte einander immer ähnlicher macht.)

3. durch Relation. Der Mensch ist ein Wesen „mittlerer Reichweite“. Er braucht Orte, die er affektiv besetzen, mit denen er sich identifizieren kann.

Fazit: Wir dürfen nicht alle Räume beschleunigen. Wir brauchen auch langsame Räume, z.B. die alte europäische Stadt.

Wir müssen mit der raum- und zeitüberwindenden Technik behutsam umgehen.“

Schlußfrage: Gibt es außer Temporausch und Konsumtempo auch ein positives Gegenüber zu den Besorgnissen, daß Städte leiden, Arbeit fehlt? Wo bleibt der Ansatz einer Vision?

Wir haben in den zwei Stunden nur ein Tasten geschafft, einen Versuch, der nur skizzenhaft umrissen werden kann: Globale Vernetzung bringt uns längst *auch* Kenntnisse von allen Nöten und Problemen auf diesem Globus. Sie liefert die Möglichkeit, Handlungsmodelle zur Problemlösung schneller zu erfinden, zu optimieren, zu testen, Erfahrungen auszuwerten.

Menschen hätten die Möglichkeit, ihren Blick einmal abzuwenden von Temporausch und Konsumverlockung, das Ziel einer *globalen* Umweltqualität ins Auge zu fassen, in dezentraler regionsgerechter Differenzierung, mit sensiblem Vermeiden von Uniformierungen, um statt dessen ethnologische, religiöse, kulturelle Besonderheiten aufzuspüren, zu fördern, lebensfähig zu machen.

Ist das realitätsfremd? Keine Chance?

Zum Ende der Erörterungen wird ein Visualisierungseffekt in Erinnerung gerufen, den alle kennen: Globalisierter Arbeitsmarkt hat uns *auch* Ergebnisse internationaler Raumfahrt beschert. Seitdem ist uns wie nie zuvor vertraut, Aufnahmen von unserem Globus aus großer Höhe zu sehen, Bilder, die uns diese Erde zeigen als ein kostbares lebendes Phänomen. Vielleicht wird uns dies allmählich daran gewöhnen, *global* zu sehen mit der Pflicht zur Behutsamkeit und zu sorgfältigem Handeln.

Einige Gedanken zur „Neuerfindung" der Stadt in den neuen Bundesländern

Dieter Hassenpflug

Zu den großen Reichtümern der Landschaften im Osten der neuen Bundesrepublik gehören ihre Städte: von Rostock über Leipzig bis Erfurt. Oder, um einige weitere Namen zu nennen, Wismar, Schwerin, Potsdam, Wittenberg, Halle, Jena, Altenburg, Bautzen, Weimar, Gotha, Eisenach... Eine bunte Ansammlung vielschichtiger Baukultur ist hier auf das vereinte Deutschland überkommen.

Was aber ist das Besondere an diesen Städten? Wodurch beanspruchen sie unsere Aufmerksamkeit? Die Antwort ist eindeutig. Alle diese Städte rufen, deutlich ablesbar, ein Bild in Erinnerung, das in der verstädterten, spätindustriellen Westgesellschaft fast vollständig verblaßt ist: es ist das Bild der alten europäischen Stadt. Dabei handelt es sich um einen landschaftlich hochintegrierten Typus, der u.a. charakterisiert ist durch Kleinräumigkeit, Funktionsmischung und deutlich erkennbare Differenz von privaten und öffentlichen Räumen, durch nach innen gerichtete, parzellierte, dichte und einheitliche Bebauung und organische, der Topographie anverwandelte Texturen, durch städtebauliche Pointierung von Sakral- und Profanräumen und durch eine artikulierte - einst durch markante Stadtmauern symbolisierte - Trennung vom Land. Diese raumwirksamen Faktoren zusammen verleihen der alten europäischen Stadt ihre weltweit einzigartige städtische Atmosphäre.

Und nun, nach der Wende, reiben wir uns erstaunt die Augen: Da ist sie wieder, die alte Stadt - wenngleich verlottert, abgerissen, ergraut. Unter löchrigen Dächern, hinter bröckelnden Fassaden, zersprungenen Fenstern und bemoosten Mauern entdecken wir erneut ihren baulichen und räumlichen Charme.

Der Grund für die Ambivalenzen dieser Begegnung mit einer zugleich faszinierenden und verwahrlosten alten Stadt ist in der ökonomischen Impotenz der zentralistischen Planwirtschaft zu suchen. Dieses Wirtschaftsmodell war zu schwach, um vollends zur Strecke zu bringen, was von der alten Stadt die Modernisierungsschübe des 19. und 20. Jahrhunderts, zwei Weltkriege und den Faschismus überdauert hat. Zwar verfielen die Städte weiterhin, doch geschah dies mit dem vergleichsweise gemächlichen Zeitmaß von Witterung und Vernachlässigung. Vieles blieb stehen und wurde mehr schlecht als recht genutzt und instandgehalten. Die Bausubstanz war der Mangelwirtschaft, dem Wetter und der aufopfernden Selbsthilfe jener Bürger überantwortet, für die der Erhalt der Gebäude und ihres Inventars unlösbar mit dem Erhalt ihrer Selbstachtung verbunden war. Wer kennt nicht Geschichten wie die von dem Direktor des Naturkundemuseums in G., der jahrelang mit einer Batterie von Eimern Regen- und Schmelzwasser in den Sälen mit den kostbaren Sammlungen auffing, um zu retten, was zu retten ist?

Das DDR-System besaß eine ideologisch fundierte und dementsprechend rücksichtslose Unwilligkeit, sich der alten europäischen Stadt anzunehmen. Die alte Stadt widersetzte sich dem realsozialistischen Ideal der organisierten Masse mit seiner nivellierenden, kafkaesken Raum-Produktionslogik. Die alte Stadt war zu pluralistisch, zu langsam, zu eigensinnig, zu komplex und einfach zu teuer. Mit ihrem Überhang an Sinnlichkeit, Spontaneität und Individualität, an ständischer und bürgerlicher Selbstdarstellung, an ästhetischer Autonomie, Unübersichtlichkeit und technologischer Ineffizienz versagte sie als Instrument in der Tonnenschlacht um das „Schneller - Weiter - Höher". Ihre Instandhaltung überspannte bei weitem die finanziellen Möglichkeiten der ineffektiven Planwirtschaft. Sie paßte zudem nicht in das fortschrittsgläubige industrialistische Weltbild des Arbeiter- und Bauernstaates. Folgerichtig kehrte der Osten der alten Stadt den Rücken und verwirklichte sich baulich am Stadtrand.

Jede Gesellschaft stattet ihre Welt mit Bildern aus. In diesen Bildern schaut sie sich selbst an, erkennt sie sich wieder, bestätigt sie ihre Identität. Bilder sind insofern Medien der Selbstvergewisserung. Sie sind als solche im Blick des Außenstehenden oder Reflektierenden zugleich Mittel der Decodierung. Sie bieten Wege in das Innere des sich in ihnen darstellenden Subjekts.

Das Bild nun, mit welchem das DDR-System seine Welt baulich ausgestattet hat, ist das Bild des Plattenbaus oder der Plattensiedlung. In diesen Siedlungen hat sich die spezifische - kollektivistische und antiurbane - Baukultur des Realsozialismus vergegenständlicht. Zu finden sind diese Ikonen des staatszentralistischen Wohnungsbaus nicht nur an der Peripherie der Städte, ihrem bevorzugten Terrain, sondern auch inmitten der im 2. Weltkrieg zerbombten Alt-Städte - etwa in Magdeburg, Dresden, Dessau oder Chemnitz. Schließlich findet man Plattenbauten zerstreut, einzeln oder in Gruppen in Dörfern und Flecken - als Terrainmarkierungen einer zum Scheitern verurteilten Hoffnung.

Während der Osten sich von der Stadt abwandte, konnte und wollte der Westen sich ihr zuwenden. Die ökonomische Kraft dazu war ebenso vorhanden wie ein starker Gestaltungswille, der - wie wir sehr wohl wissen - nicht zuletzt dem verbreiteten Bedürfnis nach Vergangenheitsbewältigung mittels Geschichtsentsorgung entsprang. Der Westen unterzog die Stadt nach dem 2. Weltkrieg einer durchgreifenden Modernisierung, einer „fordistischen" Neuformierung im unbewußt-bewußten Interesse an Verdrängung der mitverantworteten Barbareien und Katastrophen des Nationalsozialismus. Die Städte sollten in geschichtslose Maschinen, in schnelle, leistungsfähige Apparate verwandelt werden. Dazu wurden die zuvor integrierten Dimensionen des Alltagslebens - Wohnen, Arbeiten, Einkaufen, Bewegung (Verkehr) und Erholen - voneinander isoliert und verschiedenen Orten funktional zugewiesen. Einige Wissenschaftler nennen das dann »effizienzsteigernde, da komplexitätsreduzierende Subsystembildung mittels funktionaler Differenzierung«. Wenn man von der »gegliederten und aufgelockerten Stadt spricht, dann meint man diesen, in der Charta von Athen zum Leitbild des modernen Städtebaus ernannten, Typ. Für den Appetit der potenten West-Wirtschaft auf Raum und Zeit reichte die alte Stadt nicht aus. Die Freßlust erfaßte auch die Fläche und verwandelte sie in zersiedelte Hochleistungslandschaften. Es entstanden uneinheitliche Collagen aus suburbanen Wohnsiedlungen, Gewerbe-, Logistik-, Freizeit- und Einkaufsparks, Verkehrstrassen, Lärmschutzanlagen, Baumplantagen, Riesenfeldern und Biotopfragmenten. Das Raumbild der Landschaft verlor die orientierenden, identifikationsfördernden und erinnerungsmächtigen Zeichen und Strukturen und erhielt entropische Züge.

In diesen ikonografisch abgespannten „Zwischenwelten" oder „Nicht-Orten" mischen sich die verschiedensten Stile, von postmoderner Image-Architektur bis zu rein funktionalistischer Hochleistungsarchitektur. Man findet großflächige Malls, die durch kleinteilige Fassadengliederung städtisch-urbane Räume fiktionalisieren, oder anspruchsvolle Solitäre, die mit einer an das Autistische grenzenden Beziehungslosigkeit neben modularen Funktionsbauwerken stehen. Einzelhandels-Center schwanken zwischen „fordistischer Bedarfsdeckungsmaschine" und nachmoderner Erlebnisarchitektur à la Disney. Hier gibt es Architektur, die das

Verschwinden der Orte reflektiert, dort gibt es Architektur, die den Verlust der Orte durch deren Imitation zu kompensieren sucht. Dazwischen Fertigbau-Eigenheimsiedlungen, die mit ihrer unaussprechlichen Mischung aus Heimat- und Neobarock-Stil zeigen, in welchen Bildern hierzulande im Kleinen und ganz privat geträumt wird. In diesen neuen exurbanen Landschaften ist McDonald's die Heimat der Heimatlosen.

Die alte Stadt im Westen hat die „fordistische" Funktionalisierung und Beschleunigung des Raumes ebensowenig überlebt wie das alte Dorf mit seiner Flur. Stadt und Land verloren ihre soziokulturelle Identität und mit dieser ihre unverwechselbare urbane und rurale Atmosphäre. Sie gingen im Durcheinander eines zerstückelten Stadt/Land-Kontinuums unter.

Überlebt haben jedoch zwei neue Raumkategorien, die heute den Platz von Stadt und Land besetzen: der verdichtete, zentripetale und der verdünnte, zentrifugale Raum: Innen und Außen oder - besser noch - eine aufgeblähte Grenze mit zwei Repräsentationsräumen. Beide Räume, die verdichtete Neo-Stadt und das verdünnte Neo-Land, stehen heute in einer ausgeprägten wirtschaftlichen Konkurrenz zueinander. Dabei bildet sich eine neue Arbeits- und Funktionsteilung heraus. Sie bietet der Neo-Stadt beispielsweise eine Perspektive auf den Gebieten personenbezogener, hochwertiger Dienstleistungen, des anspruchsvollen, individualistischen Konsums, des Banken- und Versicherungswesens, des Wohnens für Kultur- und Leistungseliten, die urbane Lebensstile inszenieren. Und sie bieten gleichfalls dem Neo-Land eine Neudefinition der ökonomischen Funktion, z.B. auf den Gebieten des Massenkonsums, des Groß- und Einzelhandels, der Logistik, der sauberen Industrie, der Freizeitgestaltung und des Massenwohnens. Die Tatsache, daß heute in der Bundesrepublik Deutschland 3 % des Bruttosozialprodukts in der Landwirtschaft, 45 % in der Industrie und 52 % im Dienstleistungssektor erwirtschaftet werden, hat eben auch einen räumlichen Ausdruck.

Mit Blick auf Stadt und Land bedeuten 40 Jahre Westdeutschland freilich etwas völlig anderes als derselbe Zeitraum in der DDR. Im Osten, hinter dem einstigen eisernen Vorhang, sind die Uhren wesentlich langsamer gelaufen. Obschon das Raumbild des Ostens mit seinen suburbanen Plattensiedlungen und riesigen LPG-Anbauflächen ähnliche Einträge wie im Westen aufweist (Ausdruck der industrialistischen Fortschrittsideologie, die „hüben und drüben“ trotz unterschiedlicher Ausdeutungen miteinander teilten), haben sich im Osten doch noch Zeichen einer langsameren, betulicheren Zeit erhalten. Insbesondere die nach der Wende noch ablesbare Trennung von Stadt und Land beweist eine im DDR-System sehr viel weniger ausgeprägte Raumfreßlust.

Es stellt sich nunmehr die Frage, ob der Westen dem Osten die Zukunft aufweist. Wird es hier zu einer vergleichbaren Reorganisation bzw. Neuerfindung des städtischen Raums kommen? Wird es eine ähnliche Funktionszuschreibung für die Fläche geben? Gibt das westliche Stadt/Land-Kontinuum dem Osten die zukünftige Raumfunktion und das kommende Raumbild vor?

Auf den ersten Blick scheint es, als müßten diese Fragen positiv beantwortet werden. Die Deurbanisierung, das Bauen in der Fläche, schreitet mit großen und schnellen Schritten voran. Überall an den Rändern der Städte, an Autobahnzubringern und anderen verkehrstechnisch vergleichbar erschlossenen Orten entstehen mit fast atemberaubender Geschwindigkeit neue, groß dimensionierte Gewerbe-, Einkaufs-, Freizeit- und Siedlungskerne. Und auch in den Städten scheint der „Aufschwung Ost“ sichtbare Spuren zu hinterlassen. Immer mehr helle, frisch gestrichene und hin und wieder sogar fachkundig restaurierte Fassaden unterbrechen das Grau der heruntergekommenen Häuserzeilen.

Doch der Eindruck der räumlichen Ost/West-Angleichung könnte trügen. Jüngst wurde das Ergebnis einer Erhebung publiziert, wonach heute, sechs Jahre nach der Wende, bereits 60 % des Einzelhandelsumsatzes in den neuen Bundesländern auf der „grünen Wiese“ erwirtschaftet werden. Diese Zahlen drängen den Verdacht auf, daß die Stadt im Osten den Wirtschafts-Wettlauf mit der Fläche verlieren könnte. Mehr noch: Es scheint, als habe die Stadt der neuen Bundesländer diesen Wettlauf bereits verloren.

Als besonders nachhaltig wirkender Faktor des Scheiterns in der Schlacht um Wirtschaftskraft könnte sich also genau derjenige erweisen, der das Besondere und Schützenswerte der Stadt im Osten ausmacht. Gemeint sind ihre alten, im ergrauten Bestand schlummernden urbanen Qualitäten, ihr starkes, die Faszination der alten europäischen Stadt repräsentierendes Potential. Es sind die vielen alten Gebäude und Gemäuer, die engen Gassen, die dichte, parzellierte, funktionsgemischte, delikate organische Textur, die der Stadt zur Fessel werden könnte, ja bereits zur Fessel geworden ist.

Die Versuche, ihr städtisches Potential zu bewahren und wiederherzustellen, wirken offenbar kontraproduktiv. Die alte Stadt bietet weder die Flächen noch die Verkehrserschließungen, welche die Handels- und Dienstleistungsunternehmen gegenwärtig für ihr Engagement erwarten. Da die gehobene Kaufkraft mangels „gentrification“ noch nicht in der Stadt angekommen ist und die Massenkaufkraft, der „Platte“ folgend, aus den Städten ausgewandert ist, bietet sie nicht einmal ausreichend wirtschaftliche Anreize für Investitionen des Dienstleistungsgewerbes. Für den konsumistischen Lebensstil der Überflußgesellschaft scheint die Stadt im Osten nicht vorbereitet.

Demgegenüber begünstigen die planerischen Randbedingungen außerhalb der Städte die beschleunigte Entwicklung in den Bereichen des Wohnens, des Handels und der Produktion. Hier sind genügend leicht erschließbare, preiswerte Flächen vorhanden. Im Vergleich mit der „grünen Wiese“ erweist sich die städtebauliche und atmosphärische Qualität der alten Stadt insofern als ein gravierender Standortnachteil.

Angetrieben wird die Entwicklung in der Fläche zudem durch die konkurrenzielle und partikularistische Nutzung der neu erworbenen Planungshoheit der Kommunen, durch Möglichkeiten der Verfahrensbeschleunigung (Maßnahmengesetz zum Baugesetzbuch '93-97) und nicht zuletzt durch die Verfügbarkeit erheblicher Fördermittel.

Nicht nur am Beispiel der Landeshauptstadt des Freistaates Thüringen, Erfurt, läßt sich das problematische Erbe der realsozialistischen Gleichgültigkeit gegenüber der Stadt nachweisen. Die zu DDR-Zeiten errichteten, großen und am Stadtrand gelegenen Plattensiedlungen haben fatale Auswirkungen auf die Bemühungen um Wiederaufrichtung der Innenstadt. Diese Siedlungen beherbergen einen Gutteil der für die Stadt verfügbaren Massenkaufkraft. Aufgrund ihrer Lage wird die Kaufkraft sofort naturwüchsig nach außen, auf die „grüne Wiese“ gelenkt - wenn dafür ein entsprechendes Angebot gemacht wird. Genau dies geschieht mit dem umsatzstarken Thüringen Park oder dem neuen TEC (Thüringen Einkauf Center). In Reichweite der Plattensiedlungen werden in einem zusätzlichen Ring um das Stadtgebiet nicht nur Konsumangebote, sondern auch Freizeit- und Arbeitsangebote geschaffen. Sie bewirken, daß nicht nur die Kaufkraft, sondern auch die Wertschöpfung aus der Stadt auswandern. Ähnliche Beispiele finden sich in allen Regionen des Ostens. Wenn die gegenwärtige Entwicklung sich fortsetzt, werden schon bald auch 60 % des Sozialprodukts in den neuen Bundesländern auf der „grünen Wiese“ produziert.

Die Entwicklung ist im Osten offenbar nicht nur gegen die alte Stadt gerichtet, sondern sie scheint nicht einmal der Neo-Stadt eine Perspektive zu bieten. Die Zurichtung der Städte nach Art der „fordistischen Modernisierung“ im Westen würde nämlich voraussetzen, daß die in der Stadt zu schaffenden Handels-, Dienstleistungs- und Verkehrsflächen überhaupt noch benötigt werden. Diesbezüglich scheint der Zug jedoch bereits abgefahren. Schon bald wird man mit Überkapazitäten auf der „grünen Wiese“ zu kämpfen haben; denn die Gemeinden haben von ihrer neu erworbenen Planungshoheit reichlich, bedenkenlos und unkoordiniert Gebrauch gemacht.

Nun könnte man ja einwenden: „Wie gut, daß die alte Stadt sich der Konkurrenz mit der Fläche nicht stellen muß.“ Die zwangsläufig erforderlichen „Amputationen“ am vorhandenen Stadtkörper können unterbleiben. Aber wie sieht dann die Zukunft der Stadt aus? Wie läßt sie sich mit Leben füllen? Wird der Tourismus, den die alten Texturen und auratischen Gebäude gegenwärtig noch anziehen, auch auf die Dauer wirksam bleiben und der Stadt eine ökonomische Perspektive sichern? Wird es ausreichen, sie für die exquisiten Wohnansprüche betuchter Singles herzurichten? Oder sollte sie versuchen, durch ihre Inszenierung als alteuropäische Erlebnisparks oder als Freilichtmuseum zukunftsfähig zu werden? Zur Zeit jedenfalls sehen die Perspektiven für die alte Stadt nicht günstig aus. Sollte sich dieses Potential als „midäisches Gold“ erweisen?

Meines Erachtens bergen die historischen Texturen der Städte im Osten eine Chance. Ihr Erhalt ist eine Investition in die Zukunft. In einer sich individualisierenden und pluralisierenden Gesellschaft stellt die alte Stadt ein bedeutendes Kulturpotential dar. Mehr noch: In der Perspektive einer sich formierenden postmodernen Erlebnisgesellschaft wird die alte europäische Stadt eine neue Wertschätzung erhalten. Sie ist tatsächlich ein historisch überkommener „Erlebnispark“, ein Event von außerordentlicher Faszinationskraft. Anderswo in Europa, wo dieses Potential bereits zerstört wurde, wird versucht, urbane Qualitäten mit hohem Mitteleinsatz künstlich wiederherzustellen. Die Fiktionalisierung des

Flairs der alten europäischen Stadt ist längst eine boomende Branche. Das gilt nicht nur für Eigenfiktionalisierungen nach dem Modell Rothenburg o. d. T. oder Frankfurter Römer, sondern auch für Fiktionalisierungen nach dem Muster des Media-Parks Köln (der den Sieneser Campo inklusive Randbebauung mit palazzo pubblico zitiert). Meist sind die Ergebnisse dieser Inszenierungen nichts anderes als trostlose Kulissen für Konsumwelten - für Orte, die sich jedweder freien, kreativen Aneignung verweigern, Stätten, die - mit allzu durchsichtigen Motiven - Urbanität nur vortäuschen.

Im Osten existieren noch städtebauliche Originale. Ihre Substanz sollte erhalten werden. Dabei sind Maßnahmen zu treffen, die verhindern, daß die Sanierung zu erstarrten Idyllen führt, frei nach dem Motto: hergerichtet - zugerichtet - hingerichtet! Alte Texturen lassen sich mit kontextkompetenter moderner Architektur wunderbar in ihrer Wirkung steigern.

Überdies wissen wir, daß es einen steigenden Bedarf an Räumen gibt, die sich Lebensstilen anbieten, die auf Nachhaltigkeit, Nachbarschaftlichkeit, Funktionsmischung, Handwerklichkeit, Regionalität und Urbanität gerichtet sind. Die Reaktion auf diesen Bedarf könnte der alten Stadt im Osten wieder Leben und Sinn geben. Voraussetzung ist allerdings, daß die Politik der behutsamen Instandsetzung durch eine entsprechende regional orientierte Wirtschafts- und Sozialpolitik flankiert wird. Diese Politik sollte sich nicht allein an einer Standortpolitik in globaler Perspektive orientieren, sondern auch an einer regional orientierten Politik der kleinen Netze.

Die Situation außerhalb der Städte (auf der „grünen Wiese“) repräsentiert heute baukulturell den globalen Standortwettbewerb. Die alte Stadt könnte demgegenüber ein zivilgesellschaftliches und weltbürgerliches Heimatbewußtsein befördern. Um dieses zu stärken, sollte der kulturlose Wildwuchs in der Fläche domestiziert und gegebenenfalls zu einem Moratorium gezwungen werden. Dazu müßte, wie dies in den alten Bundesländern bereits geschieht, entschiedener regulierend, koordinierend, steuernd oder sogar bremsend in den Prozeß der Deurbanisierung eingegriffen werden. Die Genehmigungspraxis von Zweckverbänden zeigt dort bereits deutlich in eine restriktive Richtung. Doch auch neuartige Formen der Regionalplanung bzw. der regionalen Elitekommunikation und der Public Private Partnership wie Regionalparlamente, Bürgerforen, Regionalkonferenzen und Großprojektemanagement (nach dem Vorbild der IBA Emscher Park) könnten dazu einen wichtigen Beitrag leisten. Auch könnte z.B. eine Gebührenerhebung für Investitionen auf der grünen Wiese, wie sie erstmalig von der Stadt Hameln vorgeschlagen wurde, in Betracht gezogen werden.

Resümee: Die Übernahme der westlichen Doktrin der wohlstandsfördernden Konkurrenz zwischen Innen und Außen erweist sich vor dem Hintergrund noch vorhandener, jedoch stark in Mitleidenschaft gezogener alteuropäischer Stadtensembles als unreflektiert und ideologisch. Sie läßt sich auf die Situation in den neuen Bundesländern nicht umstandslos anwenden. Hier fehlt nämlich eine wichtige Voraussetzung: Die „fordistische" Erschließung und Zurichtung der alten Stadt, wie sie im Westen nach dem 2. Weltkrieg unter anderen sozio-ökonomischen und technologischen Bedingungen (allmählich) erfolgte. Dadurch konnte die Effizienz - die Konkurrenzfähigkeit - der Stadt erheblich gesteigert werden. Diese Umwandlung der alten Stadt in einen Wirtschaftsstandort verlangte allerdings einen hohen Preis: das Opfer der alten, urbanen Stadt! Im Westen wurde dieses Opfer mit zweifelhaftem Erfolg dargebracht. Im Osten könnte es sich als sehr gefährlich erweisen. Denn auf der Fläche wurden mittlerweile Fakten geschaffen, die die Stadt in eine aussichtslose Position gebracht haben. Das Urbanitätsopfer ist jedoch sinnlos, wenn die Umwandlung in einen konkurrenzfähigen Standort nicht mehr gelingen kann.

Das Krankenhaus in der europäischen Stadt

Rainer Haas

Bedeutung - Was ist das Krankenhaus in der Stadt?

Dienstleistungsunternehmen, d.h.

- es dient am Menschen (am Kranken, am Kunden, am Verbraucher, am Bürger)
- es hat die Aufgabe: Krankheiten zu lindern, zu helfen, zu heilen

vergleichbar mit:

- Banken, Sparkassen
- Versicherungsunternehmen
- Post und anderen

Dienstleistungsbetrieben

Strukturdaten - bezogen auf BR Deutschland 1995

1. Krankenhäuser gesamt		2.325
davon	- öffentliche (kommunale) z.B. Städt. Krankenanstalten Krefeld	863
	- Freigemeinnützige (Stiftungen oder gGmbHs) i.d. Regel in kath. oder ev. Trägerschaft (vergleichbar mit einer GmbH)	845
	- private, z.B. Paracelsus-Kliniken (Inhaber: Dr. Kruckemeyer)	373
	- (Exot: RHÖN-Klinikum-AG)	
2. Aufgestellte Betten		609.123
3. Behandelte Patienten		ca. 15.000.000
4. Durchschnittl. Verweildauer in Tagen		12,1

Personaldaten

1. Gesamt		1.160.000
davon	- Ärzte	105.000
	- Pflegedienst	430.000
	- Med.techn. Dienst	150.000
	- Funktionsdienst	95.000
	- Hauspersonal, Techn. Dienst	166.000
	- Verwaltungspersonal	70.000
	- Auszubildende	89.000
2. Gesamtumsatz 1995 in Krankenhäusern (stationär)		DM 70.000.000.000
davon	- Personalkosten	DM 49.000.000.000
	- Sachkosten	DM 21.000.000.000
3. ambulant (niedergelassene Ärzte usw.)		DM 95.000.000.000

Marienhospital Kevelaer

1. Rechtsform	frei-gemeinnützige Stiftung privaten Rechts - gegründet 1866 -	
2. Träger	Kuratorium der f.g. Stiftung Marienhospital Kevelaer (Stiftung ist eine juristische Person)	
3. Geschäftsführung	Verwaltungsdirektor als leitender Angestellter	
4. Planbetten	248	seit 01.01.1997
davon	105	Chirurgie
	[40]	Gefäßchirurgie
	88	Innere Medizin
	30	Gynäkologie/Geburtshilfe
	25	Hals-, Nasen-, Ohrenheilkunde
	[6]	Intensivpflege
	0	Radiologie
	0	Ambulante Pflege
5. Technische Ausstattung (Großgeräte)	- 4 vollklimatisierte OP-Säle (Baujahr 1992) - Computertomograph (SIEMENS SOMATOM AR.T (Baujahr 1995) in Verbindung mit Teleradiologie - Angiographieanlage SIEMENS POLYSTAR (Baujahr 1996)	

Marienhospital Kevelaer - Betriebswirtschaftliche Daten 1996 -

1. Umsatz		34.000.000	
davon	- Personalkosten	23.200.00	
	- Sachkosten	10.800.000	
2. Personal		434	Mitarbeiter gesamt
		[278]	(Vollkräfte)
davon	Ärzte	36	Vollkräfte (Dienstvertrag mit Stiftung Marienhospital Kevelaer)
	Pflegedienst	110	
	Med.techn. Dienst	32	
	Funktionsdienst	41	
	Klinischer Dienst	3	
	Wirtschaft-/Versorgungsdienst	26	
	Technik, Verwaltung, Ausbildung usw.	30	

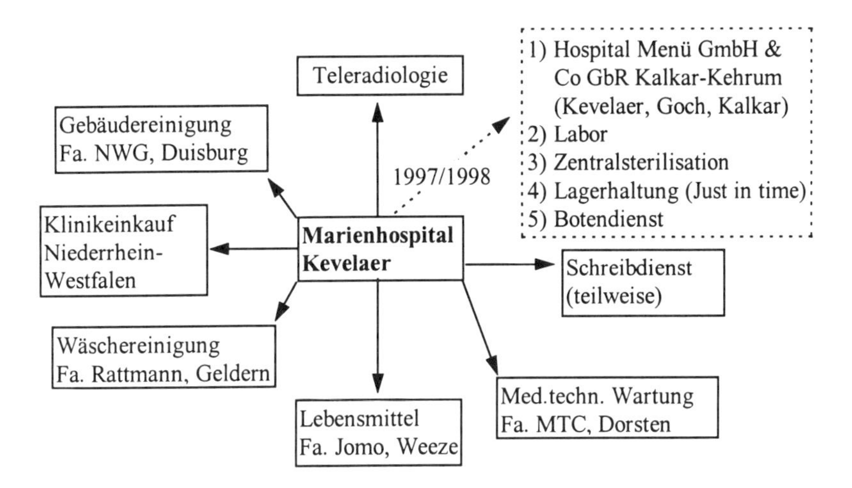
Teleradiologie
Gebäudereinigung
Fa. NWG, Duisburg
Klinikeinkauf
Niederrhein-
Westfalen
Marienhospital
Kevelaer
Wäschereinigung
Fa. Rattmann, Geldern
Lebensmittel
Fa. Jomo, Weeze
Med.techn. Wartung
Fa. MTC, Dorsten
Schreibdienst
(teilweise)
1997/1998
1) Hospital Menü GmbH &
Co GbR Kalkar-Kehrum
(Kevelaer, Goch, Kalkar)
2) Labor
3) Zentralsterilisation
4) Lagerhaltung (Just in time)
5) Botendienst

Arbeitsgruppe 3

Cyber-City-Logistik

Axel Kuhn

Cyber Kybernetik;
die sich selbst regelnde, steuernde Stadt;
Meßglied: die Zufriedenheit des Menschen in der lebensfähigen europäischen Stadt

Logistik Die Beherrschung aller Austauschprozesse an Material und Informationen

Beherrschte Material-, Informations- und Personenflüsse sind dann nicht mehr nötig, wenn

- die Mobilität des Menschen in der Stadt eingeschränkt wird,
- die Kultur, die Dienstleistung, die Arbeit, der Handel - aus welchen Gründen auch immer - aus der Stadt verdrängt werden,
- Verordnungen entgegen diverser Interessen Veränderungen erzwingen,
- Logistik-Leistungen, Herausforderungen sinken; dann stirbt die Stadt.

Die Arbeitsgruppe stellt fest, daß die heutigen Logistikmaßnahmen durchaus geeignet sind, die gegenwärtigen Anforderungen zu erfüllen.

Die Kosten für eine funktionierende Logistik im genannten Sinne sind enorm, die Nutzen oft verschwommen und oft nicht quantifizierbar. Die Maßnahmen der modernen Stadtlogistik sind so facettenreich, daß man deren Gesamtheitlichkeit noch nicht beherrscht!

Das Potential der Cyber-City-Logistik liegt in den Maßnahmenklassen

⇒ der Lenkung (Messen, Kommunizieren, Informieren, Disponieren, Steuern)
Die Maßnahmen der Lenkung angesichts explodierender Leistungen der modernen Kommunikations- und Informationstechnologien sind heute nur marginal eingesetzt.
Von Beispielen, etwa der City-Logistik, kann man lernen, auch wenn von solchen isolierten Maßnahmen nur bescheidene Logistik-Verbesserungen zu erwarten sind.

⇒ die Ressourcen der Logistik

Menschen, Transportmittel, Flächen, Hilfsmittel, Puffer und Läger, Organisationsmittel sind die Objekte der Logistik-Steuerung.

Am Beispiel der Ressource „Fläche“ wurde diskutiert, wie man Ressourcen besser nutzen kann.

- Vollkostenrechnung für den Wert der Flächen
- Flächen für „tote“ Mobilien sind doppelt verschwendete Flächen (95 % der technischen Einsatzfähigkeit des Autos wird dazu genutzt, um wertvolle Fläche zu blockieren, die wir für eine bessere Logistik dringend benötigen!)
- Flächenmanagement
  - Autos unter die Erde
  - Bewirtschaftung von Flächen
  - Umnutzung von Flächen

⇒ die Strukturen der Logistik

Die Organisationsstrukturen, die Stadttopologien und die technische Kommunikationsstruktur müssen angepaßt, verändert werden.

Nur der Mensch wird sich nicht verändern wollen; seine Bedürfnisse sind das Stellglied im Regelkeis der Stadtlogistik.

Die Arbeitsgruppe ist der Meinung, daß die Technik, die Organisation und die Finanzierbarkeit von Maßnahmen ausreichen, eine *funktionierende Stadt* sicherzustellen. Die Zukunft fordert jedoch mehr:

→ noch mehr Mobilität
→ noch mehr Bequemlichkeit und Dienstleistung
→ noch mehr Erlebnisse in der lebendigen europäischen Stadt
→ mehr Lebensqualität für *alle* Nutzer unserer Städte mit *neuen*
→ Wünschen für neue Menschen

Auf diesem Wege zum Ideal fehlen noch

- Visionen und Strategien
- Methoden und Hilfsmittel
- sichere Aussagen zu Bedarf, Kosten und Nutzen-Relationen

Cyber-City-Logistik ist eine größere Gemeinschaftsaufgabe, deren Organisation fehlt! Unter diesem Defizit wird essx aufgefordert,

⇒ sich um Bewertungsinstrumente für den ganzheitlichen Lösungsmix zu kümmern (Simulation, Animation, Virtual Reality)

⇒ einen Diskurs „Stadtinformationssysteme" einzuberufen, um zu prüfen, inwieweit diese multimedialen Techniken geeignet sind, den Bürger bei der Gestaltung auf dem Weg zum Stadtideal maßgeblich zu beteiligen.

Cyber-City-Logistik

Jürgen Wanders

Die LogiBall gGmbH ist derzeit in der Konzeption, Entwicklung und Umsetzung von vier Stadt-/City-Logistik-Projekten involviert. Die Aktivitäten konzentrieren sich auf die Städte bzw. Regionen:

- Essen,
- Duisburg,
- Münster sowie
- die Region Bergisches Städtedreieck mit den Städten Solingen, Wuppertal und Remscheid.

Die einzelnen Stadtlogistik-Projekte besitzen in ihrer Ausgestaltung unterschiedlichste Ausprägungen. Keimzelle der Umsetzung ist zumeist, wie in allen Stadtlogistik-Projekten der ersten Generation, die Bildung einer Speditionskooperation, die eine gebündelte gebietsspezifische Belieferung der Handelsunternehmen in den Städten übernimmt. Diese Speditionskooperationen stellen somit einen ersten Ansatz dar, die Ver- und Entsorgung solcher Unternehmen mit Waren und Gütern zu verbessern, die nicht in betriebsinterne Logistiksysteme integriert sind. Die gebündelten speditionellen Verkehre nehmen zwar nur einen geringen Anteil an den gesamtstädtischen Verkehren ein, sind aber als erster Ansatzpunkt für die Definition und Umsetzung weiterer Dienstleistungen in der Stadtlogistik zu betrachten.

Weitere Ansätze in unseren Stadtlogistik-Projekten bilden die Realisierung von kooperativen Logistiksystemen, die im Rahmen eines Auslieferdienstes die Endkundenbelieferung zwischen den Handelsunternehmen und Geschäften ermöglichen soll, sowie die Entwicklung von Telematikinstrumenten, wie z.B. dem sogenannten „City-Logistik-Manager" für die Stadtlogistik in Duisburg. Der „City-Logistik-Manager" ermöglicht den Austausch von Sendungsdaten zwischen den in der Speditionskooperation beteiligten Speditionen, optimiert durch eine dynamische Tourenplanung unter Berücksichtigung der aktuellen Verkehrssituation die Fahrtwege der Fahrzeuge des Stadtlogistik-Dienstleisters und legt Anlieferzeitfenster der Handelsunternehmen im Rahmen eines Zeitslotmanagements fest.

Für den Einsatz moderner und innovativer Telekommunikationslösungen in der Stadtlogistik ist im ersten Schritt die Umsetzung operativer logistischer Abläufe und Prozeßketten erforderlich. Aufbauend auf diesen Abläufen und Logistikprozeßketten kann nachfolgend der Informationsfluß in der Stadtlogistik optimiert und bedarfsgerecht gestaltet werden.

Nicht die Unternehmensgröße, sondern die schnelle und flexible Reaktion auf Kundenanforderungen unter Einsatz von Telematiksystemen stellt hierbei zukünftig das entscheidende Kriterium für die Überlebensfähigkeit der Unternehmen in den städtischen Ballungsräumen dar. Information und Kommunikation sind die beiden Schlüsselwörter in der Stadtlogistik, wenn es darum geht, schneller auf Marktanforderungen zu reagieren. Die Telematik umfaßt beispielsweise Anwendungen wie satellitengestütztes Fahrzeugtracking, Mobilkommunikation, Bordcomputer, Sendungsverfolgung sowie unternehmensspezifische Internet- und Intranetanwendungen.

Was jedoch letztendlich zählt, ist der Nutzen, der sich durch solche Systeme den Unternehmen erschließt. Aus unserer Sicht bieten insbesondere die neuen maßgeschneiderten Telematikdienstleistungen in den Medien Internet und Intranet (= firmeneigene, abgeschlossene Netze, die sich der Technologien des Internets bedienen) die einmalige Chance, die Logistikstrategien und -systeme der Stadtlogistik erfolgreich zu unterstützen.

Als ein Beispiel für eine Kommunikationslösung im Bereich der Verkehrslogistik kann die von einigen Kurier-, Express- und Paketdiensten bereits angebotene internetbasierte Sendungsverfolgung angeführt werden. Der Warenempfänger und -versender wird dabei in die Lage versetzt, an seinem Personalcomputer jederzeit den genauen Standort seiner Sendung abzufragen.

Das Beispiel verdeutlicht, daß das Internet und Intranet sich zunehmend zu einem businessorientierten Netz weiterentwickelt, in dem sich für marktorientierte Speditionen, Logistikdienstleister und Handelsunternehmen infolge der Nutzung konkreter firmeneigener Anwendungen große Gewinn- und Wachstumspotentiale erzielen lassen. Der Einsatz des Inter- und Intranets bietet für alle in der Stadtlogistik beteiligten Unternehmen u.a. nachfolgende Vorteile:

- Kostenreduzierung um bis zum Faktor 10 gegenüber konventionellen Kommunikationslösungen,

- die weltweite Verfügbarkeit ohne besondere Zugangsbeschränkungen sowie Servicepräsenz rund um die Uhr,
- die Zeit- und Kostenreduzierung durch die Automatisierung der Logistikprozesse von der Erteilung des Transportauftrages bis hin zur Zahlungsabwicklung,
- die weltweite Kompatibilität zu Unternehmen, Partnern und Kunden sowie
- die Online-Datenverfügbarkeit in der Transportkette vom Versender über den Spediteur bis zum Kunden, die durch eine frühzeitige Nutzung der Daten eine optimierte Kapazitätsauslastung der Transportmittel erzielt.

Die Vision der Europäischen Stadt als Cyber-City kann somit durch den unterstützenden Einsatz neuer Informations- und Kommunikationstechnologien schon bald Realität werden.

City-Logistik

Olaf Roik

Die Verkehrsprobleme in den Innenstädten stehen stets im Blickfeld der Öffentlichkeit, selbst wenn der oftmals prophezeite Verkehrsinfarkt bisher, von Brennpunkten abgesehen, ausgeblieben ist.

Jenseits aller Schreckensvisionen oder Verharmlosungsstrategien hinsichtlich des Ausmaßes der Probleme ist es dabei wichtig, den Blick darauf zu richten, die unterschiedlichsten Verkehre, wie sie in der Stadt auf engstem Raum anzutreffen sind, innerhalb der infrastrukturellen Gegebenheiten optimal abzuwickeln.

Die modernen Informations- und Kommunikationstechnologien, Internet und Multimedia bieten dafür die Voraussetzung, die Fahrzeuge vollständig in die Informationskette einzubinden. Spediteure und Paketdienste nutzen die Möglichkeiten etwa im Rahmen der Sendungs- oder Fahrzeugverfolgung. Der Gütertransport ist damit innerhalb der gegebenen Restriktionen (theoretisch) optimal plan- und steuerbar.

Besonders in den Innenstädten, wo der Wirtschaftsverkehr als Verursacher überproportionaler Lärm- und Schadstoffbelastungen sowie Störungen des Verkehrsflusses und der Verkehrssicherheit zunehmend ins Zentrum der Kritik geraten ist, kann der Einsatz von City-Logistik-Konzepten dazu beitragen, Konflikte zu entschärfen und die Verkehrsabläufe zu verbessern. Durch die Bündelung der Warenanlieferungen können die notwendigen Transportleistungen bei gleichzeitig reduzierten Fahrleistungen und damit verminderter Umweltbelastung erbracht werden (Entkopplungsansatz). Nicht zuletzt aufgrund solcher Überlegungen wurden in der Vergangenheit in zahlreichen Städten City-Logistik-Projekte - allerdings mit sehr unterschiedlichem Erfolg - initiiert.

Der Einzelhandel, als bedeutendster Wirtschaftsfaktor in den Städten, ist auf eine gut funktionierende Warenanlieferung angewiesen. Es ist aber wichtig zu erkennen, daß die Auseinandersetzung des Einzelhandels mit dem Thema City-Logistik nicht in der Tatsache begründet liegt, daß die Beliefersituation unerträglich wäre.

Denn:

> Mit Spediteuren, Werkverkehren, Post und privaten Paketdiensten existiert im Handel ein gut organisiertes Belieferungsnetz, das bis heute ohne größere Probleme funktioniert.
> Größere Einzelhandelsunternehmen verfügen meist über eigene, optimierte Logistik-Konzepte.
> Die Einzelhändler befürchten durch City-Logistik-Projekte höhere eigene Logistik-Kosten.
> City-Logistik-Konzepte erfordern meist organisatorische Umstellungen bei der Warenannahme und Lagerhaltung, die für den Einzelhandel nicht immer vorteilhaft sind.
> Nur ein sehr geringer Teil des Wirtschaftsverkehrs und der Warenanlieferung kann in City-Logistik-Projekte eingebunden werden.

Dies macht deutlich, daß ein direkter Handlungsdruck zur Veränderung der Warenanlieferung von seiten des Handels also nicht gegeben ist.

Insgesamt gesehen schwächen die zunehmenden Verkehrsprobleme in den Städten jedoch den Einzelhandelsstandort (Innen-)Stadt gegenüber den peripheren Standorten. Sowohl für die Kunden als auch die Lieferanten des Einzelhandels sind die Standorte an der Peripherie schon heute teilweise leichter zu erreichen als die Innenstädte. Wegen des hohen Zeitaufwandes werden Innenstadtfahrten für Spediteure und andere Transportunternehmen immer unbeliebter. Durch die Liberalisierung der Tarife im Güterverkehr ist in Zukunft damit zu rechnen, daß die Preise im Güterverkehr stärker den tatsächlichen Kosten angepaßt werden. Die bisher durch den Güterfernverkehr quersubventionierten Stadtfahrten werden mit großer Wahrscheinlichkeit teurer werden. Damit ist eine weitere Verlagerung der Standortgunst in Richtung Grüne Wiese zu befürchten.

City-Logistik kann insofern einen Beitrag zur Entlastung des Stadtverkehrs und damit zur Stärkung des Standortes Innenstadt leisten. Durch Koordination der Warenanlieferungen der verschiedenen Einzelhandelsunternehmen einer Stadt kann eine bessere Auslastung der Fahrzeuge erreicht werden. Dadurch reduziert sich die Anzahl der notwendigen Fahrten und damit auch die Lärm- und Schadstoffbelastung durch Lkw.

City-Logistik kann jedoch nur dann funktionieren, wenn sie von allen betroffenen Unternehmen mitgetragen wird. Im wesentlichen sind hier die ortsansässigen Speditionsbetriebe gefragt. Nur wenn es gelingt, diese zu einer Kooperation zu bewegen, können die mit der City-Logistik erhofften Bündelungseffekte realisiert werden. Die Kooperationsbereitschaft hängt in entscheidendem Maße davon ab, welche wirtschaftlichen Vorteile sich für das einzelne Unternehmen ergeben. Zunächst ist jedes City-Logistik-Projekt mit Aufwand verbunden.

Neben dem notwendigen Abgleich unternehmerischer Abläufe und der Erarbeitung vertraglicher Grundlagen müssen Kooperationsängste überwunden, räumliche und personelle Voraussetzung für eine gemeinsame Belieferung geschaffen werden. Auch der in der Regel notwendige zusätzliche Warenumschlag wirkt sich zunächst kostensteigernd aus. Der Bündelungseffekt und die daraus resultierenden Einsparungen personeller und sachlicher Art müssen die zusätzlichen Kosten decken. Ein City-Logistik-Projekt, das nicht zumindest langfristig einen wirtschaftlichen Nutzen verspricht, ist von vornherein zum Scheitern verurteilt.

Cyber-City-Logistik

Heinz Hermanns

Was „Cyber" genau bedeutet, wissen Sie alle (?). Ich kann das überspringen. Mit „City" ist wohl der eigentliche Stadtkern, die Innenstadt gemeint. Und dies vor allem in den größeren Städten, besonders den Großstädten. Und hier gibt es ja in der Tat im Interesse einer geordneten Stadtentwicklung die stärkste Notwendigkeit und beste Möglichkeit des „Logistik"-Einsatzes.

Nach dem „Deutschen Wörterbuch" von Gerhard Wahrig umfaßt die Logistik „die Bereitstellung und den Einsatz der für militärische Zwecke zur Verfügung gestellten Hilfsquellen zur Unterstützung der Streitkräfte"[1]. Das von Bernd Falk herausgegebene „Große Lexikon für Handel und Absatz"[2] mißt der Logistik eine unumstrittene Bedeutung der Warenbehandlung in Form von Lagern und Transportieren bei, und dies in enger Verquickung mit den Informations- und Entscheidungssystemen des Unternehmens bezüglich der Steuerung und Kontrolle der Warenströme. Die Flut immer neuer Konsumprodukte bei gleichzeitigem Abbau der Lagerflächen am „point of sale" bedingt eine häufigere, schnellere und zudem kostengünstige Belieferung.

Aus betriebswirtschaftlicher Sicht, aber auch wegen der städtebaulichen Verdichtung kommt für die gütermäßige Versorgung der City praktisch nur das Kraftfahrzeug in Frage. Diese Zustellungsform wird jedoch bei wachsendem Markt zunehmend problematisch, weil die innerstädtischen Straßenkapazitäten nicht ausreichen, um einerseits - wie früher - einen reibungslosen Gütertransport zu gewährleisten und andererseits den vorrangigen Belangen der Bewohner und Besucher gerecht zu werden. Es ist daher verständlich, daß die Kommunen hingehen und in den gewachsenen zentralen Geschäftsbereichen immer mehr Einkaufsstraßen für den Autoverkehr sperren bzw. durch Rückbau und eingeschränkte Verkehrsführung das Kraftfahrzeug zurückdrängen.

Diese Autoverdrängungspolitik birgt jedoch - zumal wenn sie nicht maßvoll betrieben wird - auch große Gefahren für den in-

[1] Wahrig, Gerhard: Deutsches Wörterbuch, Gütersloh 1968, Sp. 2304.
[2] Falk, Bernd und Wolf, Jakob: Das große Lexikon für Handel und Absatz, 2. Aufl., Landsberg am Lech 1982, S. 503 ff.

nerstädtischen Handel und damit für die City insgesamt. Ganz abgesehen von den Folgen einer Erschwerung der Erreichbarkeit der City für den Autokunden ist auch die reibungslose Bedienung der zentral gelegenen Geschäftshäuser mit dem Lkw von existentieller Bedeutung. Und eine City ohne Handel ist eine tote City.

Nun hat natürlich auch der Handel selbst schon lange reagiert und sich durch verschiedene Maßnahmen auf die prekäre Verkehrssituation in den Zentren der Städte eingestellt. Mit großer Besorgnis ist zu beobachten, daß sich mehr und mehr Handelsbetriebe aus den Citys zurückziehen und auf der „Grünen Wiese“ ansiedeln, wo sie problemlos und kostengünstig vom Lkw erreicht werden können. Nun ist das bei besonders sperrigen Gütern noch vernünftig und für den Bereich der sogenannten atypischen Betriebsformen - wie Gartencenter, Baumärkte und Möbelhäuser - auch von der einschlägigen Rechtsprechung ausdrücklich sanktioniert worden. Daß aber nicht zuletzt unter dem massiven Druck der innerstädtischen Logistikprobleme zunehmend auch Fachmärkte mit typisch cityrelevantem Sortiment aufs Land ziehen, bedeutet eine fortdauernde und sich verschärfende Herausforderung der Innenstädte. Deren Urbanität und Attraktivität sind auf Dauer nur zu halten, wenn der Exodus des Cityhandels auf die „Grüne Wiese“ nachhaltig gestoppt wird.

Um dies zu erreichen, ist es zunächst einmal erforderlich, daß die bestehenden Gesetze und Vorschriften für die Ansiedlung großflächiger Handelsbetriebe von den Kommunen konsequent eingehalten werden. Wichtig ist ferner, daß die kommunale Verkehrspolitik nicht so sehr von dem jeweiligen Farbspektrum der mehr oder weniger zufällig zusammengesetzten Ratskoalitionen bestimmt wird, sondern bei der Behandlung des Logistikverkehrs eine ideologiefreie sachorientierte Abwägung zwischen den berechtigten Belangen der Bürger und dem notwendigen Lkw-Verkehr stattfindet. Schließlich müssen auch die Unternehmer selbst ihren technisch-organisatorischen Rahmen voll ausschöpfen, um ggf. durch weitgehende Auslagerung der Verkaufsläger (Zustellung der nicht per Hand zu transportierenden Einkaufsware qua Außenlager), durch den Einsatz kleinerer Spezialfahrzeuge bzw. von Sammeltransportern sowie die Anlage von externen oder internen Umschlagplätzen den innerstädtischen Lkw-Verkehr so weit wie eben kaufmännisch vertretbar zurückzunehmen. Vor allem die großen

Handelshäuser haben auf diesem Gebiet bereits große Fortschritte erzielt.

Die City-Logistik in enger Kooperation zwischen der jeweiligen Kommune und der betroffenen Kaufmannschaft - vor allen Dingen dem mittelständischen Handel - als Gemeinschaftsaufgabe zu betreiben, ist in den letzten Jahren immer wieder versucht worden, allerdings mit noch recht bescheidenem Erfolg.

Es ist die Frage, ob mit Hilfe der Neuen Medien, hier speziell der heutigen Computertechnik, der Zustell- und Abholservice für das innerstädtische Gewerbe wesentlich verbessert werden kann. Die Computer geben mir zwar die Möglichkeit, ganz konkrete Situationen und Abläufe mit höchster Präzision zu simulieren. Problematisch erscheint mir jedoch, wie sich die Menschen in dieser perfekt inszenierten Kunstwelt zurechtfinden, ob eine „Cyber-City-Logistik" die von mir oben dargestellten Anforderungen erfüllen kann.

Es wäre schön, wenn dieser Kongreß viele positive Beispiele für die Lösung der für unsere europäischen Städte so bedeutsamen City-Logistik aufzeigen würde.

Arbeitsgruppe 4

Planung mit Computerunterstützung

Gerhard Curdes

Die AG bestand aus Hochschullehrern und Forschern. Die Teilnehmer trugen exemplarische Beispiele aus ihrer Arbeit vor. Die dargestellten Beispiele und Fragestellungen waren vielfältig und außerordentlich interessant. Ich gebe nachfolgend einen kursorischen - notwendig unvollständigen und subjektiven - Bericht über einige der dargestellten Arbeiten in der Reihenfolge der Vorträge.

Bernd Streich stellte zwei Studienarbeiten vor:

1. Verwandlung eines abstrakten Gemäldes in eine Stadtstruktur. Das Ergebnis hat durchaus vertraute Züge. Massenverteilungen in Bildern können Ideen für Stadtstrukturen generieren.
2. Satellitenstadt bei Schanghai: Entwicklungsvariationen über Verformungen von topographischen Elementen. Visualisierung denkbarer Stadtstrukturen.

Die Beispiele zeigten, wie weit Studierende in die neuen Techniken eindringen können und daß diese zu neuartigen, aber noch nicht hinreichend funktional und theoretisch gesicherten Lösungen kommen.

Gerhard Curdes:

Präsentation von Zwischenergebnissen einer Untersuchung für die Stadt Aachen über die „Komplementarität von Bau- und Grünsystemen“. Vorgestellt wurde ein System von Layern, mit dem etwa 50 unterschiedliche Aspekte im Maßstab 1:5000 für das Stadtgebiet untersucht und in Karten kombiniert wurden. Ziel ist, die Vielfalt der historisch wertvollen Strukturen durch Sicherung ihres Charakters (Verhältnis Grün - Bebauung) als identitätsstiftende Bausteine der Stadt zu erhalten. Das System der GIS erlaubte eine wesentliche Steigerung stadtplanerischer und stadtdenkmalpflegerischer Arbeit in der Breite und Tiefe.

Jürgen Pietsch:

Unter dem Thema „Planungsdiskurse und Indikatoren zu einer dauerhaften und umweltgerechten Entwicklung“ wurde dargestellt, daß der Fokus auf die Realität von Wahrnehmungsfiltern und vom

Zeitgeist geprägt ist. In dem Forschungsprojekt „Umweltbilanzierung im kommunalen Maßstab“ sollen Handlungsbilanzen entwikkelt werden. Um Indikatoren regionaler Nachhaltigkeit zu erarbeiten, wurde eine WWW-Plattform eingerichtet. Fazit: Die Computertechnologie ist ein wichtiges Mittel zur Unterstützung von Planungsprozessen und zur Veränderung der Optik, mit der Realität wahrgenommen wird.

Christoph Vornholt:

Neue Aufgabe des Instituts (Fraunhofer IML, Dortmund) ist die „Stadtmodellierung“ als Grundlage für Ver- und Entsorgungskonzepte, stadtökologische Aufgaben und Veränderungsprozesse. Modellierung erweist sich als ein wichtiges Hilfsmittel der Kommunikation zwischen Vertretern unterschiedlicher Rollen und Disziplinen. Auf der EXPO 2000 in Hannover ist das Institut externer Projektleiter für einen Themenpark mit dem Schwerpunkt Mobilität.

Stefan Müller:

Das Institut (Fraunhofer IGD, Darmstadt) hat seinen Schwerpunkt auf dem Gebiet der graphischen Datenverarbeitung und Visualisierung. Vorgestellt wurden Beispiele aus den Bereichen „augmented reality“: elektromagnetische Raumverzerrung durch 3D-Wahrnehmungsbrillen und Kopfmasken. Es wurden Beispiele der Umgestaltung der Abfertigungshalle des Frankfurter Flughafens gezeigt (Zeit- und Kostenersparnis der Entscheidungsprozesse durch photorealistische Ausstattungsvarianten). Die 3D-Modellierung erwies sich auch bei komplizierten Rohrführungen und schwierigen Geometrien im Schiffbau, Automobil- und Hochbau als besonders hilfreich. Gefordert wurden 3D-Modelle für Städte.

Michael Schreckenberg:

Thema des Kurzvortrages: Online-Simulationen. Möglichkeiten und Perspektiven am Beispiel Duisburg. Das Institut (Uni Duisburg) hat das Straßennetz Duisburgs und Daten zum BAB-Netz NRW auf dem Rechner und untersucht dynamische Probleme des Verkehrsverhaltens. Ergebnisse:

- Die Kapazität zweispuriger Straßen liegt ohne Regelung bei etwa 3000 Pkw/h, bei Tempo 80 bei 4000.
- Für diskretes „Autohüpfen“ wurde ein Minimalraum je Fahrzeug von 7,5 m zugrunde gelegt. Es zeigte sich an Simulations-

rechnungen, daß Staus von selbst entstehen und von selbst verschwinden.

- Im Internet kann man sich über die Straßenbelastung in Duisburg über die Homepage der Stadtverwaltung oder des Instituts informieren (http://WWW:comphys.uni-Duisburg.de/OLSIM).
- Der Bau zusätzlicher Stadtstraßen verlängert die durchschnittliche Verkehrszeit aller Teilnehmer.
- Verkehrsflußinformationen durch Routen-Info-Systeme im Auto führen dazu, daß die 10 bis 20 % der besser Informierten an anderer Stelle Staus verursachen und später wieder auf den Strom der anderen Verkehrsteilnehmer treffen.
- Fazit: Intelligente Technik bringt nicht unbedingt die erhofften Verbesserungen.

Zusammenfassung:

Die Ergebnisse zeigen, daß die EDV eine Bereicherung in Methoden und Arbeitsprozesse der räumlichen Planung, Forschung und Raum- und Verhaltenssimulation gebracht hat. Es entstehen große Ersparnisse durch die Mehrfachverwendbarkeit von Daten, Karten und räumlichen Phänomenen. Durch die Verbindung mit den Techniken des Fotos, des Videos und der perspektivischen und der visuellen Raumwahrnehmung in simulierter Bewegung (über Raumstrukturen hinweg, hindurch usw.) entsteht ein mächtiges neues Werkzeug für die Projektion künftiger Wirklichkeiten. Probleme entstehen durch die Konzentration des Bedienungswissens auf wenige Personen und in der dauerhaften Fortführung komplexer Programme (z.B. zu umfangreicher Planungssysteme). Ein Schwachpunkt ist die schnelle Änderung der Software, die einer Einführung in den Verwaltungen - die eine Kontinuität des Zugriffs auf mit EDV erzeugte Daten garantieren müssen - noch entgegensteht.

In der Diskussion wurde deutlich, daß Städte als hochkomplexe Gebilde vielfältige Ansprüche erfüllen müssen und sich daher einer einseitigen Optimierung - z.B. unter dem Gesichtspunkt der Citylogistik - entziehen. Warnend wird auf die Erfahrungen verwiesen, die mit der „autogerechten" Stadtplanung gemacht wurden. Die europäischen Städte sind in ihren historisch wertvollen Teilen Kulturgüter, die Veränderung nur im Rahmen ihrer Strukturlogik zulassen. Neue Technologien müssen intelligent und anpassbar genug sein, um sich in die Maßstäbe gewachsener Städte zu integrieren.

Bernd Streich

Kurzüberblick

Im ibp-Projekt wird ein Assistenz-System für die Bauleitplanung als Prototyp entwickelt. Dieses System koordiniert die Arbeit der Beteiligten und sorgt für einen gezielten Informationsfluß zwischen ihnen. Der Planungsprozeß und die Arbeit von beispielsweise Stadtverwaltung, privaten Planungsbüros oder Gutachtern wird von dem System erleichtert, indem Techniken des Projektmanagements und Workflow-Managements eingesetzt werden, ohne aber den Entwurfsprozeß einzuengen oder in feste Schemata zu zwängen. Darüber hinaus kann der interessierte Bürger sich über die Planung informieren und sogar vom heimischen PC aus an der Planung partizipieren.

Der Prozeß der Arbeitsteilung ist noch lange nicht beendet. Mit der Industrialisierung begann er auf dem Gebiet der Güterproduktion und setzt sich gegenwärtig bei den Dienstleistungen fort. Auch im Bereich der öffentlichen Hand werden immer mehr Arbeiten nach außen gegeben. Daneben wird auch die Arbeit der Verwaltungen selbst – allen Bestrebungen zur Vereinfachung zum Trotz – immer komplexer. Der Planungsprozeß wird deshalb auch hier an den verschiedensten Stellen und von unterschiedlichsten Personen durchgeführt. Das Stichwort heißt „verteiltes Arbeiten".

Künftig soll es mit Hilfe der Techniken des ibp möglich sein, diese moderne Arbeitsweise computergestützt zu praktizieren: Das System schickt z.B. Gutachten oder Ausarbeitungen von B-Plänen über ein Datennetz von privaten Planungsbüros an das Planungsamt. Alle Beteiligten können sich jederzeit Überblick verschaffen, welche Schritte erledigt sind oder noch auf ihre Bearbeitung warten. Das System „weiß", wie der Planungsprozeß abläuft, und unterstützt damit eine wichtige und komplexe Aufgabe: die Koordination.

Vor dem Hintergrund zunehmender Forderungen nach einer offenen Verwaltung und mehr Bürgerpartizipation stellt sich für einen computergestützt ablaufenden Planungsprozeß die Frage nach einem Bürgerinformationssystem fast zwangsläufig. Ein System, das „weiß", wie ein Planungsprozeß abläuft, und ihn koordiniert, eignet sich besonders für die Dokumentation zum Zwecke der detaillierten Bürgerinformation: Die Informationen, die Planung betreffen, sind ohnehin in geeigneter Form vorhanden und können mit geringem Mehraufwand bereitgestellt werden.

Zum Stichwort ...

... Bürgerpartizipation
Für jeden Planungsvorgang können aufbereitete Informationen der Öffentlichkeit zugänglich gemacht werden. Die Bürger können sich informieren und mit den zuständigen Stellen direkt Kontakt aufnehmen. Für Planer liegen die Chancen von ibp in den vereinfachten Präsentationsmöglichkeiten, sei es im Internet oder mittels mobiler Rechner auch bei Versammlungen.

... Bürgerbeteiligung
Bürger können von ihrem Heim-PC aus im Internet Planungsinformationen einsehen. Ihre Bedenken und Anregungen werden von ibp direkt an die Stadtverwaltung geleitet; sie werden somit Teil des in sich geschlossenen Planungsprozesses.

... Workflow- und Projektmanagement
ibp übernimmt Aufgaben, die man sich von einem intelligenten WFM-System wünscht: Zusammenhänge und Nachvollziehbarkeit von Arbeitsprozessen bleiben erhalten, Informationsaustausch wird gewährleistet. Dabei wird der Planer jedoch nicht in seiner Handlungsfreiheit eingeschränkt, der Arbeitsablauf von Planungsprozessen bleibt flexibel und individuell gestaltbar. Die Techniken des Projektmanagements ermöglichen eine Abschätzung des Aufwands (Kosten, Zeit) und eine Terminplanung.

... GIS/CAD
ibp stellt keine eigenen Konstruktionswerkzeuge und GIS bereit, sondern vereinfacht den Gebrauch bestehender Systeme. Zeichenwerkzeuge werden der gerade bearbeiteten Aufgabe angepaßt und beispielsweise Planzeichen automatisch voreingestellt.

... Internet
Alle Beteiligten sind über das Internet oder innerhalb einer Behörde über ein Intranet miteinander verbunden. Im Internet können sich die Bürger über die beabsichtigte Planung informieren. Zusätzlich ist es möglich, via WWW die Bürger am Aufstellungsprozeß mitwirken zu lassen.

... Multimedia/Hypermedia
Zu Arbeitsschritten kann der Bearbeiter Zugriff auf beliebige Informationen erhalten, wie etwa Filmaufnahmen des Plangebiets oder Computeranimationen von Vorentwürfen.

... ibp-online
Sie erreichen uns im Internet unter http://wwwagr.informatik.uni-kl.de/~bauleit

So funktioniert ibp

Das ibp-System besteht aus drei Komponenten: Dem Modeler, mit dem man die Projektplanung durchführt, dem Scheduler, über den sich die Bearbeiter koordinieren und der den Daten- und Informationsaustausch unterstützt, und dem Information Assistant, der ein Informationssystem bereitstellt, das über das World Wide Web zugänglich ist. Das System ist objektorientiert aufgebaut und plattformunabhängig programmiert.

Projektplanung

Bei der Projektplanung werden die Arbeitsschritte bestimmt, die im Prozeß der Bauleitplanung auftreten können, wie etwa eine vorgezogene Bürgerbeteiligung oder das Einzeichnen bestimmter Planzeichen in den Bebauungsplan. Daß manche Arbeitsschritte nur grob und andere dagegen sehr fein gefaßt sind, ist durchaus erwünscht, da Schritte später noch verfeinert werden können. Zu diesen Schritten werden mögliche Bearbeiter angegeben und die Informationen festgelegt, die zur Bearbeitung des Arbeitsschritts notwendig sind. Arbeitsschritte können in beliebige Reihenfolgen gebracht werden oder zu Teilaufgaben anderer Arbeitsschritte erklärt werden. Schließlich ist es noch möglich, Computerprogramme an die Arbeitsschritte zu binden, die dann für den Bearbeiter gestartet und genau auf diesen Arbeitsschritt konfiguriert werden.

Projektabwicklung

Während der Abwicklung benachrichtigt das ibp-System die Bearbeiter, leitet Informationen weiter und koordiniert die Arbeit, so wie es in der Planungsphase festgelegt wurde. Da sich aber nicht alles vorausplanen läßt, ist es auch hier möglich, die Planung zu ändern oder zu verfeinern und sich so nicht vorausplanbaren Situationen anzupassen. Das System führt ein Protokoll der Bearbeitung, um Rückfragen und Nachvollziehbarkeit zu gewährleisten.

Projektinformation

Mit diesem Protokoll kann dann ein Informationssystem betrieben werden, das sowohl während der Bearbeitung als Kommunikationsmittel zwischen den Beteiligten als auch nach Abschluß als Dokumentation der Ergebnisse und des Arbeitsprozesses dient. Dazu ist das Informationssystem auf verschiedene Benutzergruppen frei konfigurierbar, es kann ausgewählt werden, welche Informationen und Arbeitsschritte in welcher Detailliertheit angezeigt werden.

ibp im Betrieb

Das zentrale Bedienelement ist eine Aufgabenliste, die einem Projektbeteiligten den Zustand des Projekts anzeigt. Noch zu erledigende oder bereits abgehakte Arbeitsschritte, Arbeitsschritte in Arbeit, noch nicht machbare Schritte und vieles mehr. Zu jedem Arbeitsschritt gelangt man von dort zu einem eigenen Fenster, das Zugriff auf alle nötigen Informationen bietet und von dem aus auch Programme zur Aufgabenbearbeitung gestartet werden. Die Informationen reichen von einfachen Texten wie etwa Gutachten über Rechts(hyper-)texte bis hin zu Bildern und Animationen. Im Informationssystem wird dann das Arbeitsergebnis präsentiert.

Projektbeteiligte

Universität Kaiserslautern:

Fachgebiet „Computergestützte Planungs- und Entwurfsmethoden“, Prof. Dr.-Ing. B. Streich, Institut für Städtebau der Universität Bonn, Nußallee 1, 53115 Bonn, & 0228 73 26 10

Kontakt Kaiserslautern: Dipl.-Ing. I. Bühler, Postf. 3049, 67653 Kaiserslautern, 0631 205 3864, email: buehler@rhrk.uni-kl.de, internet: http://www.uni-kl.de/AG-Streich/Pers-Buehler.html

Arbeitsgruppe „Künstliche Intelligenz/Expertensysteme“, Prof. Dr. M. M. Richter,

Kontakt: Dipl.-Inform. G. Pews, Postf. 3049, 67653 Kaiserslautern, 0631 205 3368, email: pews@informatik.uni-kl.de, internet: http://wwwagr.informatik.uni-kl.de/~pews

Lehrstuhl „Öffentliches Recht, insbes. Verwaltungs- und Rechtslehre des Bauwesens, der Raumplanung und des Umweltschutzes", Prof. Dr. jur. W. Spannowsky

Stadtverwaltung Kaiserslautern:

Stadtplanungsamt, Baudirektor T. Metz

Nachhaltige Stadtentwicklung und EDV-Einsatz: Ein Layer-System zur Untersuchung der Komplementarität von Bebauungs- und Grünsystemen im Innenbereich der Stadt Aachen

Gerhard Curdes

(Kurzfassung des Vortrages auf dem 2. Xantener Stadtkongreß. Titel der Studie: Grün - Raum - Struktur. Zur Komplementarität von Bebauungs- und Grünsystemen im Innenbereich der Stadt Aachen)

Auftraggeber: Umweltamt der Stadt Aachen
Wissenschaftliche Leitung: Prof. Curdes
Projektleitung GIS: Dipl. Ing. Rainer Rutow
Projektkoordination: Dipl. Ing. Andrea Haase
Infografik und Layout: Dipl. Ing. Rainer Rutow;
Dipl. Ing. Björn Schötten
Bearbeitung: Prof. Curdes, Dipl. Ing. Andrea Haase;
Dipl. Ing. Gabi Hergarten; Dipl. Ing. Martin Hölscher;
Dipl. Ing. Björn Schötten; Dipl. Ing. Rainer Rutow;
Dipl. Desig. Manfred Vonderbank; cand ing. Karin Höhler;
cand ing. Oliver Petermeier; cand. arch. Frank Schnitzler

Gliederung

1. Der Auftrag
2. Das Problem
3. Der Zusammenhang mit der Diskussion über nachhaltige Stadtentwicklung und dem Projekt „Ökologische Stadt der Zukunft“
4. Hypothesen zur Funktion von Kontinuität und Wandel im Stadtgrundriß
5. Die Projektkonzeption
6. Die Technologie der Bearbeitung - ein neues Planungswerkzeug
7. Stärken und Schwächen der Technologie
8. Der Zusammenhang mit regionalen räumlichen Datensystemen

1. Der Auftrag

Das Umweltamt der Stadt Aachen hat dem Institut am 23.05.1996 Auftrag erteilt, eine Untersuchung mit dem Titel „Typologie städtebaulicher Situationen, Bewertungen und Empfehlungen zur Verbesserung der stadtökologischen Bedingungen in der Aachener Innenstadt" durchzuführen. Der Untersuchung wurde die folgende Gliederung zugrunde gelegt:

A. Makroelemente der Gesamtstadt
B. Makroelemente von Teilräumen
C. Typologie der Bebauung
D. Leitbilder im Stadtgrundriß
E. Stadtraumprägende Straßen: Radialen und Ringe
F. Die Elemente des Grünsystems
G. Wertung der Ergebnisse, Handlungsbedarf

Die Gliederung geht vom Gesamtgebiet zu den Ausschnitten. Zuerst werden die grundlegenden Zusammenhänge verdeutlicht, danach folgen Teilgebiete und Einzelheiten. Die Schärfegrenze der Untersuchung endet im Maßstab 1:5000. Unter die in der Deutschen Grundkarte und in den Luftbildern M 1:5000 enthaltenen Informationen kann bei einer Untersuchung der Gesamtstadt nicht heruntergegangen werden. Damit wird deutlich, daß sämtliche detaillierteren Aspekte mit diesem Untersuchungsansatz nicht erfaßt werden konnten.

2. Das Problem

Kern des Auftrags war der Wunsch nach einer eigenständigen Abwägungsschicht: Das Umweltamt wünschte sich Grundlagen, die bei der Abwägung von Vorhaben und von Planungen angewandt werden können. Im Zentrum steht eine städtebaulich/stadtgestalterische Fragestellung: Welche stadtgestalterische Funktion hat das Grün in den unterschiedlichen Bereichen der bebauten Stadt? Wenn andere Ämter Planungen erstellen, worauf ist zu achten, damit der Zusammenhang von Bebauung und Begrünung sich möglichst positiv ergänzt? Unterstellt wird mit dieser Fragestellung, daß es - zumindest für bestimmte Phasen des Städtebaus - einen komplementären Zusammenhang von Bebauungs- und Grünsystemen gibt. Damit verweist die Fragestellung auf die Stadtbaugeschichte, deren Spuren sich von dem mittelalterlich geprägten Stadtkern bis an den Stadtrand verfolgen lassen.

3. Der Zusammenhang des Projektes mit der Diskussion über nachhaltige Stadtentwicklung und dem Projekt „Ökologische Stadt der Zukunft"

a) Kernbegriffe der Diskussion

Ansatzbereiche einer nachhaltigen Stadtentwicklung: In dem „Städtebaulichen Bericht Nachhaltige Stadtentwicklung"[1] [1]*, der dem Bundestag vorgelegt wurde, werden drei grundlegende Bereiche genannt, an denen strategisch angesetzt werden kann:

- Ressourcennutzung in den Städten;
- Regionale Stoffaustauschprozesse;
- Räumliche Ordnungsprinzipien.

Auch in vergleichbaren Veröffentlichungen zum Thema werden die hier genannten Prinzipien betont.[2] [2]

Ressourcennutzung in den Städten

Danach bedeutet nachhaltige Stadtentwicklung, die Lebensqualität vor Ort zu verbessern und die Bedürfnisse der heute und in Zukunft lebenden Menschen zu befriedigen, ohne dabei die Bedürfnisse der Personen in anderen Regionen einzuschränken (S. 16). Daraus folgt ein integriertes, an Nachhaltigkeitskriterien ausgerichtetes Flächenmanagement und ein anderer Umgang mit Energie und Verkehr.

---

1 Bundesforschungsanstalt für Landeskunde und Raumordnung: Städtebaulicher Bericht - Nachhaltige Stadtentwicklung. Herausforderungen an einen ressourcenschonenden und umweltverträglichen Städtebau. Bonn 1996

* [1]-[3]: siehe Literaturhinweise S. 187

2 ILS (Hrsg.): Nachhaltige Stadtentwicklung. Positionspapier der Arbeitsgruppe „Nachhaltige Stadtentwicklung" beim Ministerium für Stadtentwicklung, Kultur und Sport des Landes Nordrhein-Westfalen. Innovationsforum 3. Institut für Landes- und Stadtentwicklungsforschung. Dortmund 1996.
Deutsches Nationalkomitee HABITAT II: Nationaler Aktionsplan zur nachhaltigen Stadtentwicklung. In: Innovationsforum 3. Institut für Landes- und Stadtentwicklungsforschung. Dortmund 1996

Regionale Stoffaustauschprozesse

Bei regionalen Stoffaustauschprozessen wird in dem Bericht darauf verwiesen, daß die Städte ihr Nutzungsgefüge überprüfen sollen, um die Einbindung in die Stoffströme mit dem Umland ökologisch verträglicher zu machen. Deshalb solle über Art und Ausmaß räumlicher Arbeitsteilung nachgedacht werden.

Räumliche Ordnungsprinzipien

Nachhaltigkeit fördernde räumliche Ordnungsprinzipien sind Dichte, Mischung und Polyzentralität. Mit Dichte werden kompakte und dennoch qualitativ hochwertige bauliche Strukturen gemeint, die ein Ausufern in die Peripherie verhindern oder mildern. Insbesondere an den Stadträndern könne mit kompakteren baulichen Strukturen zu einer Reduzierung der Flächeninanspruchnahme beigetragen werden. Dichte erlaube eine sparsamere Ressourcennutzung, bessere Versorgung mit Diensten und öffentlichem Verkehr und erlaube die Nutzung dezentraler Energieversorgung.

Dichte kann durch „städtebauliche Innenentwicklung" erreicht werden. Dabei gehe es sowohl um die Ausschöpfung und Erweiterung von Nutzungspotentialen im bereits bebauten Bereich als auch um die Anpassung bestehender Strukturen an neue Nutzungsanforderungen sowie um die bauliche Verdichtung bestehender Quartiere.

Mit Nutzungsmischung ist die funktionale Mischung von Stadtquartieren, die soziale Mischung und die bauliche Mischung gemeint. Nutzungsmischung erlaube das kleinräumige Nebeneinander von unterschiedlichen Nutzungen, die zu mehr Vielfalt, räumlicher Nähe und zur Möglichkeit der Verminderung von Transportvorgängen beitragen. Dichte und Mischung unterstützten das Konzept der kurzen Wege (S. 20f).

Polyzentralität meint eine ausgewogene Verteilung von Siedlungsstrukturen im Raum. Die Eigenständigkeit von Siedlungsschwerpunkten sichere eine dezentrale Versorgung und wirke verkehrsmindernd. Außerdem würde der Verkehr in gebündelten Strömen auftreten, was den ÖPNV begünstige.

b) Folgerungen für das Projekt

Insbesondere die räumlichen Ordnungsprinzipien haben für unser Projekt Bedeutung.

Unser Auftrag schließt zwar keine Untersuchungen zur Dichte und Nutzungsmischung ein. Dennoch berühren die genannten räumlichen Ordnungsprinzipien unser Thema: Grün gedeiht im Regelfall nur dort, wo nicht bebaut wurde. Verdichtungen der Bebauung beeinflussen mithin das Grünsystem. Ein weiterer Aspekt wird in dem Bericht der BFLR genannt, der das Projekt unmittelbar berührt: Städtebaulicher Denkmalschutz. „Städtebaulicher Denkmalschutz hat das Ziel, denkmalwerte Stadtgrundrisse, Stadtteile, Straßenzüge und bauliche Gesamtanlagen in ihrer Substanz, ihrem Erscheinungsbild und ihren historischen Bezügen zu erhalten" (S. 39). Städtebaulicher Denkmalschutz wird in dem kurzen Abschnitt i. w. nur als „weicher Standortfaktor" angesprochen. Seine Bedeutung geht aber noch wesentlich weiter. Die Identität von Städten, ihr „genius loci" hängt ganz wesentlich daran, daß die historisch wertvollen Stadtviertel und prägenden Einzelbauten eine Rolle in dem größer gewordenen Siedlungsgefüge behalten. Sie wirken als mentale Anker des gesellschaftlichen Ortsbewußtseins. Obwohl das einzelne Bauobjekt nur eine begrenzte Lebensdauer hat, sind die Grundrisse von Stadtteilen und Quartieren außerordentlich langlebig. Der Wiederaufbau der Aachener Innenstadt nach 1945 - der den Stadtgrundriß weitgehend respektierte - ist ein Beleg dafür, daß das Charakteristische einer städtebaulichen Periode auch bei veränderten Bauten teilweise bewahrt werden kann. Insofern stellen die städtebaulich wertvollen Teile des Aachener Stadtgrundrisses ein kulturelles Erbe dar, welches zum ästhetischen und historischen Reichtum beiträgt. Die gewachsene Vielfalt muß nicht neu erfunden werden. Sie trägt mit ihren authentischen Zeugnissen zu einer erwünschten Differenzierung des Stadtkörpers bei: der Stadtkörper wird abwechslungsreich in Teile untergliedert, die eine je eigenständige Identität haben. Ein weiterer wertvoller Aspekt liegt in der Homogenität der Bereiche. In den letzten zwei Dekaden haben sich deutlich individualistische, Kontext zerstörende Tendenzen durchgesetzt. Die einheitlichen Bereiche aus dem letzten und diesem Jahrhundert bilden daher auch Ruhepole im Aachener Stadtraum. Wir messen somit der Abgrenzung und Bewertung der historisch bedeutsamen Bereiche eine große Bedeutung zu. Sie konstituieren Ordnungen, neben denen dann auch weniger geordnete Bereiche existieren können. Ihr Wegfall jedoch käme der Aufgabe eines inneren Bezugssystems gleich.

4. Hypothesen zur Funktion von Kontinuität und Wandel im Stadtgrundriß

a) Tradition als mentales Gegengewicht

Zeiten mit schnellem Wandel können eine mentale Überforderung der Gesellschaft darstellen. In solchen Zeiten kann die Fortdauer baulicher und sozialer Traditionen geradezu eine Sicherheitsplattform vor dem Risiko noch ungefestigter neuer Formen sein. Die verunsicherten Teile der Gesellschaft suchen dann Halt in vertrauten - oft auch überholten - Formen. Überspitzt könnte man sagen, je schneller der Wandel der Arbeits- und Lebensweisen, um so wichtiger scheint die Trägheit der alten Routinen und Formen als mentales Gegengewicht wenigstens auf einigen Gebieten zu sein. Dies war z.B. die Methode des 19. Jahrhunderts, den neuen Funktionen (z.B. Bahnhöfen) ein vertrautes Dekor vorzublenden. Lange wurde gerade dies kritisiert. Obwohl dieser Weg seine Probleme hat, ist aus heutiger Sicht anzuerkennen, daß es den damaligen Architekten um die ästhetische Integration neuer Funktionen in ein vorhandenes Formenrepertoire der bestehenden Stadt ging. Ihre Antworten waren „zweideutig“, indem sie versuchten, neue Aufgaben und Materialien mit vertrauten Formen zu verbinden. Die auch heute wieder geführte Diskussion zwischen Vertretern einer konsequenten Moderne und Vertretern eines vermittelnden, den Ort einbeziehenden Weges, haben - wie der Rückblick in die Baugeschichte dieses Jahrhunderts zeigt - beide recht. Die Moderne benötigt ihren Raum, aber sie wirkt häufig viel stärker in älteren Umgebungen. Insofern ist die Dialektik zwischen jüngeren und älteren Formensprachen häufig produktiv; die konsequente und rücksichtslose und massenhafte Durchsetzung der Moderne dagegen oft problematisch (z.B. der Umbau der Dresdner Kernstadt nach den Prinzipien des CIAM).

b) Ökonomie des kontinuierlichen Wandels

Da Entwicklungen selten abrupt, sondern allmählich stattfinden, könnte eine angemessene Form der Modernisierung nach dem oben Gesagten in einer kontinuierlichen Form der Erneuerung gesehen werden. Erneuerung und Wandel in kleinen Schritten erlauben es, Erfahrungen mit dem Neuen zu sammeln, ohne das Alte schon zu weitgehend aufzugeben. Die alten Strukturen behalten ihre innere Logik, weil sie noch dominant sind. Die Neuerungen treten zuerst vereinzelt auf. Ihnen werden Reaktionen auf das Vorhandene abverlangt, wodurch sie im positiven Sinne mehrdeutig werden. Neuerungen werden dadurch nicht immer in reiner, sondern eher in vermittelter Form auftreten. Dies kann sie strukturell und sozial verträglicher gestalten. Mit zunehmender Bewährung und Gewöhnung können sich dann konsequenter zeitgemäße Formen durchsetzen.

c) Innovationen als Antworten auf Systemgrenzen

Jedes organisierte System besitzt ein eigenes Optimum. Geht das Wachstum (oder die Nutzungsintensität) weit über dieses Optimum hinaus, entstehen innere und äußere Engpässe, Überlastungen und Überforderungen, die das Funktionieren von Teilsystemen oder des Gesamtsystems in Frage stellen. Es kommt zu einer Situation, in der sich entscheidet, ob ein System in seinen Grenzen verharrt oder ob durch die Nutzung neuer technisch-organisatorischer Mittel ein höheres Funktionsniveau erreicht werden kann. Solche Mittel wollen wir hier Innovationen nennen. Innovationen in diesem Sinne waren z.B. die Mauerringe und Bastionen zum Schutz der Städte, Straßenbahnen, U-Bahnen und Busse zur Bedienung des gewachsenen Stadtkörpers, Wasserversorgung, Abwasser und Abfallentsorgung. Neuerdings können auch Entwicklungen wie verkehrsberuhigte Bereiche oder Regelungen zur Verminderung des Autoverkehrs in Städten als erforderliche neue Innovationen verstanden werden, um dem System Stadt die Bedrohung durch Übernutzung der Straßenräume und durch Schadstoffe zu nehmen.

d) Die Rolle der „Geschichte“ im Stadtgrundriß

Stadtgrundrisse sind wesentlich langlebiger als die baulichen Strukturen. So sind z.B. im Kölner Grundriß noch die Spuren römischer Straßen und das mittelalterliche Straßennetz weitgehend erhalten. Dies heißt zweierlei: Erstens waren die Prinzipien der Raumorganisation offenbar tauglich genug, um bis heute in Gebrauch zu bleiben, zweitens ist damit dieser Teil des Stadtgrundrisses historisches Dokument früherer Perioden. Zwar sind weder die älteren Bauten noch die Straßen im Detail authentisch, aber das Charakteristische blieb doch erhalten. Diese Verbindung von Vergangenheit und Gegenwart ist offenbar bedeutsam für Gesellschaften. Keine Gesellschaft kann nur im Jetzt oder nur zukunftsorientiert leben und handeln. Erinnerungen an frühere Perioden und der Respekt vor den Leistungen früherer Generationen gehörten zu jeder Kultur. Identitätsfindung bedarf der Orientierung an Vergangenheit, Gegenwart und sich abzeichnender Zukunft. Insofern hat die Periode des Wiederaufbaus und der strukturellen Korrekturen von 1945 bis 1975 heute schmerzlich erkannte Zerstörungen historischer Baustrukturen und ihrer morphologischen „Welt" zur Folge gehabt. Vielfach wurden kurzlebige Modernitätsvorstellungen gegen den erbitterten Widerstand der Bewohner durchgesetzt. Die Ergebnisse waren selten tragfähig.

e) Stadtmorphologie und Leitbilder

Raum ist neben Zeit, Nahrung und Sicherheit eine der wesentlichen Lebensbedingungen jedes Lebewesens. Zu allen Zeiten haben Menschen als soziale, in Gruppen lebende Spezies eine eigene räumliche Organisation ihrer Lebensbedingungen hervorgebracht. Diese Organisation hatte die unterschiedlichen Anforderungen aus Klima, Sicherheit, ökonomischer Bodennutzung, sozialer Ordnung und Differenzierung, Repräsentation und der räumlichen Zuordnung von Wohnen und Arbeiten zu lösen. Da sich nicht nur die Formen der Produktion, sondern auch die soziale Schichtung der Gesellschaft, die Formen der Repräsentation, des Wohnens und des Verkehrs über die Zeiten wesentlich verändert haben, kann man davon ausgehen, daß jede sich in diesen Merkmalen deutlich unterscheidende Periode im Kern auch eine eigene Stadtform hervorgebracht hat. Wenn dies nicht immer deutlich wird, sind dafür eine Reihe von Faktoren verantwortlich. Dies ist bei vielen europäischen Städten durch eine additive, von innen nach außen den Wachstumsringen folgende Abfolge der Spuren der städtebaulichen Leitbilder im Stadtgrundriß erkennbar. In schneller zeitlicher Folge finden wir Projekte der Gartenstadtbewegung, des „Neuen Bauens" der 20er Jahre, der Zeilen- und Reihenbauten der 50er bis 60er und schließlich der freiplastischen Anordnungen der späten 60er und 70er Jahre. In einigen Städten nähern sich die Stadterweiterungen fast geschlossenen Ringen an, in anderen konzentrieren sie sich auf einzelne Sektoren oder auf ein „Patchwork" zufällig wirkender Verteilungen. Leitbildlos blieben vor allem die Gewerbegebiete der Nachkriegszeit, deren Strukturen von der individuellen Rationalität der Investoren - und damit nach einem Zufallssystem - entwickelt sind und nicht nach einem auch den öffentlichen Raum ordnenden städtebaulichen Konzept.

Die Ablesbarkeit der verschiedenen Zeiten im Stadtgrundriß dient der Orientierung. Patchwork-Strukturen bieten ein offeneres Muster an, um die Stadt in kleinen Einheiten weiterzuentwickeln. Sie erleichtern aber auch wegen ihrer mangelnden Ordnungswirkung den Zugriff von Investoren auf den Raum und tragen den Kern des Beliebigen in sich. In einem gewissen Umfang sind solche Strukturen unvermeidlich. Sie sind um so weniger bedenklich, je mehr homogene morphologische Strukturen früherer Perioden dem Stadtkörper Halt und Orientierung geben.

5. Projektkonzeption

a) Exemplarische Leitbild-Bereiche

Die Konzeption des Projektes setzt daher zunächst historisch an: Wir haben jene Bereiche abgegrenzt, die einem städtebaulichen Leitbild eindeutig zuzuordnen waren. Für jede städtebauliche Periode haben wir - soweit in Aachen vorhanden - mehrere klar abgrenzbare Teilbereiche identifiziert. Für diese wurden die historischen Dokumente mit der ursprünglichen Konzeption sowie jeweils ältere und neuere Bestandskarten ausgewertet, um die Veränderung der Bebauung und des Grünbestandes zu verfolgen. Bei den Leitbildbereichen aus neuerer Zeit wurde das für das Leitbild typische Verhältnis von Bebauung und Grünstruktur zugrunde gelegt. Für jede Periode wurde somit an einem exemplarischen Beispiel der Zusammenhang der Grünkonzeption mit der Bebauungskonzeption herausgearbeitet. Daraus werden Empfehlungen für den jeweiligen Bereich abgeleitet. Kern der Empfehlungen ist in der Regel, die ursprünglich beabsichtigte typologisch Rolle des Grüns i. w. beizubehalten bzw. wieder herzustellen, um die Lesbarkeit der Bereiche als eigenständige historische Elemente im Stadtgrundriß zu sichern. Abb. 1 (S. 184) zeigt Beispiele von Leitbildbereichen im Aachener Stadtgrundriß.

b) Leitbildähnliche Bereiche

In einem zweiten Schritt wurden den ausgewählten Leitbildbereichen Gebiete zugeordnet, die dieser Leitbildphase vergleichbar sind und für die ähnliche Prinzipien gelten. Die Abgrenzung dieser Bereiche stieß auf Schwierigkeiten, wenn sie typologisch undeutlich ausgeprägt waren. Abb. 2 (S. 185) zeigt schraffiert die den einzelnen Perioden zuzuordnenden Bereiche.

c) Zwischen- und Übergangsräume

Die nach diesen Schritten nicht zuzuordnenden Baustrukturen der Stadt können als Zwischen- oder Übergangsräume verstanden werden. Sie sind häufig später als die Fallbeispiele entstanden. Es kann sich allerdings auch um Räume handeln, die nach dem Prinzip des selbstorganisierten Wachstums (der mittelalterliche Stadtkern, Dorfkerne, Straßenrandbebauungen) einer bestimmten Entwicklungslogik, aber keinem städtebaulichen Leitbild folgen.

d) Die öffentlichen Räume, Straßen und Plätze

Innerhalb der einzelnen Leitbildbereiche haben die öffentlichen Räume eine ganz spezifische Gestalt. Die gekrümmte schmale Straße des Mittelalters erschließt die Bauten mit der funktional erforderlichen Mindestbreite. Sie verfolgt kein eigenes Gestaltziel. Die Prachtstraße des Barock und des 19. Jahrhunderts hingegen ist selbst ein ausgeprägtes Entwurfselement und hat die Aufgabe, die angrenzenden Bereiche durch eine eigenständige Gestaltbildung aufzuwerten sowie die dicht überbauten Stadtquartiere kompensatorisch mit sowohl klimatisch wie ästhetisch wirksamem Grün zu versorgen. In dieser Periode treten als eigenständige Stadträume konzipierte Raumelemente hervor. Beispiele in Aachen sind die Heinrichs- und die Ludwigsallee, die Theaterstraße und die Oppenhoffallee.

Für die Bewertung der öffentlichen Räumen haben wir folgende Prinzipien aufgestellt:

- Innerhalb der wertvollen Leitbildbereiche sollen die öffentlichen Räume möglichst authentisch erhalten bleiben oder wieder hergestellt werden. Dies ist besonders dann bedeutsam, wenn die spezifische Gestaltung dieser Räume (z.B. Oppenhoffallee) ein untrennbarer-komplementärer Bestandteil des Konzeptes war und ohne die Merkmale des öffentlichen Raumes die Qualität des Gesamtkonzeptes erhebliche Einbußen erleiden würde.

- Der Einsatz von Grün soll die Unterschiede, soweit sie für die einzelnen Perioden typisch sind, nicht verwischen.
- Erfolgte Veränderungen, die die Qualität nicht wesentlich beeinträchtigen, bewerten wir als systemverträgliche Weiterentwicklungen.
- In gestalterisch gestörten Bereichen kann Stadtgrün den Zusammenhang stärken und Proportionen und Gestalt verbessern.
- Die Stadt wird auf den großen Stadtstraßen (Ringe, Radialen, Haupterschließungsstraßen von Stadtteilen) erlebt. Sie prägen das Bild der Stadt wesentlich. Wenn die Wirkung der Straßenräume negativ ist, wird auch das Stadtbild als negativ erlebt, weil über 90 % der öffentlichen Räume aus Straßen bestehen. Die Hauptstraßen bedürfen daher einer besonderen Sorgfalt in der Abstimmung von Raumprofil und Stadtgrün. Die „Lesbarkeit der Stadt" wird verbessert, wenn Straßen mit gleichen Bedeutungen ähnlich gestaltet sind. Die Markierung von Abschnitten bei langen Straßen (Sequenzen, Gelenke) verdeutlicht die Lage von Teilbereichen.
- Im Maßstab der Gesamtstadt und von Stadtteilen sollen gestaltprägende und vernetzende Grünelemente erfahrbar sein.
- Die gestalterischen Aussagen können sich aus Gründen des Maßstabs nur auf Makroelemente beziehen. Dies sind im Regelfall Bäume. Im Detailmaßstab sind aber auch noch andere Aspekte der Grüngestaltung von Bedeutung, wie z.B. die Gestaltung von Flächen unter den Bäumen. Diese können in dieser Untersuchung nicht behandelt werden. Wir halten diesen Aspekt aber für die Hauptstraßenräume für besonders wichtig. Gestaltungsgrundsätze für zukünftige Änderungen sollten daher in einer weiteren Untersuchung geklärt werden.

  Abb. 3 (S. 186) zeigt Beispiele von Straßenräumen.

e) Historisches Grün als Aufgabe des Denkmal- und Naturschutzes

Mit den Leitbildbereichen ist die Grünkonzeption verknüpft. So wie sich für die städtebaulichen Konzepte Begriffe gebildet haben, finden wir auch für den historischen Grünbestand eine entsprechende Begrifflichkeit. Diese kann helfen, den Blick für spezifische Formen der jeweiligen Zeit zu schärfen. Wir entnehmen aus der Forschungsarbeit „Historisches Grün als Aufgabe des Denkmal- und Naturschutzes“[3] [3] die folgenden Kategorien:

- Klostergärten
- Bauerngärten
- Herrschaftliche Gärten und Parks
- Wallanlagen
- Straßenalleen
- Stadt- und Volksparks
- Stadtplätze
- Villen- und Landhausgärten
- Vorgärten
- Siedlungsgrün
- Kleingartenanlagen
- Friedhöfe

Nicht alle Kategorien sind in Aachen vertreten, zahlreiche Fragmente sind jedoch vorhanden. Soweit im Rahmen dieser Arbeit möglich, wird diese Begrifflichkeit benutzt.

f) Grün als Element in der Stadtökologie

Das Grün - insbesondere das Großgrün der Bäume - ist der strategisch bedeutsamste Bereich für die Klimaverbesserung in bebauten Gebieten. Zwar spielt auch die Versiegelung und die Bebauungsform eine Rolle. Auf Veränderungen auf privaten Grundstükken haben die Städte aber nur geringen Einfluß. Insofern wird eine Stadtklimapolitik sich besonders auf den Baumbestand auf öffentlichen Straßen und Flächen konzentrieren, weil sie hier einen unmittelbaren Zugriff hat. Wir haben deshalb sämtliche Bäume im bebauten Stadtgebiet nach drei Größen erfaßt, sowohl jene auf öffentlichen Flächen als auch jene auf privaten Flächen. Ausgenommen blieben alle Gebiete, die planungsrechtlich dem Außenbereich zuzurechnen sind. Wir wissen nun, wieviel Bäume es im planungsrechtlichen Innenbereich Aachens 1992 gab: es sind ungefähr 103.000 Bäume. Abb. 4 (S. 186) zeigt den Baumbestand.

Wir haben digital jeden erkennbaren Baum im bebauten Stadtgebiet (Gebiete nach § 30 und 34 BauGB) erfaßt. Grundlage war die

[3] Böhme, Ch., Preisler-Holl, L.: Historisches Grün als Aufgabe des Denkmal- und Naturschutzes. Difu Beiträge zur Stadtforschung, Bd. 18, Berlin 1996

Luftbildkarte M 1:5000 von 1992, deren Rasterdaten wir vom Landesvermessungsamt erhielten. Auf dieser Grundlage kann z.B. die Grünmasse der Bäume und deren Beitrag zur Sauerstoffproduktion ermittelt werden. Das Grünflächenamt kann darauf ein ganzes Verwaltungsinstrument aufbauen: Erweiterung des Baumkatasters, Pflegepläne, Baumartenverteilung, Verfolgung von Krankheiten, Baumschutzsatzung usw. Ferner wurden exemplarische Bebauungen und sämtliche Böschungen, die geschlossenen Raumkanten der Bebauungen u.v.a. digitalisiert.

Für den historischen Vergleich der ursprünglichen mit der heutigen Grünausstattung exemplarischer Bereiche wurden historische Plangrundlagen eingelesen und dem aktuellen Bestand vergleichbar gegenübergestellt. Schließlich erlaubte uns die Technik auch, für einzelne Stadtbereiche perspektivische Darstellungen zur Verdeutlichung der strukturbildenden Elemente anzufertigen.

g) Siedlungsstrukturelle Problembereiche und Bereiche für mögliche Nachverdichtungen

Unbeschadet von der oben dargestellten engeren stadtgestalterischen Aufgabenstellung wurde in einem eigenständigen Arbeitsgang untersucht, in welchen Bereichen der Strukturzusammenhang gestört erscheint und wo etwa Erweiterungen oder Verbesserungen denkbar sein könnten. In Anbetracht dessen, daß diese Aussagen für das gesamte bebaute Stadtgebiet getroffen werden sollten, kann es sich nur um Annäherungen handeln. Da wir örtliche Gegenkontrollen nur in Einzelfällen durchführen konnten, sind die Aussagen nur als Hinweise zu verstehen, die durch detaillierte Einzeluntersuchungen zu erhärten oder zu verwerfen sind.

Die Suche nach Möglichkeiten der inneren Nachverdichtung hat das Ziel, das Ausufern des Stadtrandes zu mindern, die schon vorhandene Infrastruktur besser zu nutzen und den Bevölkerungsverlusten der Quartiere, die insbesondere durch die ständig steigende Wohnfläche je Einwohner entstehen, entgegenzuwirken. Allerdings kann die Strategie Konflikte hervorrufen: Die Nachverdichtung locker bebauter Bereiche kann deren Charakter verändern. Die heute dort Wohnenden können Qualitätsverluste befürchten (z.B. bei der Nachverdichtung auf sehr tiefen Gartenparzellen). Es gibt aber keine Lösung, die nicht ambivalent ausfällt. Sowohl mit der Besiedlung am Stadtrand als auch bei der Nachverdichtung in der Stadt sind prinzipiell bestimmte Probleme verbunden. Die jeweils vertretbare Lösung kann nur in einer Einzelabwägung gefunden werden. Deshalb kann es bei unseren Hinweisen nur um die Markierung denkbarer Bereiche gehen. Ob eine Nachverdichtung sinnvoll ist, muß in jedem Fall durch detaillierte und örtlich abgestimmte Konzepte untersucht und geklärt werden. Dem Konzept kommt dabei eine entscheidende Aufgabe zu: Über Lösungsvorstellungen kann deutlich gemacht werden, ob es eine verträgliche Lösung gibt und welche Merkmale diese aufweisen muß. Aufgrund der hohen Komplexität bei Nachverdichtungen scheiden in der Regel Routineverfahren aus. Hier sind aus unserer Sicht Verfahren zu wählen, die eine hohe Qualität in der Beachtung der Umweltbelange, der historischen Belange und der Belange der Betroffenen vor Ort haben und diese konzeptionell integrieren.

6. Die Technologie der Bearbeitung - ein neues Planungswerkzeug

Wir haben uns nach reiflicher Überlegung entschlossen, das gesamte Projekt mit einer EDV-Technik zu bearbeiten. Die Gründe waren zweifacher Natur:

- das vom Institut initiierte und in der Vorbereitung befindliche Raum- und Umweltinformationssystem Aachener Raum;
- die Möglichkeit einer völlig anderen Bearbeitungstiefe, die die geographischen Informationssysteme (GIS) und die damit einsetzbaren graphischen Programme bieten.

Für den Aachener Raum existierte zum Zeitraum der Bearbeitung lediglich eine Digitalisierung der Baublöcke für das Stadtgebiet. Es schien uns sinnvoll, mit diesem Projekt den Rückstand im Einsatz dieser Technologie zu mindern. Der erforderliche Aufwand dazu war zwar wesentlich höher als bei konventioneller Ausführung, dafür erlaubt die Technik aber die in der Zukunft eine Weiternutzung der erarbeiteten Grundlagen. Die Möglichkeit der GIS, Rauminformationen auf beliebig vielen voneinander getrennten Schichten (Layer) abzulegen und beliebig zu verknüpfen, eröffnet kombinatorische Möglichkeiten, die der Kartographie und Stadtplanung zwar nicht fremd sind, aber mit derart weitreichenden Möglichkeiten doch eine neue Qualität darstellen. Wir haben daher für das bebaute Stadtgebiet ein System von Layern erarbeitet. Im Anhang sind diese mit ihren Inhalten verzeichnet. Die Arbeiten wurden auf 1 Power-Apple-Macintosh Rechner mit 56 MB RAM,

500 MB Platte, bzw. 3 Power-Apple-Macintosh Rechnern 7600/ 120, 48 MB RAM, 1 Gigabyte Platte, erstellt. Drucker: Epson Color Stylus ProXL. Folgende Software wurde benutzt: Eingabe der Pläne und Karten: Minicad 5.0. Rendering: Atlantis 2.0. Layout: QuarkXpress 3.31. Bildbearbeitung: Photoshop 3.0. Die Inhalte der einzelnen Layer zeigt **Abb. 5 (S. 186)**.

7. Stärken und Schwächen der Technologie

Stärken

Die Methode hat ihre Stärken in der schnellen und ganzheitlichen Erfassung ganzer Stadtfelder und Stadträume. Überragende Stärke ist die praktisch beliebige Kombinierbarkeit der Layer. Wenn von Anfang an auf eine Trennung einzelner Informationsebenen geachtet wird, können einmal erstellte Layer immer wieder mit anderen kombiniert werden. Hier entsteht ein mächtiges neue Planungswerkzeug für Stadtplanung und Stadtforschung, welches zugleich integrierte mengenmäßige und flächenhafte Berechnungen erlaubt. Besondere Stärken bestehen in der Integration von historischen Plandokumenten, Fotos und Dias auf einer Ebene der Darstellung. Stärken liegen ferner in der schnellen, variierbaren Drucktechnik der Ergebnisse. Gegenüber den früheren Methoden entstehen hier enorme Zeitvorteile.

Schwächen

Schwächen liegen in den Schärfegrenzen der Grundlagen:

Die Bäume konnten aus den Luftbildern nur mit einer Genauigkeit von etwa +/- 1 bis 3 m plaziert werden. Baumschatten erschwerten die Erfassung der Baummittelpunktes, kleine neu gepflanzte Bäume konnten teilweise nicht erkannt werden. Hier mußte anhand von Pflegeplänen des Grünflächenamtes, in denen Baumstandorte genauer eingezeichnet sind, nachgearbeitet werden.

Raumkanten, Bebauungstypen und Bauten für die Leitbildbereiche mußten einzeln digitalisiert werden. Als Grundlage dienten Pixelkarten. Deren Vergrößerung auf dem Bildschirm führt zu unexakten Linienführungen. So sind Gebäudekanten nicht immer genau parallel, was grafisch nicht befriedigt. Eine exakte Eingabe würde Vorlagen im M 1:500 erfordern. Diese stehen aber nicht für alle

Aspekte zur Verfügung, der Zeitaufwand wäre auch entschieden zu hoch.

Fazit: Für die Erstellung von bildhafter Überblicksinformation sind die gewählten Methoden brauchbar. Hier zeigt sich ein schmerzlicher Rückstand der digitalen Erfassung bei den Vermessungsämtern in Deutschland, der sich zwangsläufig auch auf die Qualität von Arbeiten wie der hier gezeigten auswirken muß.

Ein weiteres Problem besteht in der schnellen Veralterung der Computerprogramme. Es muß gesichert bleiben, daß die Daten über mehrere Jahrzehnte verwendbar bleiben. Die Datensicherung mit CD-ROM ist zwar nun wesentlich verbessert worden, aber wer sichert die Programme und wer hat nach einigen Jahren noch die Kenntnisse, um diese zu bedienen? Dies sind aber grundlegende Probleme der EDV-Technologie, die nicht nur dieses Projekt betreffen.

8. Der Zusammenhang mit regionalen räumlichen Datensystemen

Im Aachener Raum ist ein gemeinsam von der Technischen Hochschule, der Stadt und dem Kreis Aachen betriebenes Raum- und Umweltinformationssystem auf der Basis eines GIS-Systems und des Internet in Vorbereitung. Dieses System - über das hier aus Zeitgründen nicht näher gesprochen werden kann - soll Planung, Forschung und Entscheidungshandeln näher zusammenführen. Die Universitäten mit ihrer großen Kapazität an Studierenden und Forschern können den Kommunen erhebliche Unterstützung beim Aufbau geographischer Informationssysteme und bei der Erfassung von Raumdaten bieten. Die im Rahmen des hier vorgestellten Projektes erarbeiteten Daten könnten z.B. von der Stadt Aachen und von anderen Instituten als Input für weitere Arbeiten benutzt werden. So ließe sich relativ schnell eine räumliche Daten- und Wissensbasis aufbauen, die der heutigen Zeit adäquat ist und die die Entwicklung der Städte und Regionen wesentlich befördern kann.

Abb. 1 Leitbereiche

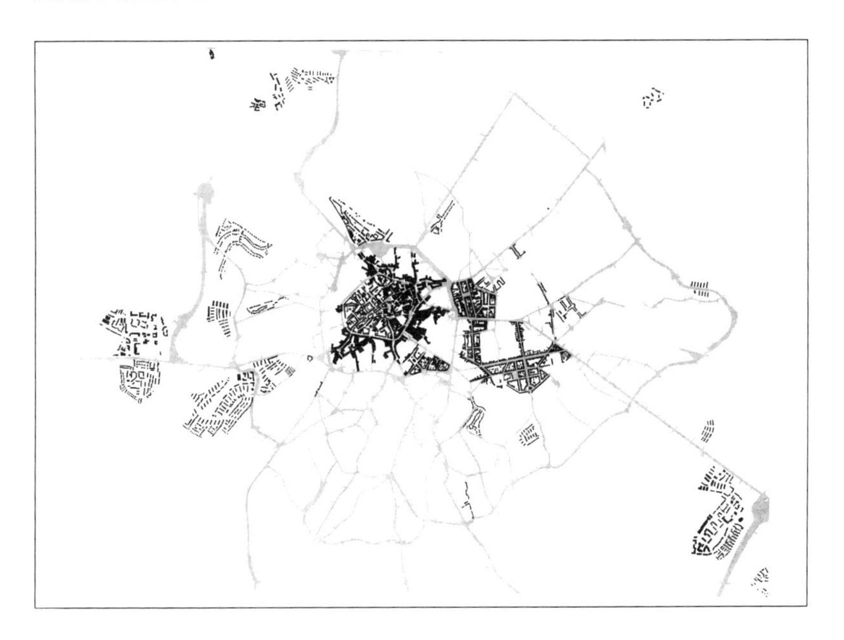

Abb. 2 Leitbildähnliche Bereiche

Abb. 3 Problemzonen in Straßenräumen

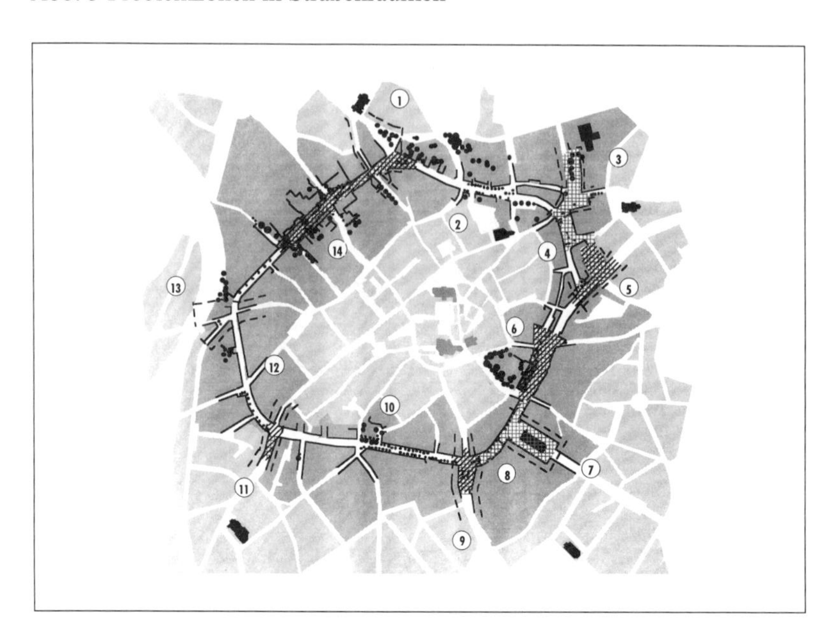

Abb. 4 Baumbestand im Innenbereich

Abb. 5 Inhalte der Layer

A Wachstumszonen

B Geschlossene Stadträume
B Offene Stadträume
B Nicht eindeutig definierte Räume
B Geringfügige Bebauung

C Abweichende Bebauung
C Dominante öffentliche Gebäude
C Straßenbegleitende Bebauung

D Leitbilder
D Gebäude
D Engere Bereiche städtebaulicher Leitbilder
D Leitbildähnliche

E Mittelalterliche Struktur
E Grabenring
E Torstraßen
E Alleenring
E Radialen
E Sequenzen

F öffentlich zugängliche Freiflächen
F Landschaftsparkanlagen
F Friedhöfe
F private großflächige Gärten/Parkanlagen
F Gemeinbedarfsfläche
F Private Freiräume
F Bahn
F Brachen
F umbauter Garten
F tiefe offene Gärten
F Besondere Freiraumelemente
F raumwirksame Bäume und Baumgruppen
F Wald
F Wiese
F Böschung
F Bachlauf/Teich
F Karte der Bäume auf Straßen, öffentl. Flächen,
F privaten Flächen
F Karte der Baumtypen nach Hauptstraßenzügen

Grenze § 34/35

Statistische Bezirke

Rasterstruktur, Passersystem

Baublock, Straßenstanzdatei

Historische Karten, Scan

Rasterdatei DGK 5000
wahlweise
100, 150, oder 400 dpi

Tiff Luftbild 5000 (1992)

Literaturhinweise

[1] Bundesforschungsanstalt für Landeskunde und Raumordnung: Städtebaulicher Bericht - Nachhaltige Stadtentwicklung. Herausforderungen an einen ressourcenschonenden und umweltverträglichen Städtebau. Bonn 1996

[2] ILS (Hrsg.): Nachhaltige Stadtentwicklung. Positionspapier der Arbeitsgruppe „Nachhaltige Stadtentwicklung“ beim Ministerium für Stadtentwicklung, Kultur und Sport des Landes Nordrhein-Westfalen. Innovationsforum 3. Institut für Landes- und Stadtentwicklungsforschung. Dortmund 1996
Deutsches Nationalkomitee HABITAT II: Nationaler Aktionsplan zur nachhaltigen Stadtentwicklung. In: Innovationsforum 3. Institut für Landes- und Stadtentwicklungsforschung. Dortmund 1996

[3] Böhme, Ch., Preisler-Holl, L.: Historisches Grün als Aufgabe des Denkmal- und Naturschutzes. Difu Beiträge zur Stadtforschung, Bd. 18, Berlin 1996

Virtuelle Realität und Cyber-City

Stefan Müller

Vor etwa 5 Jahren, als die ersten Gehversuche der Virtuellen Realität (VR) in den Schlagzeilen noch mit Visionen der Science-fiction und Begriffen wie „Cyberspace“, „Cyberpunk“ oder ähnlichem verbunden wurden, drohte dieser innovativen Technologie schnell ein ähnliches Schicksal wie den adjungierten Bereichen „Künstliche Intelligenz“ oder „Computer Vision“. Nach der technologischen Faszination und all den philosophischen Visionen kam schnell die ernüchternde Frage nach den Anwendungen und der konkreten Umsetzbarkeit. Personen, die hierüber mit praktischen Beispielen zu berichten wußten, wurden gerne als eingeladene Gastredner auf entsprechenden Konferenzen herumgereicht, speziell, wenn sie über konkrete Märkte oder „return-of-invest“-Möglichkeiten beim Einsatz von VR-Technologien Erfahrungsberichte abstatten konnten.

Dennoch - oder gerade deshalb - hat sich VR heute als eine wichtige Basistechnologie in einigen Anwendungsbereichen unumgänglich etabliert und verspricht auch für die Zukunft einen nach oben zeigenden Trend bei der Erschließung neuer Märkte und Applikationen. Tatsächlich ist bereits ein Umdenkungsprozeß erkennbar: Der ursprüngliche *Technologie-Push* („Hier ist die Technologie, wo ist die Anwendung?“) ist zu einem *Applikations-Pull* geworden, bei dem immer neue Anwendungsbereiche VR-Technologien integrieren und damit die Technologieentwicklung vorantreiben und bestimmen.

Nachteilig zeigt sich allerdings, daß sich heute sehr viele Anwendungen mit dem Begriff „Virtuelle Realität“ rühmen, die einen *immersiven* Charakter vollkommen vermissen lassen und daher ganz traditionell als „interaktive 3D-Computer-Graphik“-Anwendungen bezeichnet werden können.

Die Begriffe *Design Review* und *Virtual Prototyping* bezeichnen dagegen die tatsächlichen VR-Märkte, die sich zuerst im Bereich der Architektur und dann in allen anderen Industriezweigen ansatzweise etabliert haben, in denen konstruiert und gebaut wird (Automobil-, Flugzeug-, Anlagen-, Schiffbau etc.). Ziel ist es, auf Basis von geplanten, dreidimensionalen Daten eine Planung bereits erlebbar zu machen, intuitiv in diesen virtuellen Umgebungen navigieren und mit den Szenenobjekten interagieren zu können. Dadurch werden immer mehr Fragestellungen, die heute nur mit Hilfe eines realen Prototyps (Modells) beantwortet werden können, bereits auf den geplanten Daten realisiert und beantwortet. Entscheidungen werden dadurch schneller getroffen, Entwicklungszeiten und -kosten reduziert und viele Planungsfehler aufgedeckt, die mit herkömmlichen Darstellungsmöglichkeiten nicht erkennbar sind.

Auch im Bereich der Gebäude- oder Städteplanung sind die Anwendungsmöglichkeiten sehr vielschichtig. Wäre für eine Stadt beispielsweise ein vollständiges 3D-Modell verfügbar (z.B. verwaltet von den Katasterämtern), so könnte jede neue Planung schnell im Kontext seiner gesamten Umgebung visualisiert werden. Eine Vermarktung von Gebäuden wäre dann mit Hilfe von Video- oder CD-Material möglich, bevor ein Stein gebaut wird. Im Kontext einer Internet-Präsentation (VRML) wäre ein solches Modell sogar weltweit verfügbar und erlebbar. Zusätzlich zur reinen Gebäuderepräsentation kann darüber hinaus die Funktionalität der einzelnen Gebäudestrukturen visualisiert oder in Verbindung mit komplizierteren Simulationen (z.B. Infrastruktur, Verkehrsplanung etc.) dargestellt werden. Die Investition ist dabei ein 3D-Modell, das mit jedem Projekt weiter ausreifen könnte, um letztendlich alle weiteren Applikationen (z.B. facility management, Wegeleitsystem-Integration, Fahrsimulation in den jeweiligen Städten, Internet-Tourismus, etc.) nach sich zu ziehen.

Aber genau in der Erstellung und Wartung eines solchen Modells liegt die große Herausforderung, denn in der Praxis wird heute in den meisten Anwendungsbereichen bei weitem noch nicht mit 3D-CAD-Mitteln geplant. Eine Anwendung von VR-Technologien bedingt daher zuerst eine vollständige Umstellung von verfügbaren 2D-Daten in 3D-Daten und eine konsequente Zulieferung von 3D-Daten von den entsprechenden Institutionen und Unternehmen. Diese Umstellung bedarf weit größerer Investitionen, als die VR-Technologie selbst. Bevor eine solche Investition angegangen werden kann, muß daher die „return-of-invest"-Möglichkeit genauestens geprüft und evaluiert werden. In der Praxis hat sich hierzu bereits in den meisten Anwendungsbereichen gezeigt, daß bei Insellösungen diese „roi"-Möglichkeiten nicht gegeben sind. Dagegen sind sie bei einer vollständigen Ausnutzung eines 3D-Modells durch eine vollständige Integration der vorhandenen VR-

Möglichkeiten in den Anwendungsprozeß offensichtlich. Deshalb liegt die Herausforderung derzeit sowohl auf der Entwicklung von geeigneten Technologien und Software-Werkzeugen, aber auch auf der konsequenten Integration dieser Technologien durch geeignete Schnittstellen in Kooperation zwischen den Anwendern und den Technologie-Entwicklern.

Online-Simulationen von Stadtverkehr: Möglichkeiten und Perspektiven am Beispiel der Stadt Duisburg

Michael Schreckenberg

Die Modellierung und Simulation von Verkehrsnetzwerken hat in den letzten Jahren durch starke Aktivitäten insbesondere in den Naturwissenschaften deutliche Fortschritte gemacht. Obwohl mathematische Modelle für Verkehrsfluß schon vor vielen Jahren entwickelt und untersucht worden sind, ist erst durch den Einsatz wesentlich vereinfachter Modelle auf Parallelrechnern ein entscheidender Durchbruch gelungen. Diskrete Ansätze („Zellularautomaten“) ermöglichen heute die rechnerische Erfassung ganzer Verkehrsnetzwerke mit Millionen von Fahrzeugen schneller als in der Realität. Damit eröffnen sich vielfältige Perspektiven bis hin zur Aussicht einer Verkehrsprognose, ähnlich dem Wetterbericht.

Die heutigen mikroskopischen Simulationen verfolgen jedes einzelne am Verkehr teilnehmende Fahrzeug und berücksichtigen detailliert die Wechselwirkungen untereinander. Man bedient sich dabei einfacher mathematischer Modelle (Zellularautomaten), die es erlauben, Verkehrsnetzwerke ganzer Städte oder der gesamten Autobahnen Deutschlands vielfach schneller als in Echtzeit (= Realität) mit ihrer komplexen Dynamik im Rechner abzubilden. Gefüttert mit Online-Meßdaten aus dem tatsächlich ablaufenden Vekehrsgeschehen (d.h. Zählschleifen bzw. Videobild-Erfassung), ist man damit z.B. in der Lage, Verkehrsentwicklungen, Planungen oder verkehrsbedingte Luftschadstoff-Emissionen im vorhinein zu analysieren und verschiedene Alternativen virtuell durchzuspielen.

Bei der Modellierung mit Zellularautomaten wird die Straße in ‘Zellen’ der Länge 7,5 Meter zerlegt, dem Raum, den ein Fahrzeug durchschnittlich im dichtesten Stau einnimmt (d.h. der Länge des Fahrzeugs plus Abstand zum Vordermann). Jedem Fahrzeug wird eine ganzzahlige Geschwindigkeit zwischen Null und einer maximalen (Wunsch-)Geschwindigkeit zugeordnet, die angibt, wie viele Zellen es sich im nächsten Zeitschritt fortbewegen wird (Bild 1, S. 194).

Ein Zeitschritt, der für alle Fahrzeuge *parallel* ausgeführt wird (‘paralleler Update’), besteht aus vier einfachen Regeln, die die Veränderung der Geschwindigkeit (Beschleunigen und Bremsen) und das Fahren festlegen:

Regel 1 (Beschleunigen): Alle Fahrzeuge, die noch nicht mit ihrer Wunschgeschwindigkeit fahren, legen eine Einheit zu (z.B. von Tempo 3 auf 4).

Regel 2 (Abbremsen): Um Unfälle zu vermeiden, muß die Geschwindigkeit immer kleiner sein als der Abstand zum Vordermann. Ist dies nicht der Fall, so wird entsprechend abgebremst (also auf den Abstand zum Vordermann minus 1).

Regel 3 (Trödeln): Einige zufällig ausgewählte Fahrzeuge werden ohne ersichtlichen Grund mit einer vorgegebenen Wahrscheinlichkeit um eine Einheit langsamer (falls ihre Geschwindigkeit mindestens 1 ist).

Regel 4 (Fahren): Die Fahrzeuge werden um die ihrer Geschwindigkeit entsprechende Anzahl von Zellen vorgerückt.

Auf alle Fahrzeuge gleichzeitig angewandt entspricht ein Zeitschritt im Computer bei geeigneter Wahl der Wunschgeschwindigkeit (5 Zellen pro Zeitschritt) und der Trödelwahrscheinlichkeit (0.5) ungefähr einer Sekunde in der Realität.

Von entscheidender Bedeutung ist Regel 3: Sie spiegelt die Fluktuationen im realen Verkehrsfluß wieder. Damit ist sowohl das verzögerte Beschleunigen beim Anfahren wie die Überreaktion beim Bremsen gemeint. Bild 2 (S. 194) zeigt eine typische Situation aus einer Simulation des Zellularautomaten.

Man sieht sehr schön die im Raum rückwärts laufende Stauwelle (mit einer Geschwindigkeit von bis zu 15 km/h in realem Verkehr!). Zum Vergleich dazu ist in Bild 3 (S. 195) eine Messung an realem Verkehr gezeigt (nach Treiterer 1965). Die Ähnlichkeit zu den Simulationsergebnissen ist augenscheinlich (Linien, die enden oder aus dem Nichts entstehen, gehören zu Fahrzeugen, die die Spur gewechselt haben).

Um das Modell auf reale Problemstellungen anzuwenden, ist natürlich ein wesentlich umfangreicheres Regelwerk notwendig. Insbesondere das Wechsel- verhalten auf mehrspurigen Straßen muß in geeigneter Weise definiert werden. So unterscheidet sich das Spurwechselverhalten auf (deutschen) Autobahnen wesentlich von dem auf innerstädtischen Straßen. In Städten ist darüber hinaus der ruhende Verkehr als Quelle bzw. Senke von Fahrzeugen ('Verkehrserzeugung') von entscheidender Bedeutung. Ebenso sind Kreuzungsverläufe (mit oder ohne Lichtsignalanlagen) zu berücksichtigen. Dies ist jedoch aufgrund der Einfachheit des Modells ohne große Probleme einbeziehbar.

Aus einfachen Grundelementen läßt sich so der gesamte Innenstadtverkehr einer Großstadt im Rechner nachbilden. Bild 4 (S. 196) zeigt z.B. die graphische Darstellung eines einspurigen Kreisverkehrs, wie er zur Zeit an vielen Stellen signalgesteuerte Kreuzungen ersetzt.

In einem Pilotprojekt mit der Stadt Duisburg wird zur Zeit der gesamte Innenstadtbereich von Duisburg auf der Grundlage von diesem Simulationsmodell abgebildet und in verschiedenster Hinsicht untersucht. Dabei ist die Anbindung an Online-Daten aus Zählschleifen und Video-Erfassungssystemen eine wesentliche Voraussetzung, um den aktuellen Verkehrszustand zu rekonstruieren und kurzfristige Vorhersagen möglich zu machen. Diese Arbeiten stehen kurz vor dem Abschluß. Die daraus resultierenden aktuellen Informationen werden im Internet jedem zugänglich gemacht (http://ww.comphys.uni-duisburg.de/OLSIM).

Die Anwendungsbreite dieser Modellrechnungen ist erheblich, da hier Verkehr mit allen seinen Vernetzungen untersucht werden kann. Es hat sich herausgestellt, daß für komplexe Straßensysteme ganz andere Gesetzmäßigkeiten gelten als für isolierte Straßenabschnitte. Die Auswirkungen lokaler Veränderungen haben häufig mehr Einfluß auf weit entfernte Bereiche als erwartet, und diese Wechselwirkungen sind außerordentlich kompliziert.

Ein Schwerpunkt der Arbeiten ist die Untersuchung der verkehrsbedingten Schadstoffemissionen. Da das Silmulationsmodell modular konzipiert ist, kann auf einfache Weise der Schadstoff-Ausstoß der einzelnen Fahrzeuge einbezogen werden. Insbesondere in Kreuzungsbereichen geben die zur Zeit benutzten stündlichen Durchschnittswerte nur sehr unvollkommen die tatsächliche Situation wieder. Hier ist insbesondere das Beschleunigungsverhalten der Verkehrsteilnehmer von entscheidender Bedeutung.

Es können verschieden Gesichtspunkte in den Vordergrund gestellt werden. Bei Strukturplanungen kann so z.B. die Architektur des Netzes selbst, die Optimierung bestehender Ressourcen sowie eine Folgenabschätzung (z.B. der Schadstoffemissionen) untersucht werden. Die Ergebnisse, graphisch aufbereitet, lassen so eine direkte Veranschaulichung das dynamischen Verkehrsgeschehen zu.

Bild 1: Der Zellularautomat für Straßenverkehr. Die Zahl in der oberen rechten Ecke gibt jeweils die momentane Geschwindigkeit des Fahrzeugs an.

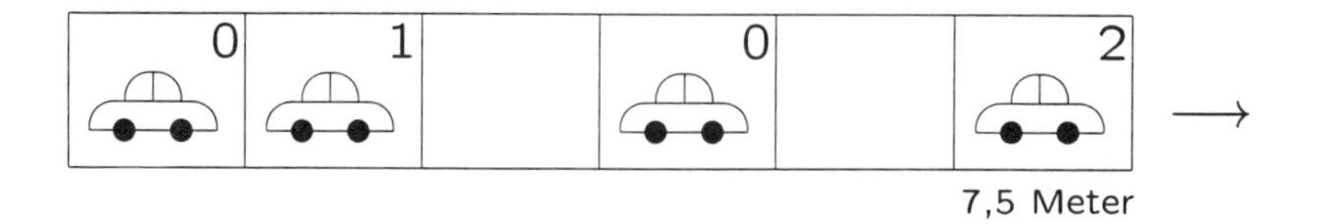

Bild 2: Simulierter Verkehr mit einer Dichte von einem Fahrzeug von zehn Zellen. Die Zahlen geben die Geschwindigkeiten an.

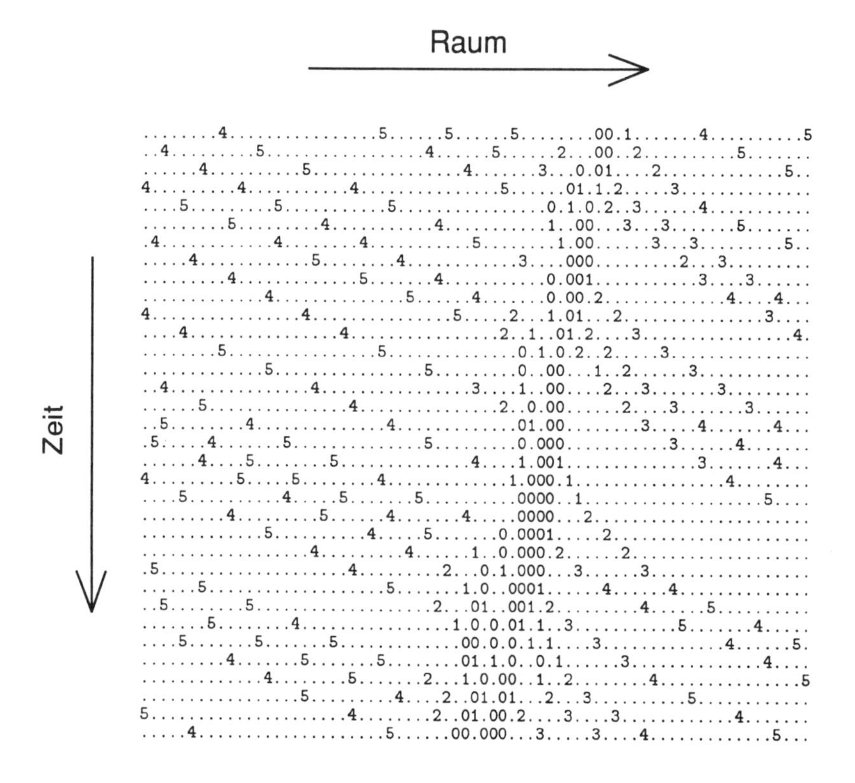

Bild 3: Raum-Zeit-Linien von realen Fahrzeugen aus der Luft aufgenommen. Jede Linie entspricht einem Fahrzeug (nach Treiterer 1965).

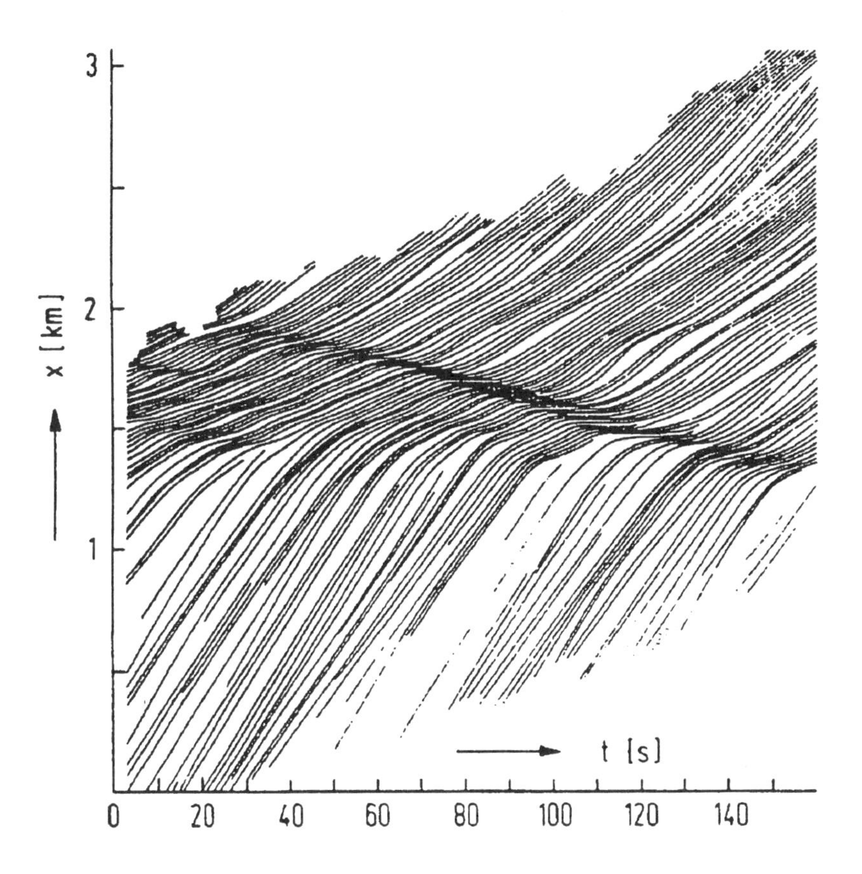

Bild 4: Ein einspuriger Kreisverkehr mit 4 Zu- und Abfahrten.

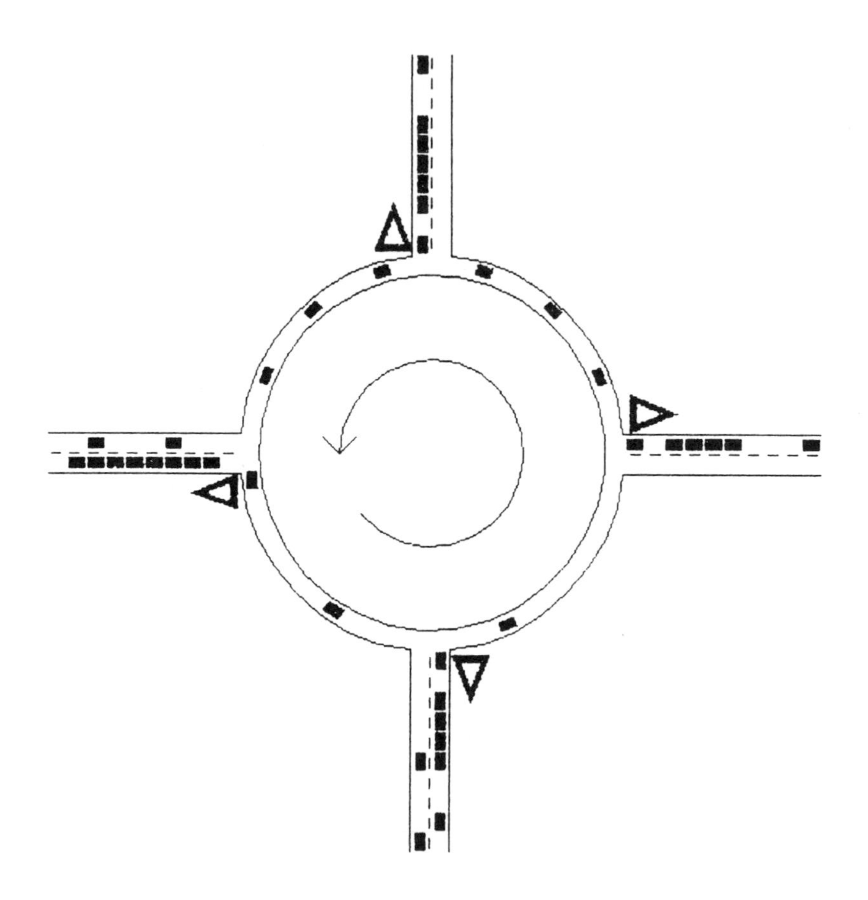

Arbeitsgruppe 5

Energiewirtschaft und Versorgungstechnik

Werner Neumann

Energieversorgung in Cyber-City

Stellt man sich Energieversorgung in Cyber-City vor, so könnten dies Häuser mit intelligenten Steuerungssystemen sein, überall Sensoren und Mikroprozessoren, die alle Energieverbraucher regeln, Computer, die den Energieverbrauch und die Regelungseinstellungen schon im vorhinein nach der Wettervorhersage steuern, der Heizkörper zu Hause wird über das Handy schon aufgedreht, damit die Wohnung vorgeheizt wird... Schließlich werden die Gebäude in virtuellen Welten simuliert, die Stadt wird zur digitalen Stadt... Das wird es *nicht* sein!

Wenngleich einige dieser Elemente keine Utopien sind, bleibt eine solche Vision auf der Ebene von Schlagworten. Es ist hervorzuheben, daß obwohl die Teilnehmer der Arbeitsgruppe aus verschiedenen Bereichen (Stadtverwaltung, Energieversorger, Planungsbüro) kamen, ein breiter Konsens in folgender Hinsicht bestand:

1. Es geht nicht um virtuelle Welten, wir müssen *real* den Energieverbrauch und die CO_2-Emissionen reduzieren in Hinblick auf eine nachhaltige Entwicklung.

2. Energiesparsysteme müssen *einfach* sein, das heißt, daß diese im wesentlichen passiv wirken: Wärmedämmung, passive Solarnutzung, kontrollierte Lüftung. *Einfach* heißt auch, daß schon Konstruktion und Planung des Gebäudes so beschaffen sein müssen, daß nicht später aufwendige haustechnische Systeme und Steuerungen die Fehler architektonischer Entwürfe korrigieren müssen.

3. Die *natürlichen Ressourcen* sollen weitgehend genutzt werden, dies betrifft nicht nur regenerative Energien (Solarenergie), sondern auch gute frische Luft und Tageslicht anstelle von künstlicher Beleuchtung.

4. *Passivität der Systeme* oder Konstruktionen bedeutet auch, daß sich das Haus selbst regeln soll, z.B. Verschattungselemente, die im Winter Sonne einlassen und im Sommer verschatten - das können technische Systeme aber auch Bäume sein. Hinzu

können technische Systeme kommen, die z.B. geregelt bei Sonneneinfall Verschattung vornehmen, wie bei Bürogebäuden, oder Präsenzmelder, die Energieverbraucher abschalten, wenn diese nicht benötigt werden.

5. Im Gegensatz zu manchem Computersystem müssen die Systeme im Haus *bedienungsfreundlich*, verständlich, expertenunabhängig und fehlertolerant ausgebildet werden.

Wege zum energiesparenden Bauen

Betont wurde, daß der *Stadtplanung* eine besondere, wenn nicht die wichtigste Funktion in der Umsetzung (und z.T. auch Durchsetzung) energiesparenden Bauens und Planens zukommt. Zu sehr differieren die verschiedenen Interessen der am Bau Beteiligten. So sollen die Städte die Energiekennwerte, die das Haus einhalten soll, vorgeben und später kontrollieren. (Hierzu gibt es bundesweit verschiedene Modelle, die schon angewendet werden.)

Ein wichtiges Kriterium ist die Reduzierung der Endenergie, denn jede Kilowattstunde eingesparter Endenergie spart durch die vorgelagerte Umwandlungs- und Bereitstellungskette das 1,5- bis 3fache an Primärenergie. Fortgeschrittene Energiesysteme setzen dabei auf Brennwerttechnik, Blockheizkraftwerke und Wärmepumpen. Den größten CO_2-Ausstoß (und andere Umweltbelastungen) hat man dagegen bei Stromnutzung. Hier liegen auch im Gebäudebestand riesige Potentiale der Einsparung und Optimierung. Hinzu kommen solare Systeme, Erdwärme, Erdkälte sowie Biomassenutzung. Die Energieversorgung geht in Richtung dezentraler Systeme.

Wohnen und Büroplanungen konvergieren zunehmend in Hinblick auf die Niedrigenergiebauweise. In beiden Bereichen werden Senkung von Heizenergiebedarf durch Dämmung, Senkung von Kältebedarf durch Verschattung, Wärmespeicherung und kontrollierte Lüftung in zunehmend ähnlicher Weise realisiert. Ein weiteres Zusammenwachsen von Wohn- und Büro-Hauskonzepten wird es durch Telearbeit und neue *integrierte Strukturen von Wohnen und Arbeit* geben.

Alle müssen mitspielen - und es bedarf eines „Schiedsrichters“

Wenn wie erwähnt Stadtplanung das Spielfeld bereitstellen muß, um den Rahmen für energiesparendes Bauen zu schaffen, so müssen

- die Architekten Häuser konzipieren, die sparsam und nachhaltig sind. Hier ist besonderer Fortbildungsbedarf festzustellen;
- die Haustechniker für gute Entwürfe die effizientesten Systeme anbieten, wobei mehr als schon in der novellierten HOAI enthalten ist, der Bonus für energie- und kostensparendes Bauen vergeben werden soll;
- die Behörden bei alledem mitspielen und die Voraussetzung schaffen für energieeffizientes Bauen und solares Bauen und dürfen nicht „falsches“ Bauen durch Bebauungsplanvorschriften vorbestimmen.

Planung muß *integral* erfolgen, d.h. die verschiedenen Teilbereiche und -gewerke von Fassade, Heizung, Kühlung, Beleuchtung, sonstiger Stromnutzung müssen integral ineinandergreifen. Die Koordinierung der verschiedenen Planungsbereiche sollte durch eine/n speziell verantwortliche/n Energie- und Ökologie-Planer/in („Supervision“ des Projekts) erfolgen. Hierzu gibt es Erfahrungen in der Schweiz und beim Commerzbank-Hochhaus in Frankfurt am Main.

Abschließend der (persönliche) Hinweis in bezug auf den Energieverbrauch von Computern:

Energiesparen bedeutet, auf den Energieeinsatz von Computern mehr zu achten. Dies betrifft einerseits den Stand-by-Verbrauch, bei dem Computer viel Strom brauchen, wenn sie nicht genutzt werden. Die betrifft andererseits den recht hohen Energieaufwand zur Herstellung von Computern, der durch die raschen Erneuerungszyklen den Energieverbrauch hochtreibt.

Ich würde mir außerdem wünschen, daß die Zuwachskurven für Photovoltaik in ähnlich steiler Weise verlaufen würden wie für die Teilnehmerzahlen im Internet.

Heinz-Gerd Höffeler

Energiewirtschaft und Versorgungstechnik

Bei der Erarbeitung zukunftsweisender Technologien in den Bereichen Energiewirtschaft und Versorgungstechnik müssen auch die wasserwirtschaftlichen Belange ausreichend Berücksichtigung finden. Zu den wesentlichen Aufgaben der Wasserwirtschaft gehören heute und in Zukunft

- die gesicherte Versorgung mit Trinkwasser und Brauchwasser,
- die gesicherte Entsorgung des Abwassers und im Zusammenhang damit die Abwasserbehandlung nach den geltenden gesetzlichen Bestimmungen sowie die Klärschlamm-Verwertung und -Entsorgung,
- die Sicherung des Wasserabflusses (Hochwassersicherheit) in Flüssen und Bächen,
- die Überwachung und Bewirtschaftung des Grundwasserschatzes.

Bei einer ganzheitlichen Betrachtung des Mensch-Technik-Umwelt-Systems gewinnen in Zukunft neben den genannten traditionellen Aufgaben die ökologischen Belange einen immer höheren Stellenwert.

Es hat sich in den vergangenen Jahrzehnten herausgestellt, daß eine Verknüpfung der traditionellen Aufgaben mit den neueren ökologischen Anforderungen auch unter Berücksichtigung ökonomischer Aspekte am wirkungsvollsten unter dem Dach überregionaler Wasserwirtschaftsverbände möglich ist. Dies gilt insbesondere für industriell geprägte Ballungsräume. Die Trink- und Brauchwasserversorgung ist bei dieser Wertung allerdings auszuschließen, da vor allen Dingen in den alten Bundesländern diese Aufgaben von reinen Wasserversorgungsunternehmen übernommen werden.

Die Erarbeitung von Konzepten für Stadtentwicklung und Stadterneuerung kann nur im Konsens mit der Wasserwirtschaft zu zukunftsweisenden Lösungen führen.

Beispielhaft sei hier die Umgestaltung des Emschersystems genannt, welches im Einvernehmen mit der Landesregierung Nordrhein-Westfalen Ende der 80er Jahre begonnen wurde. Dabei trafen sich die Aktivitäten der Emschergenossenschaft mit dem Bestreben der Landesregierung zur ökologischen Erneuerung des Emscherraumes. Es wurden folgende regionalplanerischen Ziele gesetzt:

- Beseitigung bzw. Ausgleich der ökonomischen Standortnachteile, die als Hinterlassenschaft der überkommenen Industriestruktur deutlich werden;
- Verbesserung der natürlichen Umwelt im Ballungsraum und Aktivierung der ökologischen Leistungen der Ausgleichsräume am Ballungsrand;
- Verbesserung der gebauten und gestalteten Umwelt im Sinne höherer Erlebnisqualität und besserer Lebens-, Wohn- und Arbeitsbedingungen.

Der *ökologische Umbau des Emschersystems* ist dabei mit folgenden Zielen verknüpft:

- Beseitigen der offenen Ableitung von Abwasser;
- Bau von dezentralen Kläranlagen, bemessen auf die neuen gesetzlichen Anforderungen;
- Umgestalten der Wasserläufe so, daß sie ökologische Funktionen wieder erfüllen und den Naturhaushalt stärken; zugleich sollen sie als Leitstrukturen in der freien Landschaft und in der Stadt und als Erholungs- und Erlebnisräume wiederhergestellt werden.

Wenn diese Leitlinien auch auf eine spezielle Region und Situation abgestellt sind, so können doch wesentliche Inhalte allgemeingültig adaptiert werden.

Betrachtet man die wasserwirtschaftlichen Aufgaben und neuesten Erkenntnisse unter dem Titel „Stadtentwicklung und neue Technologien“, so erhält das Thema „Regenrückhalt und Versickerung“ einen beachtlichen Stellenwert.

Durch die ständig zunehmende Versiegelung der Erdoberfläche durch Straßen, Häuser, Plätze und auch durch private Garagenzufahrten und Terrassen ist das wasserwirtschaftliche Gleichgewicht in zunehmendem Maße gefährdet. In vielen Bereichen sinkt der Grundwasserspiegel mangels Anreicherung durch versickernden Regen, und durch das schnelle Ableiten des Regenwassers über das Kanalsystem steigen die Hochwasserwellen in den Flüssen in kurzer Zeit enorm an und verursachen die bekannten Hochwassersituationen.

Diesen Gegebenheiten gilt es, bei zukünftiger Stadtentwicklung und Stadterneuerung entgegenzuwirken durch neue Technologien und Anwendung neuer Erkenntnisse.

Die Emschergenossenschaft hat inzwischen Erfahrungen gesammelt, um über Regenradarmessungen Regenrückhaltebecken so zu steuern, daß die Hochwasserereignisse deutlich reduziert werden können. Das bedeutet gleichzeitig, daß Kanäle und Kläranlagen geringer dimensioniert und dadurch erhebliche Investitions- und Betriebskosten gespart werden können. Über die Förderung von Regenwasserversickerungsprojekten im gesamten Verbandsgebiet wird der Grundwasserspiegel in den Regionen wieder steigen, wo naturnah umgestaltete Wasserläufe arm an natürlichen Zuflüssen sind.

Wie immer auch die Zukunft unserer Städte aussehen mag, es geht nicht ohne geordnete und zukunftsorientierte Wasserwirtschaft unter Berücksichtigung ökonomischer Grundsätze. Die Realisierung neuer Technologien setzt auch in diesem Bereich voraus, daß modernste Hilfsmittel bei der Datenerfassung und Datenauswertung zur Verfügung stehen und im hohen Maße ein Datenaustausch mit immer mehr Projektbeteiligten gesichert ist.

Joachim Stoll

Einleitung

Die Entwicklung des Computers hat das Stadium rein technischer Innovation längst hinter sich gelassen und beginnt, das menschliche Leben in bisher wohl immer noch ungeahntem Maße zu durchdringen und nachhaltig zu verändern. Neben dem unmittelbaren Einfluß der Entwicklung auf Technik, Automatisierung, Telekommunikation, Informationstechnologie und Globalisierung resultieren vielfältige Auswirkungen im Wechselspiel mit Mensch, Stadt und Umwelt.

Die Arbeitswelt ist geprägt durch rasante Veränderungen der Beschäftigungsstruktur, einen deutlichen Rückgang in den klassischen Produktionsfeldern, im produzierenden Gewerbe, bei Handel und Verkehr sowie einem starken Anstieg der Beschäftigten in den Bereichen Informationstechnologie und Dienstleistung. Die traditionelle monofunktionale Gliederung der Städte in Wohn- und Industriegebiete beginnt sich aufzulösen, bei der Konzeption neuer Gebäude werden Nutzungsneutralität, Funktionsmischung etc. zu bestimmenden Einflußfaktoren. Die Computernetze bieten neue Möglichkeiten für Telearbeit, Telelearning und virtuelle Unternehmen sowie Tätigkeiten in der Informationstechnologie selbst. Neu entstehende hochqualifizierte Bildschirmarbeitsplätze erfordern ein hohes Maß an visueller und thermischer Behaglichkeit als Standard für künftige Bürogebäude und den zu sanierenden Bestand.

Die Telekommunikation wird wesentliche Anteile des künftigen Informationsaustauschs übernehmen und teilweise traditionelle Mobilität vermeiden helfen, insgesamt aber nicht zu einer Verringerung der innerstädtischen Dichte beitragen. Die Telekommunikation kann Face-to-face-Kommunikation und soziale Kontakte nicht ersetzen, so daß die Cyber-City der Zukunft in noch zunehmenderem Maße Urbanität, Verweilqualität, öffentliche Räume und Landschaftsräume bieten muß. Der Bedarf an der Erhaltung der Umwelt und der vitalen Erneuerung der Städte geht einher mit neuen technischen Möglichkeiten der Automatisierung, Steuerung und Überwachung von versorgungstechnischen Anlagen, so daß die europäische Cyber-City auch durch ein hohes Maß an Umweltbewußtsein, ökologische Bauweise und einen extrem sparsamen, effizienten und professionellen Umgang mit Energie und Umweltressourcen geprägt sein wird.

Energieflüsse

Bei näherer Betrachtung stellt sich die Cyber-City als ein komplexes, nicht nur im Hinblick auf den Informationsaustausch vernetztes System dar, wobei jeweils in Abhängigkeit von Nutzung und örtlichen Klimabedingungen die Optimierungsziele

- Energievermeidung
- Effizienz der Versorgung
- Ressourcenschonung
- dezentrale Optimierung der Energieumwandlung
- Energieverteilung und Speicherung
- zentrale Optimierung der Energieumwandlung

durch geeignete passive und aktive technische Maßnahmen anzustreben sind.

Passive Maßnahmen

Die Entwicklungen der vergangenen Jahre im Fassadenbereich haben zur breiten Markteinführung von Wärmeschutzverglasungen mit ausgezeichneten Wärmedämmeigenschaften bei gleichzeitig möglichen solaren Wärmegewinnen geführt. Verglasungen mit hochwertigen low-e-Beschichtungen ($\varepsilon < 0{,}05$) und hochwertigen Edelgasfüllungen (Krypton, Xenon, Gasgemische) erlauben heute bereits Wärmedurchgangskoeffizienten um $k_V = 0{,}8..1{,}0\ W/m^2K$. In Verbindung mit Profilen der Rahmenmaterialgruppe 1.0 und unter Berücksichtigung der solaren Wärmegewinne erreichen die Verglasungen damit inzwischen vergleichbare Dämmeigenschaften wie massive Wandbereiche. Den solaren Wärmegewinnen wird auch mit der neuen Wärmeschutzverordnung von 1995 Rechnung getragen, so daß der Weg zu großflächigen Verglasungen mit hohem Tageslichteinfall bei gleichzeitiger Begrenzung des Jahresheizwärmeverbrauchs offen steht und in Zukunft in noch zunehmendem Maße beschritten werden wird.

Für Bürogebäude mit erhöhten internen Wärmequellen können bei großflächigen Verglasungen flankierende Maßnahmen zur Dämpfung der sommerlichen Temperaturentwicklung erforderlich werden, die aus energetischer Sicht ebenfalls noch betrachtet werden.

Im Bereich der passiven Maßnahmen stehen inzwischen neue hochselektive Sonnenschutzverglasungen zur Verfügung, die ebenfalls einen hohen Tageslichteinfall bei reduzierten solaren Wärmegewinnen erlauben.

Mit der konsequenten Begrenzung des Heizwärmeverbrauchs können nach Prognosen in den nächsten 25 Jahren etwa 10 % des gesamten Primärenergieverbrauchs der Europäischen Gemeinschaft eingespart werden. In der BRD werden immerhin knapp 10 % der elektrischen Energie für Beleuchtung verwendet, so daß durch bessere Tageslichtnutzung auch hier noch ein Einsparpotential von ca. 1..2 % des gesamten Strombedarfs genutzt werden kann.

Die Maßnahmen zur zukünftigen Energieeinsparung werden sich nicht im Bereich der Gebäudehülle erschöpfen, vielmehr ist davon auszugehen, daß auch bezüglich der Beleuchtung und selbstverständlich auch der EDV-Ausstattung in Cyber-City weitere Energieeinsparungen realisiert werden. Bei der Beleuchtung ist der Einsatz von energiesparenden Kompakt-Leuchtstofflampen oder Leuchtstofflampen mit elektronischen Vorschaltgeräten sowie die Nutzung intelligenter Bussysteme zur gezielten Kunstlichtabschaltung bereits ablesbar. Bei der EDV-Ausstattung werden Systeme mit integriertem Power-Management und stromsparenden Flachbildschirmen in absehbarer Zeit zum Standard werden.

Für Gebäude mit raumlufttechnischen Anlagen (z.B. Hochhäuser, Fassaden mit hohen Außenlärmpegeln) werden in zunehmendem Maße bauliche Vorkehrungen - z.B. in Form doppelschaliger Fassaden - getroffen, um auch hier eine natürliche Lüftung zu ermöglichen und so in erheblichem Maße Ventilatorarbeit einzusparen.

Aktive Maßnahmen

Beim Übergang vom Niedrigenergiehaus zum Passivhaus werden auch die winterlichen Lüftungsverluste durch eine kontrollierte Lüftung mit hygienischem Mindestluftwechsel und Wärmerückgewinnung minimiert. Auf statische Heizflächen im Wohnbereich kann dann zum Teil vollständig verzichtet werden. Bei Bürogebäuden mit hohem Anspruch bezüglich der energetischen Gebäudequalität geht der Trend ebenfalls in Richtung einer mechanischen hygienischen Mindestlüftung, so daß sich eine auch im Hinblick auf die schon eingangs erwähnte zukünftige Nutzungsmischung interessante Annäherung ergibt.

Eine mit den skizzierten Trends zu intensivem Computereinsatz, größeren Glasflächen und steigenden Behaglichkeitsanforderungen erforderliche Dämpfung der sommerlichen Temperaturentwicklung kann entweder über die Nutzung natürlicher Kühlpotentiale (z.B. Nachtkühle, Verdunstungskühle) oder sekundärer Kühlsysteme (z.B. Aktivspeichersystem, Kühldecken) erfolgen. In den letzteren Fällen sollte das erforderliche Kaltwasser nach Möglichkeit durch Nutzung natürlicher Kältepotentiale (z.B. Erdkühle, freie Kühlung, Kältespeicher) bereitgestellt werden. Bei Nutzung dieser Potentiale zeigt sich, daß Kühlenergie teilweise mit einem Bruchteil des Primärenergieeinsatzes z.B. für Heizung oder Strom bereitgestellt werden kann, so daß die skizzierte Entwicklung zu großflächigen Verglasungen in Büro- und Verwaltungsgebäuden durchaus auch aus energetischer Sicht

- Kompensation von Wärmeverlusten durch EDV-Ausstattung
- Einsparung von Strom für Kunstlicht
- Entwärmung/Kühlung im Sommer mit minimalem Primärenergieeinsatz

von Interesse sein kann.

Der aktive Umgang mit Energie wird letztlich auch durch eine Minimierung der Erzeugungs- und Verteilverluste, einen extrem sparsamen Umgang mit Ventilator- und Pumpenarbeit sowie den Einsatz intelligenter Bus- und Regelungssysteme (Sonnenschutzsteuerung, Kunstlichtabschaltung etc.) gekennzeichnet sein.

Regenerative Energien

Die Potentiale erneuerbarer Energien

- Photovoltaik
- Biomasse
- Solarthermie, solarthermische Stromerzeugung
- Windenergie
- Wasserkraft, Wellenenergie, Gezeitenenergie
- Erdwärme, Geothermie

werden von verschiedenen Studien z.T. sehr unterschiedlich eingestuft.

Die Solarthermie kann in einigen südlichen Ländern eine volle Bedarfsdeckung für die Brauchwarmwassererwärmung ermöglichen, in Mitteleuropa und in den nördlichen Ländern der europäischen Gemeinschaft werden die Einsatzmöglichkeiten allerdings beschränkt bleiben, zumal die Solarthermie vielfach auch in Konkurrenz zur Kraft-Wärme-Kopplung stehen wird.

Bezüglich der Photovoltaik wird unter Berücksichtigung von Kostensenkungen und Rationalisierungseffekten ein rasanter Ausbau für möglich gehalten, der in etwa 25 Jahren ca. 10 % der gesamten Stromerzeugung der Europäischen Union (Anteil in der Bundesrepublik Deutschland geringer) decken könnte und damit auch unmittelbaren Einfluß auf die Fassadengestaltung neuer Gebäude nehmen wird. Ein ähnliches Potential wird auch dem Ausbau der Windkraft zugetraut, ohne daß sich hier aber nennenswerte Rückwirkungen auf die Innenstädte ergeben.

Weitere Potentiale zur Minderung des fossilen Brennstoffverbrauchs können auch durch Verbrennung von Deponie-, Klär-, Bio- und Grubengases und durch Verbrennung nachwachsender Rohstoffe (Biomasse) eröffnet werden. Der Nutzung von Biomasse wird in den nächsten 25 Jahren ein großes theoretisches Potential von ca. 15..25 % des Energiepotentials der Europäischen Union zugeschrieben.

Rationelle Energienutzung

Bei konventionellen Kraftwerken können prozeßbedingt nur ca. 35..40 % der Brennstoffenergie in Strom umgewandelt werden, die verbleibenden 60..65 % werden im wesentlichen als Wärme freigesetzt, die in den meisten Fällen über Kühltürme an die Umgebung abgegeben wird und damit ungenutzt verloren geht.

Die Umwandlung von Primärenergie in Strom bei gleichzeitiger Nutzung der freiwerdenden Wärme (Kraft-Wärme-Kopplung) durch

- Heizkraftwerke (zentral)
- Blockheizkraftwerke (BHKW) (dezentral)

verspricht hingegen Brennstoffnutzungsgrade von ca. 75..90 %. Der Anteil der Heizkraftwerke und Blockheizkraftwerke an der gesamten Stromproduktion der BRD ist allerdings mit jeweils ca. 5 % bisher noch recht gering. Mit jährlichen Zuwachsraten von ca. 10..20 % ist aber inzwischen eine elektrische Erzeugungsleistung der BHKW-Anlagen von fast 6.000 MW erreicht, und es läßt sich erwarten, daß sich dieser erfreuliche Trend weiter fortsetzen wird. Da Blockheizkraftwerke für Einzelhaushalte nicht wirtschaftlich sind und auch die Fernwärme bisher zu fast 50 % in gewerblich genutzte Gebäude geht, besteht ein deutlicher Aufholbedarf für Wohngebäude, so daß der weitere Ausbau der Kraft-Wärme-Kopplung mit einer Verfeinerung der Fernwärmenetze und der Schaffung zusätzlicher kommunaler, gewerblicher und privater Nahwärmenetze einhergehen muß.

Auch der Kälteerzeugung kommt bei einer in der BRD installierten Kälteleistung von ca. 30.000 MW besondere Bedeutung. Bei der Planung von Neubauten darf die Kältetechnik nicht länger als separates Gewerk verstanden werden, sondern muß bereits im frühen Stadium als integraler Bestandteil des gesamten Energiekonzepts geplant werden, um eine elektrische Kälteerzeugung zu vermeiden. Für die dezentrale Kälteerzeugung in Büro- und Verwaltungsgebäuden kommen neben der Nutzung natürlicher Kältepotentiale insbesondere Absorptions- und neuere Adsorptionsanlagen sowie für raumlufttechnische Anlagen auch die direkte Substitution der Kühlung über Kaltwasser durch DEC-Systeme in Frage. Bei Absorptionskälteanlagen kann in den letzten Jahren ebenfalls ein starker Zuwachs von ca. 10 %/a verzeichnet werden, so daß dieses Jahr in der BRD insgesamt eine Absorptions-Kälteleistung von ca. 1.000 MW erreicht wird. Die Nutzung von Fernwärme für Absorptionskältemaschinen ist bei den heute vielfach üblichen niedrigeren Vorlauftemperaturen im Sommer oft nicht möglich, so daß neben notwendigen Diskussionen mit dem Ziel einer gesamtenergetischen Optimierung in Zukunft auch dem Ausbau neuer Kältetrassen in den Städten größeres Interesse gewidmet werden sollte. Die Kälte kann dabei mittels großer Absorptionskältemaschinen unmittelbar am Heizkraftwerk gewonnen werden.

Resümee

Die Entwicklung zur Cyber-City wird neben weitreichenden Umwälzungen in der Kommunikation und der Beschäftigungsstruktur begleitet sein durch eine nachhaltige ökologische Erneuerung und einen intelligenten und extrem sparsamen Umgang mit Energie und Umweltressourcen.

Die Energiekonzepte der neuen Stadt müssen aus intelligenten, professionellen Optimierungsprozessen entwickelt werden, die den erforderlichen Primärenergieeinsatz passiv und aktiv begrenzen und durch Nutzung von regenerativen Umweltressourcen und rationelle Energieumwandlung weiter minimieren. Besonderes Augenmerk ist z.B. den Bereichen

- Bauklimatik, Tageslicht, Fassaden, Energetische Gebäudequalität
- Stromsparende EDV-Ausstattung und Beleuchtung
- Nutzung natürlicher Kühlpotentiale
- Photovoltaik und Solarthermie
- Kraft-Wärme-Kopplung und Absorptionskälteerzeugung
- Nutzung regenerativer Brennstoffe
- Ausbau von Wärme- und Kältenetzen sowie Speichern

zu schenken. Alle Maßnahmen müssen als Bausteine eines insgesamt optimierten Energieverbundes verstanden werden und in noch stärkerem Maße als bisher durch fachübergreifende Erforschung in ganzheitlichen Planungsstrukturen im Mensch-Technik-Umwelt-System entwickelt werden.

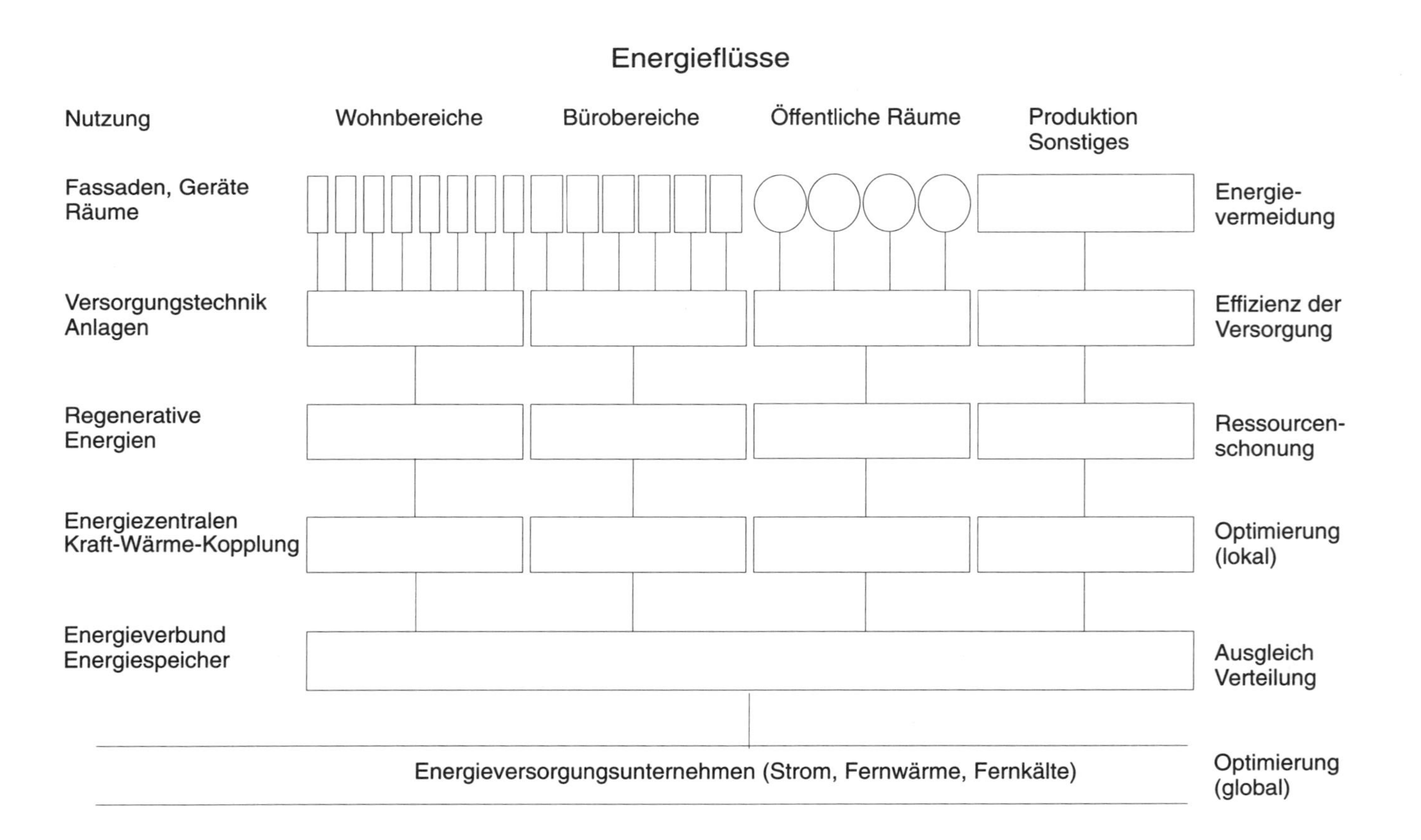
Energieflüsse
Nutzung
Wohnbereiche
Bürobereiche
Öffentliche Räume
Produktion
Sonstiges
Fassaden, Geräte
Räume
Energie-
vermeidung
Versorgungstechnik
Anlagen
Effizienz der
Versorgung
Regenerative
Energien
Ressourcen-
schonung
Energiezentralen
Kraft-Wärme-Kopplung
Optimierung
(lokal)
Energieverbund
Energiespeicher
Ausgleich
Verteilung
Energieversorgungsunternehmen (Strom, Fernwärme, Fernkälte)
Optimierung
(global)

Arbeitsgruppe 6

Ressourcensparende Ansätze in der Städteplanung

Helmut Hardt

1. Weit gefaßte Themenstellung

Die Themenstellung der Arbeitsgruppe „Ressourcensparende Ansätze in der Städteplanung" ist sehr weit gefaßt. Dies erschwerte zum einen die Diskussion an konkreten Sachverhalten, eröffnete aber auf der anderen Seite auch die Möglichkeit, grundsätzliche Überlegungen anzustellen und zu diskutieren.

Es gibt verschiedene Arten von Ressourcen, die im Bereich der Städteplanung gespart werden könnten. Einige dieser Möglichkeiten waren bei der Themenwahl aber wohl nicht in erster Linie gemeint.

- Einsparung von finanziellen Ressourcen in der Städteplanung?
- Einsparung von personellen Ressourcen in der Städteplanung?

Auch wenn Themen wie z.B. Budgetierung in der öffentlichen Verwaltung sehr aktuelle Themen sind und auch unter Einsatz neuer Technologien stattfinden können, waren wohl doch eher die Ansätze für den *schonenden Umgang mit den natürlichen Ressourcen sowie die Vermeidung ihrer Belastung* als Diskussionsinhalt gemeint.

2. Neue Technologien und zukünftige Stadtentwicklung

Insbesondere die Einrichtung von Telearbeitsplätzen kann/wird die Strukturen der Europäischen Städte verändern. Die Unabhängigkeit vom Arbeitsort in der Innenstadt oder im Gewerbegebiet kann zur Folge haben, daß

- weniger Verkehr entsteht, da die Berufspendelfahrten deutlich abnehmen (Senkung der Mobilitäts*notwendigkeit* ca. 10 %),
- ein verstärkter Trend zur *Suburbanisierung* ausgelöst wird.
- Die eigene Wohnung wird eine weit größere Bedeutung als bisher erhalten, da sie seltener verlassen werden muß und zugleich auch multifunktionaler werden muß (Wohnen und Arbeiten).
- *Wohnen im Grünen* und *qualifizierte Arbeitsplätze* vor Ort bzw. zu Hause erfordern aber auch, daß die Versorgungsinfrastruktur

sich in diesen Wohnorten aufgrund der geänderten Nachfragesituation anpaßt. (Wer nicht mehr in die Stadt fährt, muß im Dorf einkaufen und Dienstleistungen nachfragen.)

3. Planerische Ansätze

In der aktuellen Diskussion stehen folgende Aspekte im Vordergrund:

- Dichte
- Funktionsmischung
- dezentrale Konzentration

Ohne diese planerischen Ansätze vertieft zu haben, wurde festgestellt, daß zwischen den planerisch wünschenswerten Ansätzen und Handlungsstrategien, insbesondere auch im Hinblick auf mögliche negative Wirkungen neuer Technologien, und den tatsächlichen gesellschaftlichen Prozessen eine sehr weite Lücke klafft.

Nicht alleine der Charta von Athen oder deren Fehlinterpretation sind die Suburbanisierungsprozesse zuzuschreiben, sondern den gesellschaftlichen Entwicklungen und persönlichen Wertungen der Bürger, die in ihrer Extremheit weit über diese Denkmodelle hinausgehen.

Die gesellschaftlichen Prozesse laufen in weiten Teilen dem Idealbild einer vitalen „Innenstadt" entgegen. Die Städteplanung hat sich teilweise zu lange und zu stark auf die Innenstädte konzentriert. Die eigentlichen Problem- und Handlungsbereiche sind jedoch die Stadtrandgebiete (auch zur Lösung innerstädtischer Probleme).

Der Planungsansatz „dezentrale Konzentration" erlebt indes eine gewisse Renaissance. Autarke Subzentralisierung könnte dabei in Einklang gebracht werden mit den zuvor beschriebenen Tendenzen der Enträumlichung und Entzeitlichung.

4. Veränderung der Planungsanforderungen

Die Planungsanforderungen werden sich vor diesem Hintergrund insgesamt deutlich erhöhen.

- Es findet eine Ökonomisierung der Planung statt.

(Planung unter Kostengesichtspunkten als bestimmender Faktor)
(Planer als Projektmanager)
(Abhängigkeit von Investorenwünschen ist jedoch zu vermeiden.)
- Technologische Entwicklungen verändern die Rahmenbedingungen.
- Gesellschaftliche Prozesse sind durch Planung nur bedingt beeinflußbar.

5. Konsequenzen für die Städteplanung

Die sich verändernden Rahmenbedingungen erfordern mehr *Experimente*, um entsprechende Antworten zu finden.

Business as usual ist nicht gefragt und kann auch nicht die erforderlichen Lösungen bringen. *Visionäre*, nicht utopische, *Ansätze* müssen entwickelt und erprobt werden. (Globale Ansätze mit lokalen Realisierungsmöglichkeiten)

Kommunalobligationen zur Finanzierung von ressourcensparendem Bauen und Infrastrukturentwicklung. (Lazak)

Baurecht erneuern und von unwichtigen Dingen entfrachten, bzw. auf neue Entwicklungen reagieren. (WR = WohnReservat/ggf. fallenlassen)

Verflechtung der Verkehrsströme durch neue Technologien.

Stadtmarketing zur Stärkung der Innenstädte, unter Einbindung von Firmensponsoring und privatwirtschaftlichem Know-how.

HOAI-Ansatz der Belohnung einer Kostenunterschreitung weiter ausbauen. (Ansporn zum Sparen für Ingenieure und Planer)

Bürgerinformation ist im Zusammenhang mit neuen Technologien und den erforderlichen Planungsmaßnahmen sehr wichtig. (Telekommunikation/Transparenz/Schritthalten mit Entwicklungen)

6. Relevanz für die Ausbildung

Ausbildung muß sich den neuen Rahmenbedingungen anpassen.

Lehre besser ausstatten im Hinblick auf neue Technologien und deren Auswirkungen. Ausbilder müssen die Aufgabe eines Trainers übernehmen. Das Lehrpersonal sollte zudem auch abwählbar sein. Die Qualität der Lehre (und der Forschung) ist dabei als wichtigster Maßstab anzusetzen.

Die Ausbildung sollte *mehr Praxisbezug* haben, insbesondere mehr *Wirtschaftskontakte.*

Unter dem Vorzeichen der Studienzeitverkürzung könnte eine Einrichtung von *Vertiefungsrichtungen* in der Planerausbildung notwendig werden. *Planer im Bereich Umwelt, im Bereich Entwurf/Städtebau, im Bereich Projektmanager.* Die Interdisziplinärität sollte dabei jedoch in jedem Fall erhalten bleiben.

Kommunikation zwischen den Disziplinen verbessern. (Einzelkämpfertum versus Teamarbeit) Vernetztes Denken durch studienfachübergreifende Projekte fördern. Globales, vernetztes und interdisziplinäres Denken und Arbeiten setzt eine *gemeinsame Sprache* voraus.

Mart Tacken

Tele-Aktivitäten und räumliche Effekte; Teleshopping und Telearbeit als erste Signale einer neuen Zukunft?

Als kurze Einleitung möchte ich einige sehr vorläufige Schlußfolgerungen, etwas provozierend, als Thesen zur Diskussion stellen.

Teleshopping

Teleshopping wird vor allem von folgenden zwei Kunden-Typen genutzt:

1. Personen mit eingeschränkter Mobilität. Alte Menschen z.B. haben Probleme mit der Mobilität und mit dem Transport ihrer Einkäufe. Zudem besitzt ein Teil dieser Gruppe aus finanziellen Gründen kein Auto.
2. Personen mit einem knappen Zeitbudget. In Haushalten mit Doppelverdienern hat man zu wenig Zeit für den Besuch des Supermarktes, man hat jedoch genug Geld für die zusätzlichen Gebühren, für die höheren Preise sowie für die Lieferung der Güter.

Es wird in unserer Untersuchung deutlich, daß Teleshopping nur einen Teil der Einkäufe ersetzt. Dies trifft besonders auf Nonfood-Produkte und haltbare, nicht-frische Lebensmittel zu. Die Menschen werden nur einen Teil der Einkäufe im Teleshop erledigen, die übrigen Einkäufe - besonders frische Produkte wie Gemüse, Fleisch und Brot - dagegen vorwiegend in Spezialgeschäften. Das kann bedeuten, daß sich viele Geschäfte sinkenden Käuferzahlen gegenübersehen, daß auf Dauer die kleineren Ladenzentren, die abhängig von Kunden der Supermärkte sind, Probleme bekommen werden.

Die Position der Kaufzentren gerät in Gefahr. In vielen holländischen Stadtvierteln ist schon jetzt erkennbar, daß die Situation für kleinere Ladenzentren sehr kritisch ist. Vielleicht wird sich die heutige Funktion dieser Supermärkte wandeln zu Zentren für die Distribution von Gütern - und dann wird der Stadtrand ein besserer und billigerer Standort sein. Ein andere Lösung könnte sein, daß diese Geschäfte mehr Spezialitäten anbieten. Die ersten Zeichen dafür sehen wir in den Niederlanden bereits. Supermärkte haben ihre eigene Bäckerei, Fleischerei, Gemüse-Abteilung und starten -

wie der Presse zu entnehmen war - jetzt mit einer Abteilung für frischen Fisch. Auf diese Weise werden sie in Konkurrenz zu den Spezialgeschäften treten. Was wird das für die Raumordnung und für die Mischung der Geschäfte im Stadtviertel bedeuten?

Telearbeit

Telearbeit wird auf Dauer mehr räumliche Effekte haben. Eine allgemeine Einführung der Telearbeit wird unserer Einschätzung nach bedeuten, daß maximal etwa 30 % der Arbeitszeit an einem anderen Ort als dem normalen Arbeitsplatz verbracht werden.

Die bisherigen Untersuchungen bzw. Studien haben folgendes gezeigt:

- Etwa 15 % der wöchentlichen Fahrten werden wegfallen bei 20 % Telearbeit (ein Tag pro Woche).
- Die meisten Telearbeiter haben lange Anfahrtswege zu Ihren Arbeitsorten. Telearbeit hat eine Reduktion der gefahrenen Kilometer um 10 % zur Folge.
- Es wird keine Zunahme der nicht berufsbedingten Fahrten und keine Zunahme der Fahrten durch andere Mitglieder des Haushaltes erfolgen.
- Es werden mehr Aktivitäten in der Wohnumgebung ausgeführt.
- Das Reisen während der Spitzenzeit wird reduziert.
- Der Tele-Arbeiter benutzt sein Auto seltener; man kann einen großen Teil der Wege zu Fuß oder mit dem Fahrrad zurücklegen.

Auf längere Sicht kann diese Entwicklung dazu führen, daß Raumordnung sich grundlegend verändert. Hierzu liegen verschiedene Szenarios vor, denen gemeinsam ist, daß sie dem Wohnort eine größer werdende Bedeutung zumessen. Viele Menschen werden mehr Zeit in oder in der Nähe der Wohnung verbringen, d.h. es werden vielfältige Anforderungen an die Wohnumgebung gestellt: Freizeiteinrichtungen, Geschäfte für den täglichen Einkauf, Servicezentren sowie Telematik-Möglichkeiten in der Wohnung und in der direkten Wohnumgebung.

Innerhalb der *Wohnung* benötigt man mehr Raum für verschiedene Teleaktivitäten. Das kann nur realisiert werden durch mehr Flexibilität der Art und Weise, wie eine Wohnung genutzt wird. Telearbeit z.B. erfordert eine deutliche Trennung zwischen dem privaten und dem öffentlichen Bereich der Wohnung.

In der *Wohnumgebung* besteht Bedarf an Möglichkeiten zur Freizeitgestaltung. Hinzu kommt, daß Spezialangebote gefordert werden, die in Beziehung zu der Arbeit stehen: Computerunterstützung, Bürobedarf usw. Ein neue Entwicklung könnte in Richtung Dienstleistungszentren gehen, die gegen entsprechendes Entgelt verschiedene Aufgaben übernehmen: waschen, Imbiß, Kindergarten usw.

Für die *Raumplanung* landesweit kann der Anstieg von Telearbeit auch eine steigende Tendenz zu Dekonzentration bedeuten. Telearbeit ermöglicht es dem Arbeitnehmer, weiter vom Arbeitsort entfernt zu leben. Die Belastung durch tägliche Fahrten verringert sich, weil weniger Tage am Arbeitsplatz verbracht werden. Für Geschäfte und Bürohauser kann das bedeuten, daß sie zu wesentlich billigeren Standorten am Stadtrand wechseln. Große Geschäfte werden sich wahrscheinlich beschränken auf 'core-business' in der Stadtmitte, wie dies in den Vereinigten Staaten von Amerika bereits geschieht. Sofern Läden und Erwerbsplätze zusammengefaßt werden, erreichen wir die gleiche Situation wie in den Vereinigten Staaten, d.h. daß am Stadtrand Konzentrationen entstehen, die einen neuen Reiz für den Bau neuer Wohnsiedlungen darstellen.

Einige ressourcensparende Ansätze können sein:

- Teleshopping führt dazu, daß verschiedene Konsumfahrten substituiert werden durch gut geplante Anlieferfahrten. Die übrigen Besuche bzw. Einkäufe in den Geschäften können zu Fuß oder per Fahrrad erfolgen.
- Telearbeit wird dazu führen, daß weniger Kilometer gefahren und kürzere Wege zu Fuß oder mit dem Fahrrad zurückgelegt werden.

Wird das die neue Cyber-City? Rechtzeitige Erkenntnisse darüber, wohin eine autonome Entwicklung der Telematik uns führen wird und was Telematik ermöglicht, sind notwendig und wichtige Voraussetzung, um eine Strategie zu entwickeln, die die technologische Errungenschaft für eine positive Entwicklung nutzt. Telematik ist nicht nur eine unvermeidbare Entwicklung, sondern kann auch ein Instrument sein, die Zukunft in eine erwünschte Richtung zu steuern.

Literatur

Caso, O. (1991), Influences of telematics on the design of dwellings. Delft: OSPA.

Caso, O., J. Meijdam, F. van Reisen & M. Tacken (1997), Effecten van telematica op de woonomgeving in 2015. In: Stedebouw en Ruimtelijke ordening (forthcoming)

Caso, O. and M. Tacken (1993), Telematics in Residential Areas, Spatial Effects for Dwellings and Neighbourhoods. OSPA nr. 34. Delft.

Garreau, J. (1988), Edge City, Life on the New Frontier, New York.

H.C.G. (1992), Minder woon-werkverkeer door telewerken: rapportage van de Nederlandse telewerk experimenten. Den Haag: Pb-IVVS.

Keller, P. (1995), Estimates of the diffusion process of telematic applications in Switzerland. In: Reisen, F. van & M. Tacken (eds.), A future of telework: towards a new urban planning concept? Utrecht/Delft: KNAG/Faculty of Architecture.

Keyzers, E. and P. Wagenaar (1989), Teleshopping: tijd- en ruimte-effecten, OSPA nr. 19. TU Delft.

Nilles, J.M. (1995), Scenarios for the development of telework. In: Reisen, F. van & M. Tacken (eds.), A future of telework: towards a new urban planning concept? Utrecht/Delft: K.N.A.G./Fac. Bouwkunde.

Pendyala, R.M., K.G. Goulias & R. Kitamura (1991), Impact of telecommuting on spatial and temporal patterns of household travel: an assessment for the State of California pilot projects participants. Davis, CA: ITS.

Reisen, F. van (1997, forthcoming), Ruim baan door telewerken? Effecten van flexibele werkvormen op ruimtelijke ordening en mobiliteit als gevolg van veranderend tijd-ruimtegedrag. Dissertation.

Rotach, M. and P. Keller. Editors: P. Marti and E. Meyrat-Schlee, Chancen und Risiken der Telekommunikation für Verkehr und Siedlung in der Schweiz. Teilbericht 3.11. Diffusion neuer Telekommunikations-Anwendungen. (Chances and Risks of Telecommunication on Traffic and Built Environment in Switzerland. Diffusion of new telecommunication applications.) ETH Forschungsprojekt MANTO, Zurich 1986.

Tacken, M. (1990), Effects of teleshopping on the use of time and space. In: Transportation Research Record 1285. Washington, DC: TRB.

Weijers, T. et al. (1995), From Highstreet to electronic highway? The future image of shopping. Pb. IVVS, TNO-STB and CURDS, Apeldoorn, 1995

Heinz-Adolf Hetschold

Utopische Weltentwürfe der 60er Jahre, „Entwürfe für die Stadtstrukturen für morgen" (Justus Dahinden, 1971) sind inzwischen Architekturgeschichte und werden es auch bleiben.

Die „Metastadt" in Wulfen ist demontiert.

- Überleben wird der utopische Ansatz, der Mut der Entwerfer zur Zukunft.

Reformkonzepte heute beschäftigen sich weniger mit der Bewältigung des schier unerschöpflich Machbaren als vielmehr mit der Gefährdung der Schöpfung durch das Machbare.

Vieles, was in den Plänen der 60er als Konzept des sozialen- und technischen „Kombinierens" erscheint und als Kritik an den sozialen und politischen Kräfteverhältnissen gemeint war, hat auch nach der Phase der kleinlichen Kritik der ‚Post-Moderne' und nach den virtuellen Abenteuern der heutigen Planergeneration Aktualität bewahrt, nämlich:

- den globalen Ansatz.

Beseitigung von Informationsbarrieren, Auflösung von Marktgrenzen und territorial organisierten Gesellschaftssystemen, Überwindung von fachdisziplinären Selbstabgrenzungen und stetig zunehmende ökologische Wachsamkeit (zunehmend auch in außerstaatlichen Organisationen präsent, die an der politischen Willensbildung teilhaben) werden zu neuen Leitbildern und Entwürfen führen.

Globalisierung heißt das eine Trojanische Pferd, welches als Umweltfresser mit „Öko-Dumping" Kapital anlockt und das vorhersehbare Scheitern überkommener Strukturen in seinem Innern zu verbergen sucht.

Globalisierung heißt aber andererseits auch Chance für globalen Austausch und dem damit verbundenen Prozeß der Angleichung von Umweltstandards. Globalisierung der Wirtschaften/Gesellschaften *und* Globalisierung der Umweltpolitik/-standards werden zusammengehen (müssen).

„Es gibt einfach nicht mehr viele weiße Flecken in der Welt, wo die Industrien keine Auflagen gemacht bekommen" (Prof. M. Jänicke, Forschungsstelle für Umweltpolitik an der FU Berlin in der FR. vom 10.03.1997).

Veränderung findet immer im Kopf statt...

Das Neue hat kein Vor-Bild, Veränderung findet zuerst im Kopf statt.

Augenblicklich wird Globalisierung eher als Bedrohung denn als Chance gesehen: Traditionell territorial organisierte Gesellschaften/-strukturen fühlen sich zunehmend ohnmächtiger, die Welt wird „neu aufgeteilt".

Die säkulare Veränderung der Welt erfordert Visionen/Visionäre. Der extrapolierende Blick muß dem experimentellen weichen, wenn wir die Zukunft noch beherrschen wollen.

Schier unerschöpfliche Ressourcen finden sich im menschlichen Hirn, welches wir gerade mal zu 10 % (max.) nutzen.

Die Kraft der Visionen/Visionäre wird den notwendigen „begreifenden Blick" in die Zukunft stimulieren, der dem momentanen „Chaos", den sich auflösenden Regelwerken und Instrumentenvorräten neue Ziele - eine „konkrete Utopie" - vorzusetzen vermag, der als Vor-Blick neue Handlungskonzepte provoziert.

Wohl zuerst in der Kunst, dann aber auch in den Entwürfen für unsere Gesellschaften, Städte und Häuser, und letztlich für das Bild von uns selbst.

Genial mag eine Idee/Vision sein - ob in die Sphäre der Symbole oder in die Sphäre des Konkreten übersetzt -, zur Kunst oder von neuer Bedeutung wird sie erst, wenn sie die Schöpfung respektiert, wenn sie im besten Sinne utopisch ist, nicht phantastisch.

Die chamäleonartige Wendigkeit der z.Zt. „vergötterten" Virtualität, eigentlich ein banaler Kurzschluß zwischen Vorstellung und Bild-Welt, birgt die *unsichtbare* Gefahr der Vernachlässigung von Handlungskonzepten/Handlungsentwürfen, die als elementarer Bestandteil von Visionen unentbehrlich sind und sich politisch durchsetzen können (müssen). Setzen wir auf die „Visionären Global-Player" und beziehen uns ruhig noch einmal auf die utopischen Entwürfe der 60er, wenn wir sie unter dem Blickwinkel „Technikeinsatz statt Ressourcenverbrauch" neu sehen wollen, und belassen wir die Allmachtphantasien in den Museumsvitrinen.

Denken wir utopisch, das kostet nur den im Überfluß vorhandenen Gehirnschmalz, Nichtdenken kostet die Zukunft.

Thesen zum Thema: „Ressourcensparende Ansätze in der Städteplanung:

- Derzeit verursachen Transport und erzwungene Mobilität die größten Umwelt- und gesellschaftlichen Kosten (von kriegerischen Auseinandersetzungen mal abgesehen).
- Es zeichnet sich ab, daß das Prinzip der Gleichzeitigkeit am gleichen Ort als wesentliches Element derzeitiger gesellschaftlicher Organisationsform aufgegeben werden kann.
- Informationssysteme werden physische Mobilität zum großen Teil ersetzen können.
- Transport von Gütern und Personen wird zunehmend für den reproduktiven Bereich erfolgen.
- Transport und Lagerung von Gütern für den produktiven Bereich bergen das größte Einsparpotential im Sinne des Themas.

  Beispiel: Mit der Entwicklung von neuen Logistikkonzepten und Neugestaltung von Transportwegen für Agglomerationsräume oder bei Neugründungen werden Zeit und Natur-Raum für Aufenthaltsqualitäten zurück erobert/gewonnen. Vertikale Schichtung und multifunktionale Nutzung via automatischer Trägersysteme für Transport und Lagerung sind im Sinne des Themas unerläßlich geworden und werden die Mobilitätskosten senken.

- Sparpotentiale im Bereich der Bebauungssysteme und Gebäudeplanung werden auch in Zukunft nach national/regional/vor Ort unterschiedlichen Parametern und *verfügbaren* Techniken zu erschließen sein.
- Ziele/Prinzipien/Methoden werden global entworfen und global kommuniziert.

Teleports - Motoren für die Zukunft. Permanente Vollbeschäftigung durch marktwirtschaftliche Infrastruktur-Evolution

Dieter Lazak

Summary:

Der *Teleport ist das Cyber-City-Fraktal* der künftigen Stadtentwicklung. Kennzeichen: eine besonders *hochwertige logistische, telematische, ökologische und soziale Infrastruktur*. Der Grundgedanke entstand im Umfeld der Rockefeller Corporation Anfang der 80er Jahre im Zusammenhang mit der Entwicklung einer internationalen Kette von World Trade Centers, wie z.B. der Twin Towers in New York.

Basiselemente des Teleports sind:

A) *Betriebsgesellschaft* (Center Management)
B) *Telematische Infrastruktur* mit beliebiger nationaler und internationaler Medien-Vernetzbarkeit (Idee: Global Village mit vorwiegend „Clean Industries")
C) *Ökologische, stadt- und landesentwicklerische, physische Infrastruktur (Intelligent Eco-Buildings)* mit Bevorzugung dienstleistungsorientierter (Clean Industry) Service-Arbeitsplätze.

Zukunftsentwicklung besteht in der fortschreitenden logistischen und der Medien-Vernetzung von Cyber-City-Fraktalen als Basis der *künftigen zirkulären Wirtschaftsprozesse,* die im Rahmen der freien Marktwirtschaft mit Ecofondssteuerung ablaufen und eine *stabil einregelbare (Cockpit Driven Economy) Dauervollbeschäftigung* garantieren. Dieses *sozial und ökologisch nicht destruktive technosoziale Infrastruktursystem wird als Ecosociety* [4][*] bezeichnet.

Index:

[*] [1]-[7]: siehe Literaturhinweise S. 235

II. Strukturelle Grundelemente
II.1 Teleport Operator Organization
II.2 Telematic Infrastructure
II.3 Intelligent Eco-Buildings

III. Qualitative Erfahrungen seit 1984
III.1 Public-Private-Partnerships
III.2 Clean Industries within a sustainable Infrastructure
III.3 Cockpit Driven Economy
III.4 IT downsizing and commercial crisis (lean cash society) made the concept questionable.

IV. Quantitative Aspekte
IV.1 Linear Economy - the Factor 4 Approach
IV.2 Circular Economy and permanent employment
IV.3 Ecofonds and free markets the pivots of Ecosociety
IV.4 Quantitative Infrastrukturbewertung mit Ecofaktoren als Maß der Sustainability
IV.5 Einrichtung von monetären Ecofonds
IV.6 Simulationsergebnisse dieses Modells der Ecosociety zeigen permanente Vollbeschäftigung bei wachsender Sustainability des Systems.

I. Historische Entwicklung

I.1 World Trade Center (WTC) Development
Bei der Konstruktion des WTC New York (Twin Towers) zunächst Telekommunikationsunterversorgung wegen voller Kabelschächte in Manhattan. Deswegen Satelliten- und Glasfaserkommunikation über Staten Island Teleport.

1.2 Gründung der World Teleport Association
Ziel: sustainable economy durch Errichtung hochwertiger, telematisch voll erschlossener Stadtentwicklungen: Teleports (Stadtbezirke) bzw. Cyber Cities (Gesamtstädte).

1.3 Global Village und Cyber Cities
Das Global Village in diesem Zusammenhang ist der telematische und logistische Verbund von Cyber Cities.

II. Strukturelle Grundelemente des Teleports bzw. der Cyber City

II.1 Teleport Operator Organisation
ist die Betreibergesellschaft des Teleports bzw. die Stadtverwaltung der Cyber City. Dies ist in der Grundphilosophie ein kommunikationstechnologischer Quantensprung für den öffentlichen Dienst: der organisatorisch und technologisch transparente (gläserne) Staat: Al Gore - Internet, Mediendemokratie etc.

II.2 Telematic Infrastructure
ist Auslöser dieser Entwicklung, aber durch extreme technologische Fortschritte (Robotik und Microminiaturisierung) mit Preisverfall und Arbeitsplatzverlusten verbunden.

Vollbeschäftigung und soziale Stabilität können daher nur durch die Einbeziehung der Restrukturierung der Bausubstanz der Cityinfrastruktur erreicht werden - Entwicklung der Cyber City.

II.3 Intelligent Eco-Buildings
Das IEB (vgl. Bild II.3/1, S. 236) ist das Cyber City Fraktal und wirkt je nach dem objektiv zurechenbaren Ecofaktor E (= Funktion von (Begrünung, Energie- und Wasserautonomie, Landverbrauch, etc.)), bei höherem Wert von E = 1 als sogar ökosphärenvergrößernd [1] und ist deshalb „super-sustainable". Das Intelligent Building ist dagegen vor allem nur telematisch und logistisch hochwertig ausgestattet [2].

III. Qualitative Erfahrungen seit 1984

III.1 Public Private Partnerships (PPP)
Diese sind in Zeiten der Wirtschaftskrise nicht ausreichend um eine Restrukturierung der Stadtentwicklung in Richtung auf Teleports und Cyber Cities einzuleiten und permanent aufrechtzuerhalten [3]. Eine permanent zyklische Wirtschaft mit Dauervollbeschäftigung und zunehmendem Ecofaktor (= „Ecosociety" [4]) kann so nicht in Gang gesetzt werden.

III.2 Clean Industries within a sustainable Infrastructure
Dieses Ziel ist heute technologisch erreichbar. Vergrößerung der Ökosphäre ist daher durch Cyber City Development möglich [5]. Es fehlen aber bisher weitgehend die finanziellen Anreize. Der

Markt muß hierfür durch die Einrichtung von Fondsmechanismen geschaffen werden [6].

III.3 Cockpit Driven Economy (CDE):
der CDE-Begriff vom MITI Mitte der 80er Jahre so verstanden, daß man in wirtschafts- und ökologieschwachen Regionen über PPP-Developments Teleports ansiedelt und diese funktional auf bestehende Marktlücken in der Volks- und Weltwirtschaft so ausrichtet, daß sie ökonomisch überleben können [7] - aber wenn Wirtschaft im Umfeld dieser Regionen zusammenbricht, dann praktisch auch keine PPP-Entwicklung.

III.4 IT downsizing and commercial crisis (Lean Cash Society) made the PPP-Concept questionable
In Krisenregionen, dort wo der Teleportmotor gebraucht wurde, funktionierte dieser unter den genannten Krisen-Randbedingungen schlecht bzw. zum Teil gar nicht.

IV. Quantitative Aspekte

Um Cyber-City-Developments unter Krisenbedingungen doch in Gang zu setzen, erfolgt Einrichtung von Fonds, die finanzielle Anreize für Eigner und Developers von Teleports bieten [6], vgl. Bild IV/1, S. 237. Dieser Ecofonds nimmt zweckgebundene und vom Ecofaktor EF [4] des jeweiligen Infrastrukturfraktals abhängige Geldzu- bzw. -abflüsse in sich auf. Diese zweckgebundenen Geldmittelzu- und -abflüsse stammen aus Umlagen auf das Einkommen der Eigner und Betreiber von Infrastruktureinrichtungen. Diese erhalten einen Zuschuß + cEF (c = constante) zu ihrem Einkommen, wenn EF einen positiven Wert hat bzw. einen Abzug von z.B. 1 DM pro qm und Jahr, wenn EF einen Wert kleiner als 1 hat [4]. Hierdurch entsteht ein die Geschäftstätigkeit und die Beschäftigung anregendes ökonomisches Bedarfsgefälle, dem im Rahmen der freien Marktwirtschaft die Eigner und Betreiber dieser Infrastruktursysteme durch Restrukturisierungstätigkeit nachkommen.

Diese zweckgebundenen, einkommensrelevanten Parameter-Feststellungen werden nach der Finanzverfassung der BRD von der Finanzverwaltung auf der Grundlage der Feststellung des EF durch den ECO-TÜV getroffen, der den EF aufgrund der Katastergrenzen und des tatsächlichen Gebäude- und Grundstückszustands ermittelt. Diese hier monatlichen bzw. jährlich entstehenden Geldflüsse sind im Rahmen der Verfassung der BRD von Geschäftsbanken abzuwickeln, wobei auftretende Positiv- wie Negativ-Zinsen in den entsprechenden Simulationsrechnungen zu berücksichtigen sind.

IV.1 Linear Economy - the Factor 4 Approach

Im Sinne der Simulationsergebnisse des Club of Rome erzeugt das heute vorherrschende System der fortschreitenden Ressourcen- und Arbeitsplatzvernichtung durch die „Lean Cash Society“ (LCS) eine linear fortschreitende Infrastrukturzerstörung der Gesellschaft. Dieses Kahlschlag-Szenario kann am einfachen Beispiel der Besiedlung einer zunächst im natürlichen Zustand befindlichen Südseeinsel verdeutlicht werden:

1. Insel in natürlichem Zustand. Das System habe dann den Ecofaktor = 1 und, weil noch unbesiedelt, die Anzahl Arbeitsplätze = 0, vgl. Bild IV.1/1, S. 238.
2. Insel wird von einer Gruppe von Menschen besiedelt, welche die Ökosphäre dieser Insel um 30 % einschränken. Daher Ecofaktor EF = 0.7, dafür aber im Sinne des linear Economy (LCS) 10 Arbeitsplätze schaffen, vgl. Bild IV.1/2, S. 238.
3. Der Besiedlungsprozeß schreitet fort und erzeugt EF = 0.4 und A = 15, vgl. Bild IV.1/3, S. 239.
4. Der weitere Fortschritt des linear Economy führt zum schlußendlichen Kahlschlag der Insel mit einer restlichen Ökosphäre mit EF = 0.1, aber auch mit A = 0, weil die humane Existenzgrundlage wegfällt, vgl. Bild IV.1/4, S. 239.

Dieses Ende wird durch Verlangsamung um „den Faktor 4“ grundsätzlich nicht behoben.

IV.2 Circular Economy mit permanenter Vollbeschäftigung (Eco-society)

Circular Economy ist eine in langfristigen (ca. 50 bis 100 Jahre) Zyklen wiederkehrende Infrastrukturerneuerung durch das ökonomische System. Dieses Wirtschaftssystem zerstört die Infrastruktur nicht, sondern erneuert sie in jedem Zyklus wie ein guter Landwirt seine Betriebsflächen. Auch dieses ökonomische Modell kann man sich wieder am Beispiel der o.g. Südseeinsel verdeutlichen:

1. Die Inselbesiedlung erfolgt in diesem Beispiel durch eine „High-Tech-Kultur”, die Intelligent Eco-Buildings (IEBs) mit-

bringt und deswegen die Insel in ihrer Ökosphäre nicht beeinträchtigt (die Flora der Insel wird durch IEB-Begrünung auf Flachdächern und Fassadenbändern sogar noch vergrößert - Super-sustainability). Ecofaktor = 1.01 und A = 4 im IEB, vgl. Bild IV.2/1, S. 240.
2. Die Besiedlung schreitet entsprechend im nächsten Schritt durch Ansiedlung zweier IEBs fort. EF = 1.02 und A = 8, vgl Bild IV.2/2, S. 240.

Dieses Besiedlungsmodell läßt durch mehrstöckige IEB-Bebauung eine höhere Besiedlungsdichte sogar mit Ökosphärenvergrößerung zu. Diese ist in Bild IV.2/3 (S. 241) zunächst mit EF = 1.06 und A = 24 wiedergegeben.

1. Das Infrastrukturmodell Ecosociety mit vielgeschossigen IEBs läßt hohe Besiedlungsdichten (IEB-Höhen bis zur Dauerschneegrenze) zu, hier in Bild IV.2/4 (S. 241) mit E = 1.12 und A = 48.

Derartige Bauformen werden bereits seit längerer Zeit im Ansatz durchgeführt (Bild IV.2/5, S. 242) und vorgeschlagen (Bild IV.2/6, S. 243).

Den beschäftigungspolitisch dauerstabilen, zirkulären Charakter der Ecosociety kann man sich verdeutlichen, wenn man sich den weiteren Umbau unserer Modellkommune nach der ersten Umbauphase von 50 Jahren betrachtet, während der eine mögliche latent im System vorhandene LCS-Arbeitslosigkeit von 10 % beseitigt wurde. Ist diese systemimmanente Tendenz zur Arbeitslosigkeit nach Abschluß dieser ersten Phase immer noch vorhanden, so kann man ecofondsgesteuert von der ersten Generation der IEBs zu einer zweiten Generation übergehen, so daß diese evtl. noch latent vorhandene LCS-Arbeitslosigkeit durch den Übergang zur zweiten IEB-Generation beseitigt wird, vgl. Bild IV.2/7, S. 244.

Auf diese Weise kann durch geeignete Parametrisierung der Ecofondsströme im Rahmen der nachgelagerten freien Marktprozesse die Ecosociety so gefahren werden, daß ein permanenter, volkswirtschaftsinterner, Arbeitsplätze erzeugender Umbauprozeß so in Gang gehalten wird, daß andauernde Vollbeschäftigung bei zunehmender Sustainability im Gesamtsystem herrscht. Dieses durch Ecofonds finanziell betriebene System wird als „Ecosociety" [4] bezeichnet und ist sustainable, ja sogar super-sustainable.

Man erkennt, daß das System auf einer „Insel" (= Volkswirtschaft), vgl. Bild IV.2/7 (S. 244), in einem zirkulär sich wiederholenden (etwa alle 50 oder 100 Jahre, siehe Simulationsrechnungen) permanenten Prozeß fortgeführt werden kann. Im Grundsatz kann dieses Verfahren solange andauern, bis alle IEB-Bewohner autark von ihrer eigenen Infrastruktur leben können, wie ein Bauer von den Produkten seiner Land- und Forstwirtschaft. Dies ist eine mögliche Fernperspektive.

IV.3 Ecofonds und freie Marktwirtschaft sind die Angelpunkte der Ecosociety.

Die Ecofonds erzeugen im Rahmen der freien Marktwirtschaft das ökonomische Gefälle, das die jeweils neue Infrastruktur der Ecosociety hervorbringt. Dieses marktwirtschaftliche Gefälle kann dabei parametrisiert so eingestellt werden, daß permanente Vollbeschäftigung im System herrscht. Da es sich um ein ecofaktorbestimmtes sustainable bzw. super-sustainable System handelt, erfolgt in diesem Umfeld kein linearer „Abbrand" der natürlichen, sozialen und finanziellen Ressourcen, wie dies heute in der Lean Cash Society vor aller Augen geschieht.

Zur quantitativen Erhärtung dieses Modells wurden entsprechende Simulationsrechnungen für eine Modellkommune, welche gewissermaßen der „Südseeinsel" im letzten Kapitel entspricht, durchgeführt. Die Parameter dieser Modellkommune sind: 10.000 Einwohner, davon 5.000 Erwerbspersonen, 2.500 Gebäude zu je 4 Einwohnern mit 200 qm Bruttogeschoßfläche und einem Wert von DM 1 Mio.

In diesen Modellberechnungen wird weiterhin davon ausgegangen, daß für den Umbau eines konventionellen Gebäudes mit niedrigem Ecofaktor, einem sog. Cash-Box-Building [4] bzw. CBB in ein infrastrukturell entsprechend hochwertiges IEB (Bewertungsverfahren vgl. [4]) eine Arbeitsplatzgenerierung von 10 Mann-Jahren in den verschiedensten - auch in High-Tech-Branchen - erfolgt. Dies bedeutet für diese betrachtete Modellkommune mit 5.000 Arbeitnehmern, daß durch den jährlichen, ecofondsgetragenen Bau von z.B. 50 IEBs eine Zahl von 500 Arbeitsplätzen geschaffen wird. Man ist also durch diese Maßnahme in der Lage, eine ggf. vorhandene Arbeitslosenquote Q = 10 % aufzufangen. Der Gesamtumbau der betrachteten Kommune würde also 50 Jahre dauern. Für diesen Zeitraum ist durch diesen Einsatz des Ecofonds Q = 0 %.

Rechnet man ein solches Beispiel vor dem Hintergrund der volkswirtschaftlichen Zahlen der BRD für die Jahre von 1947 bis 1997 durch, so erhält man das in Bild IV.3/1 (S. 245) wiedergegebene Resultat. Die im Simulationsmodell betrachteten Ecofonds-zu- und -abflüsse für die im o.g. Beispiel betrachtete Modellkommune sind hierbei: Kredit der Geschäftsbank (Geldinstituts) für die Errichtung eines IEB = DM 1 Mio., Unterstützung für einen IEB-Eigner = DM 1.000/Monat, Rückzahlungsraten des Kredites = DM 100.000/Jahr/ IEB, eingebrachter Grundstückswert der alten CBB-Flächen = DM 100.000/IEB, Steuern von CBB-Besitzern = DM 12/qm/Jahr, Einsparungen von 75 % des sonst fälligen Arbeitslosengeldes von DM 20.000/Jahr, Steuern von gewerblichen CBB-Flächen = DM 60/ Jahr, Mieteinnahmen von DM 24.000/IEB/Jahr, Einsparungen aus sonst allfälligen Steuerverschwendungsbeträgen (wie vom Bundesrechnungshof für 1996 festgestellt) und Kohlepfennig, pro Kopf umgelegt und für den EFV der Kommune aufsummiert = DM 9.625 Mio./Jahr. Verzinsung des EFV als Parameter von 5 %, 7 %, 10 %.

Das Ergebnis dieses Modells ist eine von Beginn an auf nahezu konstant gleich Null gedrückte Arbeitslosigkeit und ein vom Zinssatz abhängiges Wachstum des EFV. Dieses Wachstum ist so erstaunlich („Sequoia-Effect") daß die Zinserträge des sich mit der Zeit ins Positive entwickelnden EFV-Bestandes ab einem gewissen Zeitpunkt ausreichen, um die Zusatzbelastungen der Bevölkerung der Kommune zu vermindern und sogar auf Dauer völlig zum Verschwinden zu bringen.

Dieser EFV-Mechanismus der Ecosociety reicht sogar aus, die Arbeitslosigkeit dann auf nahezu Null zu reduzieren, wenn man die einem konstanten Wachstumstrend folgende LCS-Arbeitslosigkeit bis zum Jahr 2050 extrapoliert, vgl. Bild IV.3/2 (S. 246). Der Sequoia-Effect des EFV-Bestandes ist auch dann, bei einer systemimmanent zu erwartenden Sockelarbeitslosigkeit in der BRD von ca. 30 % noch voll vorhanden, weil diese Sockelarbeitslosigkeit in der Ecosociety lediglich einen „virtuellen" inneren Freisetzungscharakter, aber keine praktische Realität mehr aufweist.

Sollten genehmigungsrechtliche Schwierigkeiten und Zeitverzögerungen auftreten, die den infrastrukturellen Umbau um 20 Jahre verzögern, wie dies bei größeren städteplanerischen Vorhaben durchaus üblich ist, so entsteht das in Bild IV.3/3 (S. 247) wiedergegebene Systemverhalten.

Nimmt man an, daß sich innere LCS-Arbeitslosigkeit nicht linear steigend fortsetzt, sondern sich bei 37 % wie mancherorts in den neuen Bundesländern stabilisiert, so erhält man Bild IV.3/4 (S. 248).

Danach kann man, falls eine systemimmanente Arbeitslosigkeit weiterhin bestehen sollte, in die zweite Runde der Infrastrukturerneuerung mit IEBs der zweiten Generation eintreten. Hier zeigt sich der zirkuläre Charakter der Ecosociety, der im Bedarfsfalle durch weitere Umläufe im System die durch die Lean Cash Society (LCS) erzeugte Arbeitslosigkeit auf Null zurückführt. Ist Q höher als 10 %, muß die Umlaufgeschwindigkeit erhöht werden. Im anderen Fall ist sie abzusenken.

Dieses System der Ecosociety hat neben der dynamisch einregulierbaren Auffangqualität für LCS-generierte Arbeitslosigkeit darüber hinaus noch eine nichttriviale Langfristperspektive, die darin besteht, daß sehr hoch entwickelte IEBs bzw. IEB-Cluster (= Städte der Zukunft bzw. Ideal Cities) einen tendenziell vollständigen Selbstversorgungsgrad der sich darin aufhaltenden Population hinsichtlich Ernährung, Energie, Dienstleistung, Erhaltungs- und Erneuerungsarbeiten etc. entwickeln können, so wie dies in historisch früheren Siedlungsformen auf anderer Kulturstufe auch der Fall gewesen ist bzw. wie dies in Zukunft bei Reisen in ferne Weltraumzonen durch Cluster von über viele Jahre autarken Raumschiffen auch der Fall sein muß (Arizona Ecosphere Experiment).

Auch dieses Szenario wurde in den hier durchgeführten Berechnungen mit einbezogen und zeigte einen zusätzlichen Positiveffekt, z.B. wenn 2 % des jeweils neuen IEB-Bestandes autark ist, entlastet dies Q um 0.2 % jährlich.

Ein weiterer interessanter Effekt ergibt sich aus der in Bild IV.3/5 (S. 249) in das Modell eingearbeiteten Hypothese, daß sich, wie bereits oben erwähnt, eine Anzahl von IEB-Bewohnern in die Autarkie verabschieden und auf diesem Weg weder EFV-Einzahler noch weiterhin Nutznießer dieses Fonds sind. Das Modell geht in Bild IV.3/5 von einer Autarkierate von 2 % pro Jahr aus. Der Effekt ist ein langsameres Ansteigen des EFV-Betrages, weil die Zahl der Einzahler geringer wird.

IV.4 Quantitative Infrastrukturbewertung mit Ecofaktoren als Maß der Sustainability

Die techno-soziale Infrastruktur - insbesondere diejenige von Gebäuden, Stadt- und Landesentwicklungsstrukturen - wird hinsichtlich einer Reihe von objektiven, naturwissenschaftlichen Systemkomponenten bewertet, wie z.B. Begrünung, irreversible Emissionen, Umwidmungsfähigkeit, Landverbrauch, Wasserverbrauch, Recyclingfähigkeit, regionale Autarkie etc. (vgl. Lazak, D.: Zukunftskonzept ECOSOCIETY, Hannover u. München 1996, ISBN 3-00-000450-5). Der gewichtete Ecofaktor des Gesamtsystems = 1 bedeutet Sustainability ohne ökologische Status-Quo-Verschlechterung der Region. Der Wert größer 1 bedeutet eine Verbesserung, der Wert kleiner 1 eine Verschlechterung der Sustainability des Systems.

IV.5 Einrichtung von monetären Ecofonds

Auf Kommunen-, Landes-, Bundes-, EG- und UN- bzw. Weltbankebene sind Ecofonds einzurichten, die eine Fülle von zweckgebundenen Zu- und Abflüssen besitzen, die durch die entsprechenden parlamentarischen und fiskalischen Entscheidungsebenen langfristig zu regeln sind.

Systeme mit schlechten Ecofaktoren erzeugen Zuflüsse zu den Ecofonds und Systeme mit guten Ecofaktoren erzeugen während ihres Arbeitsplätze schaffenden Aufbaues Abflüsse aus den Ecofonds (1. Eco-Gesetz).

Die Quellen der monetären Zuflüsse bzw. die Senken der monetären Abflüsse der Ecofonds sind, um marktwirtschaftliche Mechanismen voll aufrechtzuerhalten, nicht direkte Systemsubventionen, die den Preis dieser Infrastrukturkomponenten auf ewig zementieren würden, sondern es ist das Einkommen der Eigner und Dauerbenutzer der entsprechenden Infrastruktursysteme, die dann durch ihre marktwirtschaftliche Nachfrage nach diesen neuen Infrastruktursystemen die freie Marktwirtschaft auch in der Ecosociety aufrechterhalten (2. Eco-Gesetz).

Es werden also keine Systemfestpreissubventionen erteilt (z.B. ein Festbetrag von DM 35.000 für eine Photovoltaikanlage für ein Einfamilienhaus, da hierdurch marktwirtschaftliche Mechanismen außer Kraft gesetzt werden. Vielmehr fließen dem Einkommen des Solaranlageneigners bzw. -betreibers nach Maßgabe des Ecofaktors der Solaranlage Einkommenszuwächse aus dem Ecofonds zu.

Aus diesen Einkommenszuflüssen erzeugt der Eigner bzw. Betreiber dann marktwirtschaftliche Nachfrage nach derartigen Systemen. Entsprechend gilt für Eigner und Systembetreiber von Systemen mit einem Ecofaktor kleiner als 1 das Umgekehrte (3. Eco-Gesetz).

Mit dieser *marktwirtschaftlichen Finanzstromregelung durch naturwissenschaftlich bestimmte Ecofaktoren* und volkswirtschaftliche Einkommens-Adaptionsfaktoren der Ecofondszu- und -abflüsse erzeugt man in dem zirkulären (der Begriff zyklisch wird in diesem Zusammenhang vermieden, weil mit ihm ein konjunkturzyklisches Verhalten des volkswirtschaftlichen Gesamtsystems mit instabilen Konjunkturauf- und -abschwungszyklen wissenschaftstheoretisch assoziiert ist) System der Ecosociety einen dauerstabilen Vollbeschäftigungsprozeß, welcher darüber hinaus volle (Super-)Sustainability der Einzel- und Gesamtsysteminfrastruktur ermöglicht (4. Eco-Gesetz).

IV.6 Quantitative Simulationsergebnisse zur Ecofonds-Steuerung der Ecosociety

Simulationen, die mit freundlicher Unterstützung des IML der Fraunhofer Gesellschaft Dortmund möglich waren, zeigten folgende Ergebnisse (siehe Bilder zu Kapitel IV.3):

1. Die Ecofondsteuerung der Ecosociety erzielt die kurzfristige Herstellung *permanenter Vollbeschäftigung bei gleichzeitig wachsender Ökowertigkeit des Gesamtsystems.*
2. *Außerordentliche Systemstabilität* gegenüber der Variation von Parameterwerten und -kombinationen. Z.B. ist das exponentielle Wachstum des EFV-Bestandes im Modell von stochastischen Schwankungen der Input-Parameter nahezu unberührt.
3. *Immanentes langfristiges Systemwachstum* der Werte für Sustainability und Super-sustainability sowie der Ecofondsmittel. Daher wächst auch das physikalische Infrastruktur-System wie ein Baum, der vom Prinzip her sowohl seine Sustainability als auch seine internen Wachstumskreisläufe („Ecofondsmittel") vergrößert (Sequoia-Effect).
4. Nach einem zirkulären Eco-Umlauf des Cyber City Fraktals beginnt bedarfsgesteuert der nächste die Vollbeschäftigung und *interne Systemerneuerung weiterhin sicherstellende Umlauf mit einer weiterentwickelten Generation der IEBs und der diese verbindenden Verkehrslogistikstrukturen* aufs neue. Die Cyber

City Sequoia stirbt nicht in einem systemkatastrophalen Struk-turtod, sondern sie erneuert sich von innen her kaleidoskopartig fortlaufend zu neuen Fraktalformen (5. Eco-Gesetz). Berech-nungen haben gezeigt, daß sich aus Gründen der optimalen City- und Regionen-Logistik eine Verdichtung der eigentlichen Citybebauung vor allem durch Überbau von kombinierten Schienen- und Busbahnhöfen mit multifunktionalen IEBs ergibt, vgl. Bild IV.6/1, S. 250.
Ausgenommen von diesen logistischen Verdichtungsknoten sind die über eine Cityregion von ca. 100 km Durchmesser (Versorgungsraum eines Regionalfraktals mit ca. 1 Mio. Einwohner) verteilten landwirtschaftlichen Betriebe (ca. 5 bis 10.000, je nach Betriebsgröße), die wegen der täglichen physikalischen Feldbebauungsbewegungen, möglichst dezentral vom bahnhofsüberbauenden City-Tower entfernt, direkt auf ihren Landarealen angesiedelt sind. Diese Höfe haben ebenfalls multifunktionale Nutzung, wie in [4] beschrieben, vgl. Bild IV.6/2, S. 250.

5. Die *Eco-Sequoia (= regional begrenzte Ecosociety) entwickelt, wie die Simulationen zeigen, langfristig einen sehr hohen internen Mittelüberschuß* (Ecofondsbestände), der dazu verwendet werden kann, um andere finanzschwach darniederliegende und der ökologischen und sozialen Selbstvergiftung zum Opfer fallenden Volkswirtschaften (Lean Cash Society) bzw. deren Infrastrukturfraktalen einen ausreichenden und schnellen Anschub zur Entwicklung eigener Eco-Sequoias zu geben.

6. *Das theoretische Endstadium der Entwicklung von IEBs besteht in voll autarken, sustainable Infrastrukturzellen (-fraktalen),* die die Versorgung der sie bewohnenden Bürger aus sich heraus sicherstellen (Robinson-Effekt, z.B. realisiert in einer Arizona Ecosphere). Das System der Ecosociety ist also auch hinsichtlich theoretischer Fernperspektiven konsistent und evolutionstheoretisch stabil.

Der Verfasser dankt dem IML der Fraunhofer Gesellschaft Dortmund, insbesondere Herrn Prof. Dr. A. Kuhn, Herrn Dipl.-Inform. C. Vornholt und Herrn J. Schröter für die Unterstützung dieser Arbeiten.

Literaturhinweise

[1] Lazak, D.: Ecosociety. Hannover, München 1996, S.161.

[2] Lazak, D.: Teleports. AIT München 1992, S. 37.

[3] Lazak, D.: Ecosociety, loc. cit. S.181.

[4] Lazak, D.: Ecosociety, loc. cit. Diese Studie zeigt das Generalkonzept zur Erzielung permanenter Vollbeschäftigung im Rahmen der Marktwirtschaft.

[5] Lazak, D.: loc. cit. S. 170.

[6] Lazak, D.: loc. cit. S. 164.

[7] Lazak, D.: loc. cit. S. 159.

Bild II.3/1: Prinzipdarstellung des Intelligent Eco-Building (IEB)

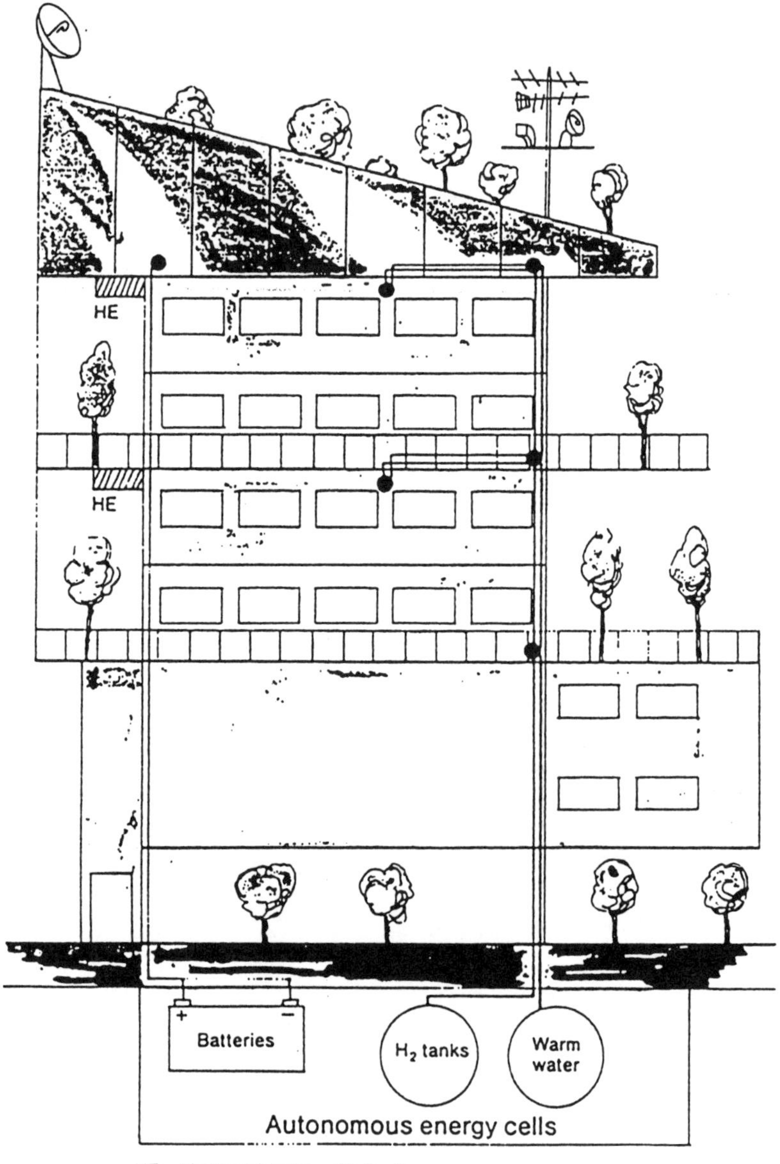

Bild IV/1: Systemeinbindung eines Ecofonds

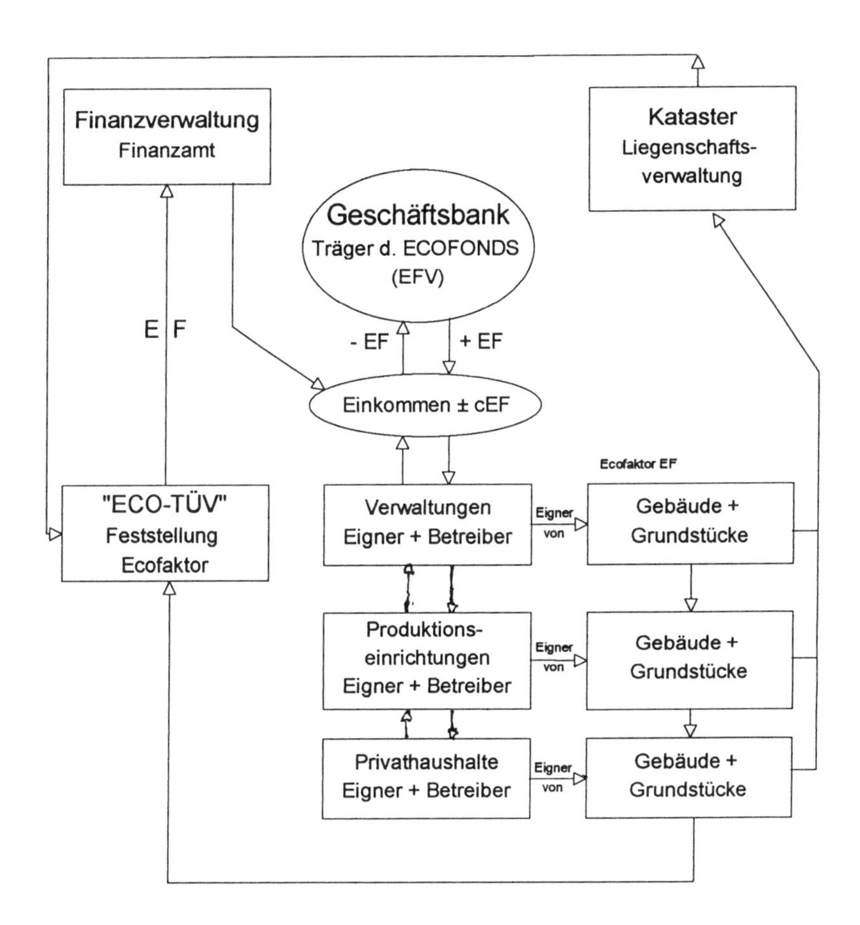

Bild IV.1/1: Südseeinsel(modell) in natürlichem Zustand

Klassisches Modell des Club of Rome
Phase 1
Natürliche Umgebung

Ecofaktor = 1
Arbeitsplätze = 0

Bild IV.1/2: Modellinsel nach dem ersten Besiedlungsschritt. E = Ecofaktor. A = Anzahl der Arbeitsplätze

Klassisches Modell des Club of Rome
Phase 2
Natürliche Umgebung + Kultureinfluß

Bild IV.1/3: Besiedlungsfortschritt mit E = 0.4 und A = 15

Klassisches Modell des Club of Rome
Phase 3
Weniger natürliche Umgebung +
mehr Kultureinfluß

E = 0,4
A = 15

Bild IV.1/4: Zerstörung der Ökosphäre der Modellinsel durch Besiedlung nach dem Prinzip des Linear Economy (LCS) mit der Folge: E = 0.1 und A = 0. Dies ist das Grundmodell des Club of Rome.

Klassisches Modell des Club of Rome
Phase 4
Sehr wenig natürliche Umgebung +
sehr viel konventioneller Kultureinfluß
(nonsustainable Infrastructure)

E = 0,1
A = 0

Bild IV.2/1: Besiedlung der Modellinsel durch eine High-Tech-Kultur gemäß den Prinzipien der Ecosociety auf Basis einer IEB-Infrastruktur; E = 1.01 und A = 4

Bild IV.2/2: Zweiter Schritt der Besiedlung gemäß der Ecosociety-Infrastruktur; E = 1.02 und A = 8

Bild IV.2/3: Mehrgeschossige IEB-Bebauung der Modellinsel mit E = 1.06 und A = 24

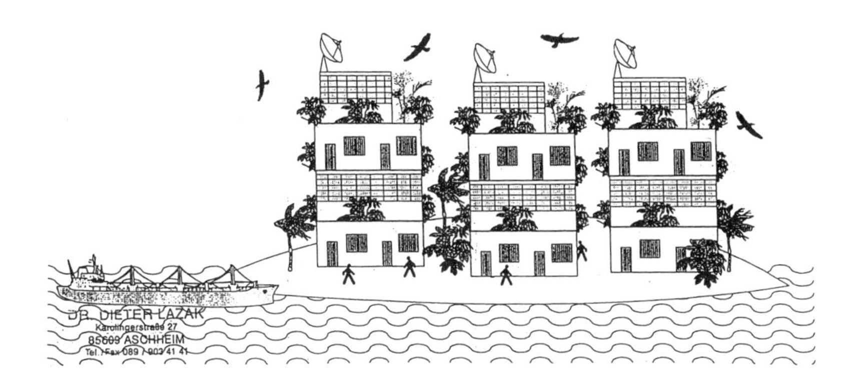

Bild IV.2/4: Infrastrukturmodell Ecosociety mit E = 1.12, A = 48

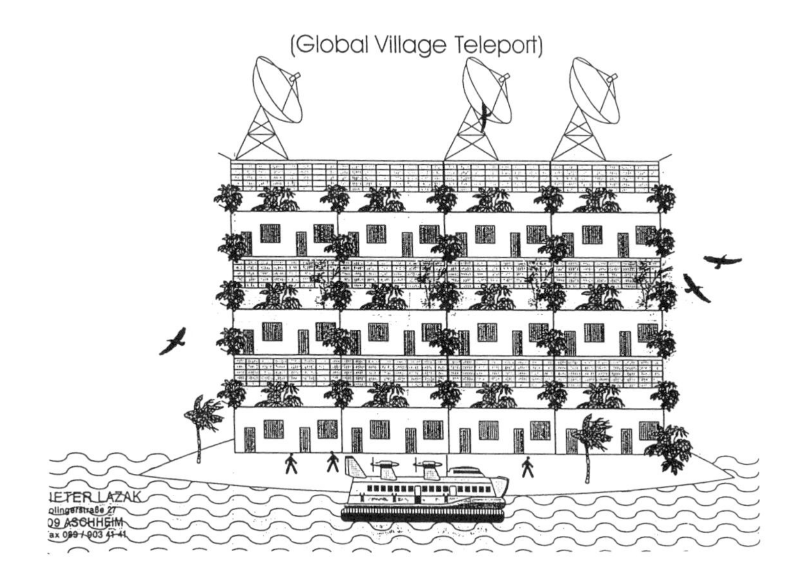

Bild IV.2/5: IEB-Bebauung in Barcelona durch die Banca de Catalana.

Bild IV.2/6: IEB-Modell vorgeschlagen durch Hundertwasser

Bild IV.2/7: Zirkuläre Fortführung der Ecosociety mit der zweiten Generation von IEBs.

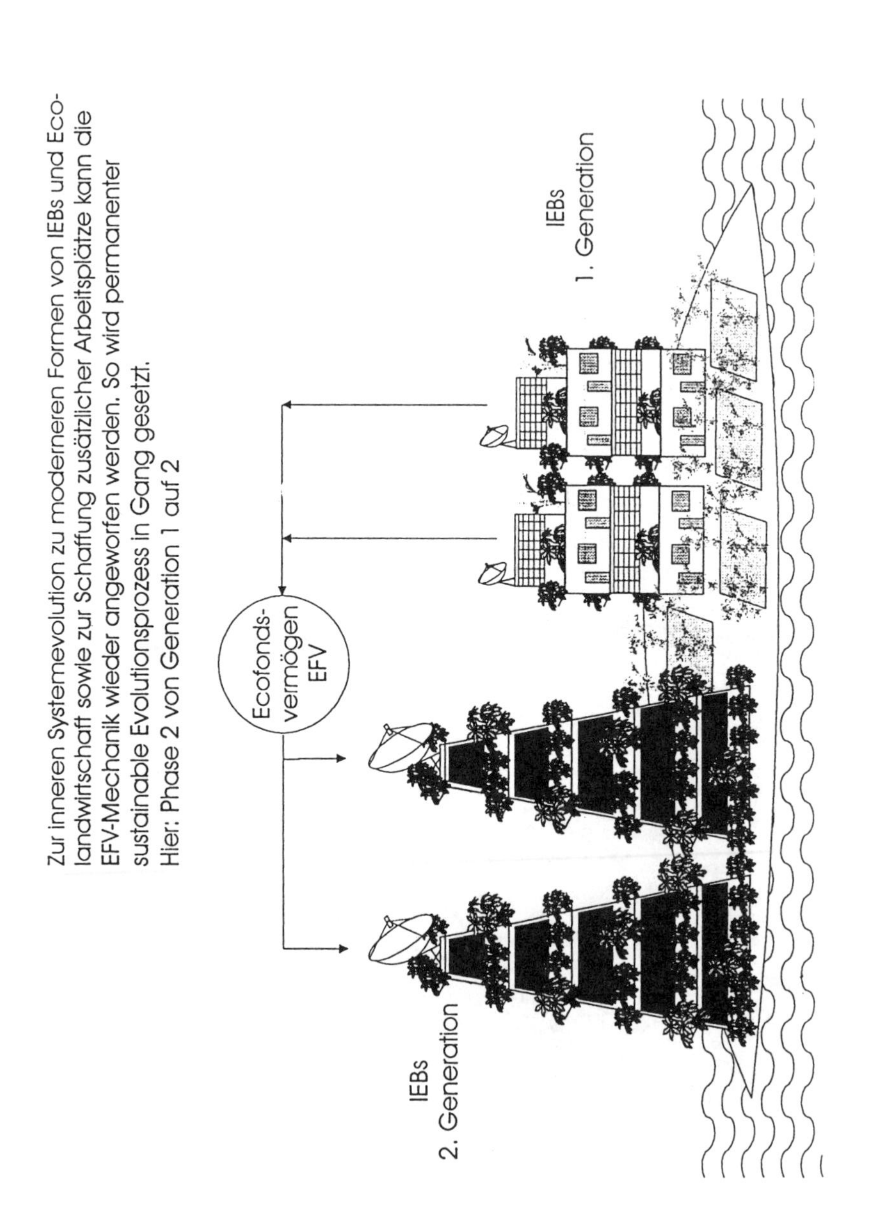

Bild IV.3/1: Simulation der Entwicklung des Ecofondsbestandes für die Herstellung von Vollbeschäftigung bei den gemessenen Arbeitslosenzahlen der BRD in den Jahren von 1947 bis 1997 bei verschiedenen Verzinsungshöhen

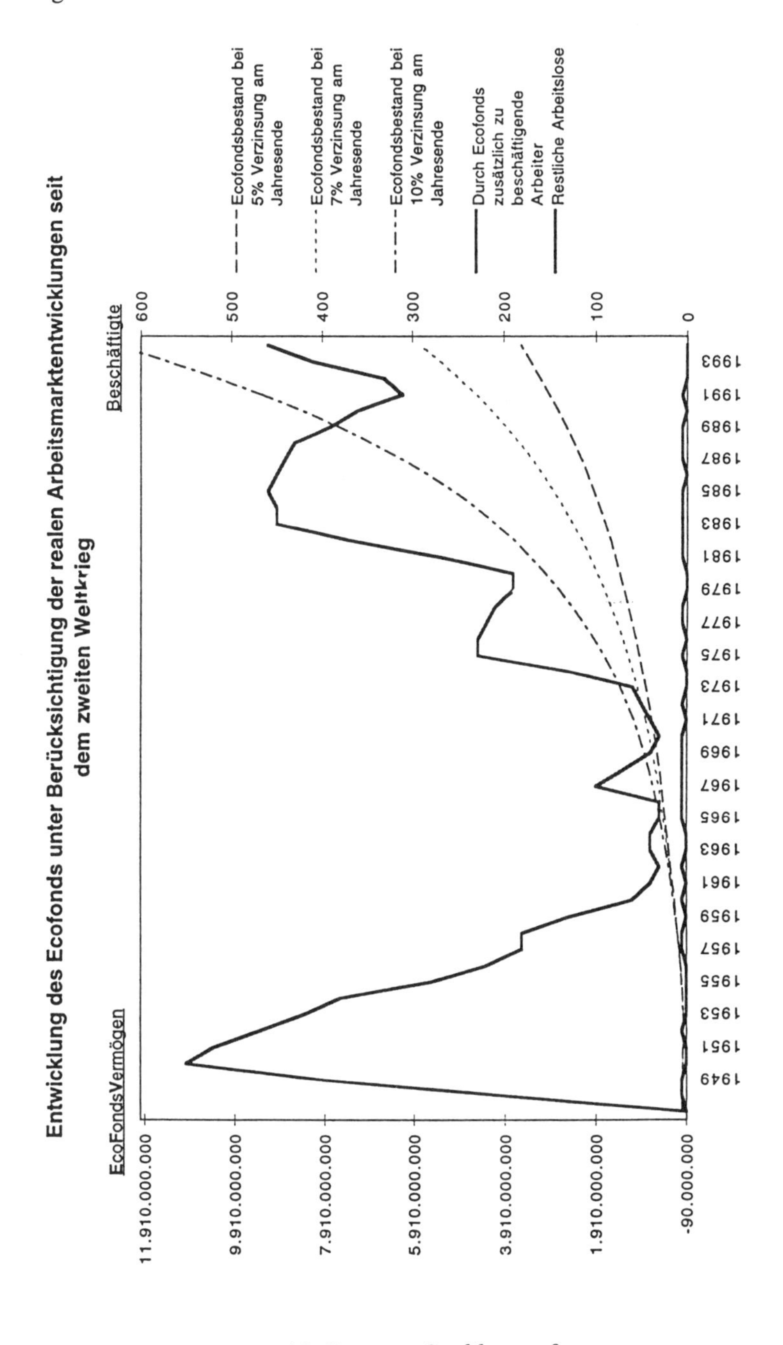

Bild IV.3/2: Simulation des Ecofondsmechanismus zur Beseitigung der extrapolierten, mit stetigem Trend steigenden Sockelarbeitslosigkeit (LCS-Arbeitslosigkeit) in der BRD bis zum Jahr 2047

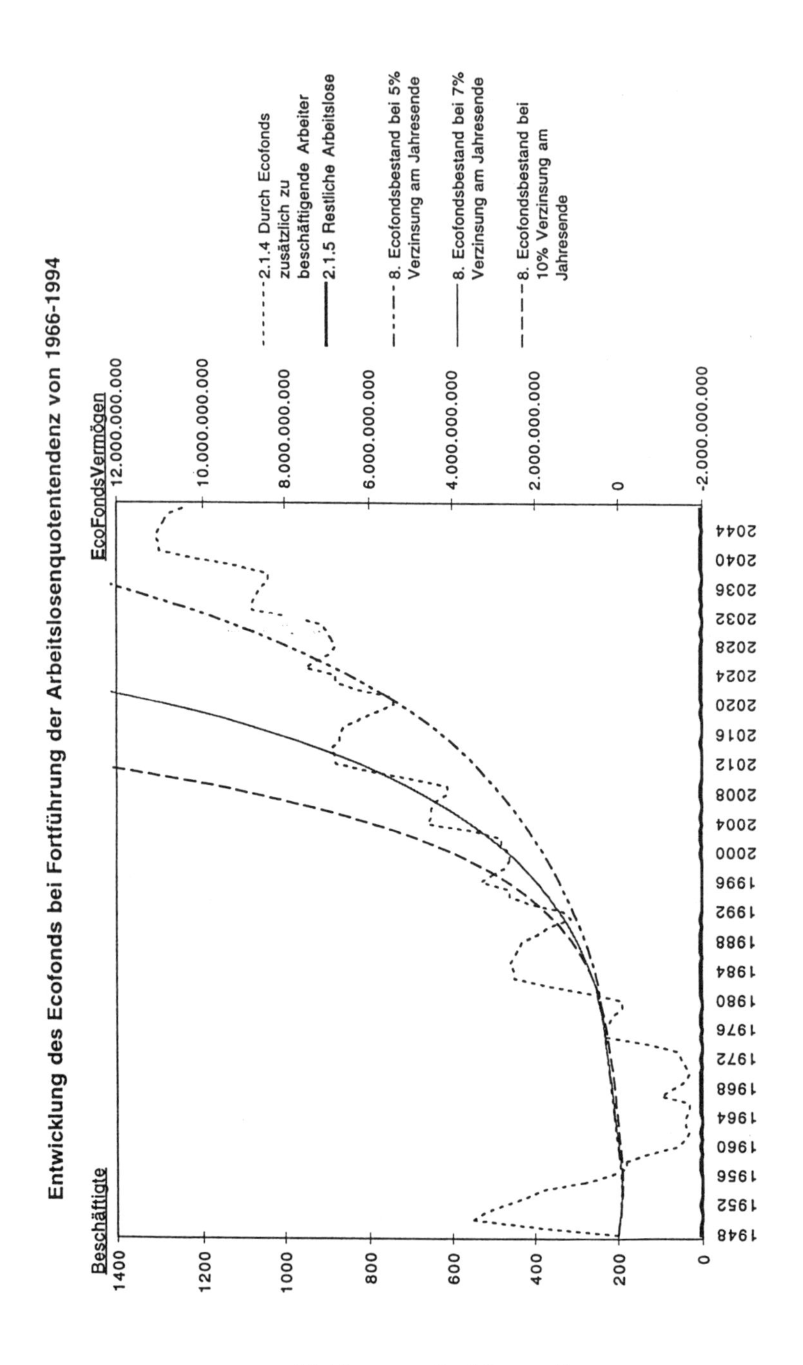

Bild IV.3/3: Durch planerisch-administrative Verzögerungen gebremster Anlauf der Ecosociety in der simulierten Modellkommune

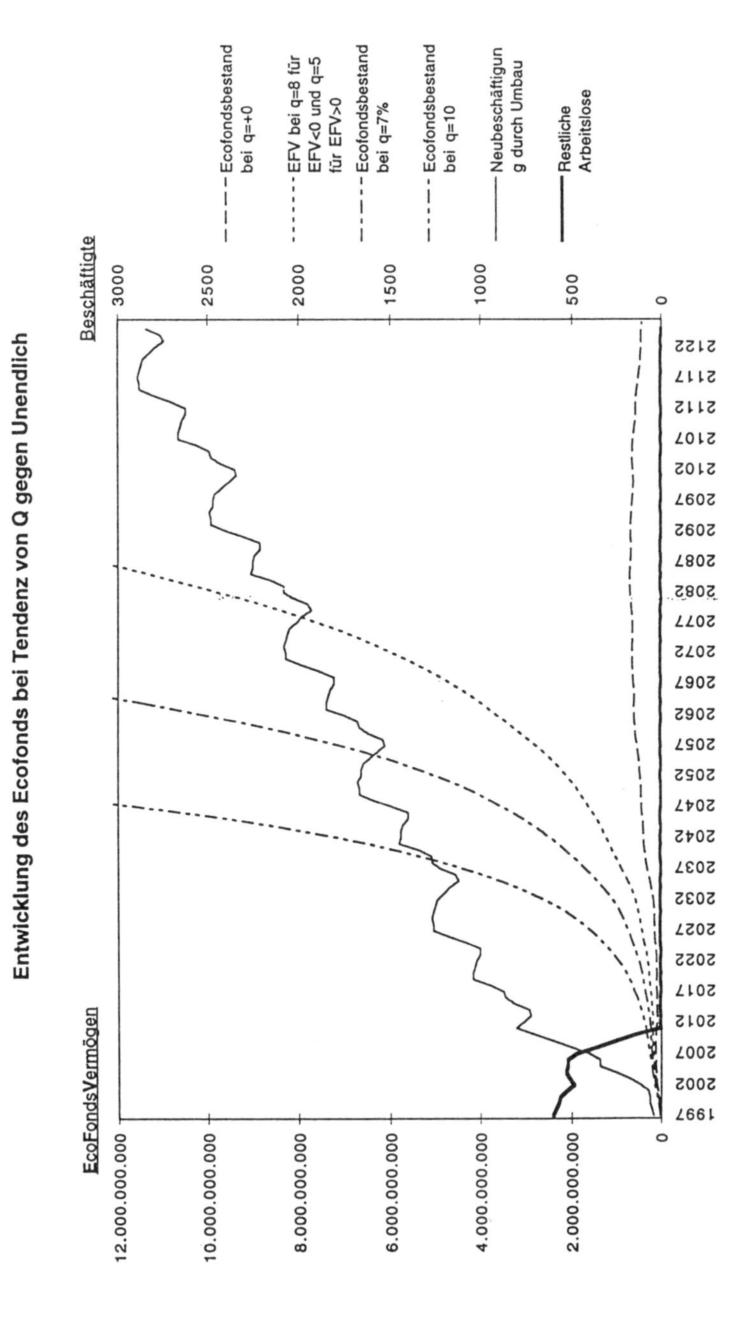

Bild IV.3/4: EFV-Verhalten bei nach oben auf 37 % begrenzte LCS-Arbeitslosigkeit

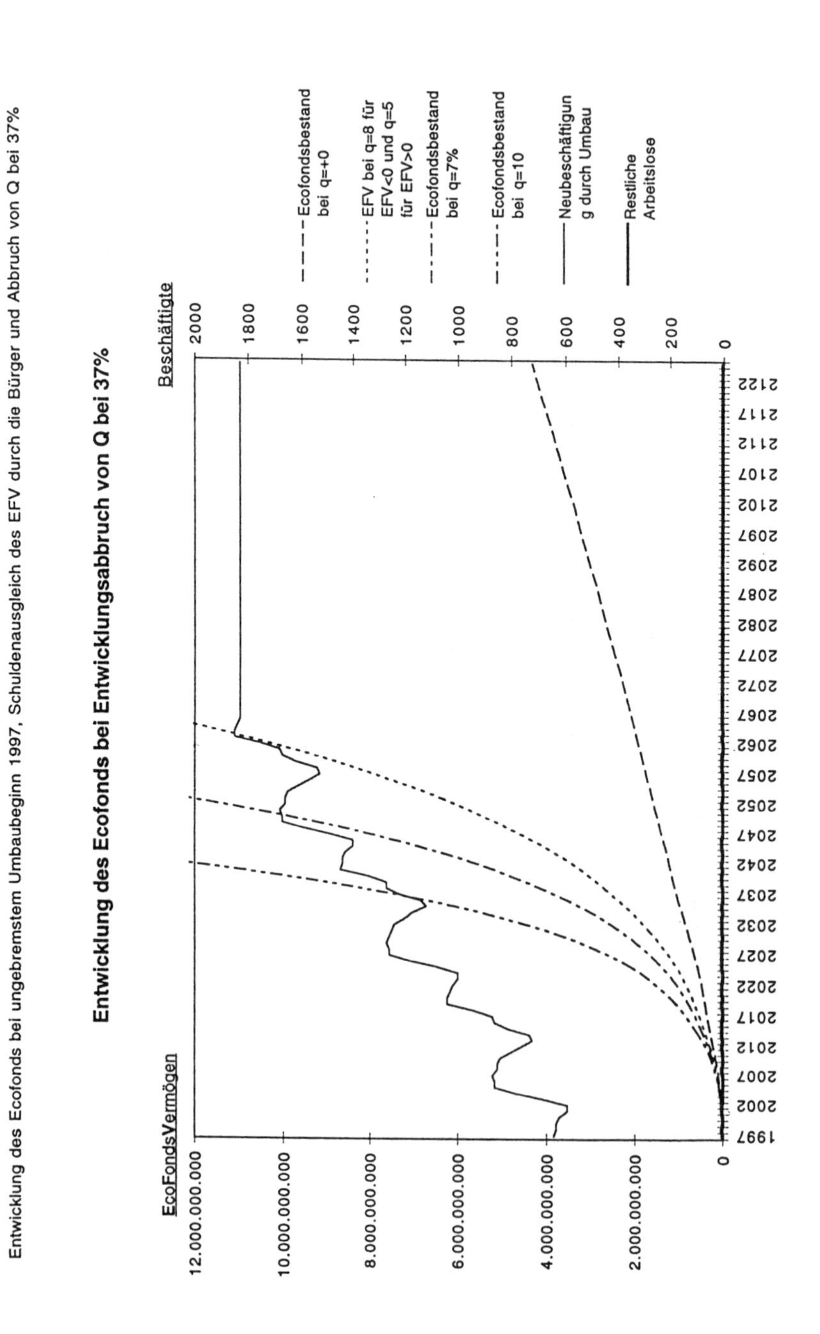

Bild IV.3/5: EFV-Verhalten bei zunehmender Autarkie in der sich entwickelnden Modellkommune und bei gleichzeitig auf 37 % begrenzter LCS-Arbeitslosigkeit

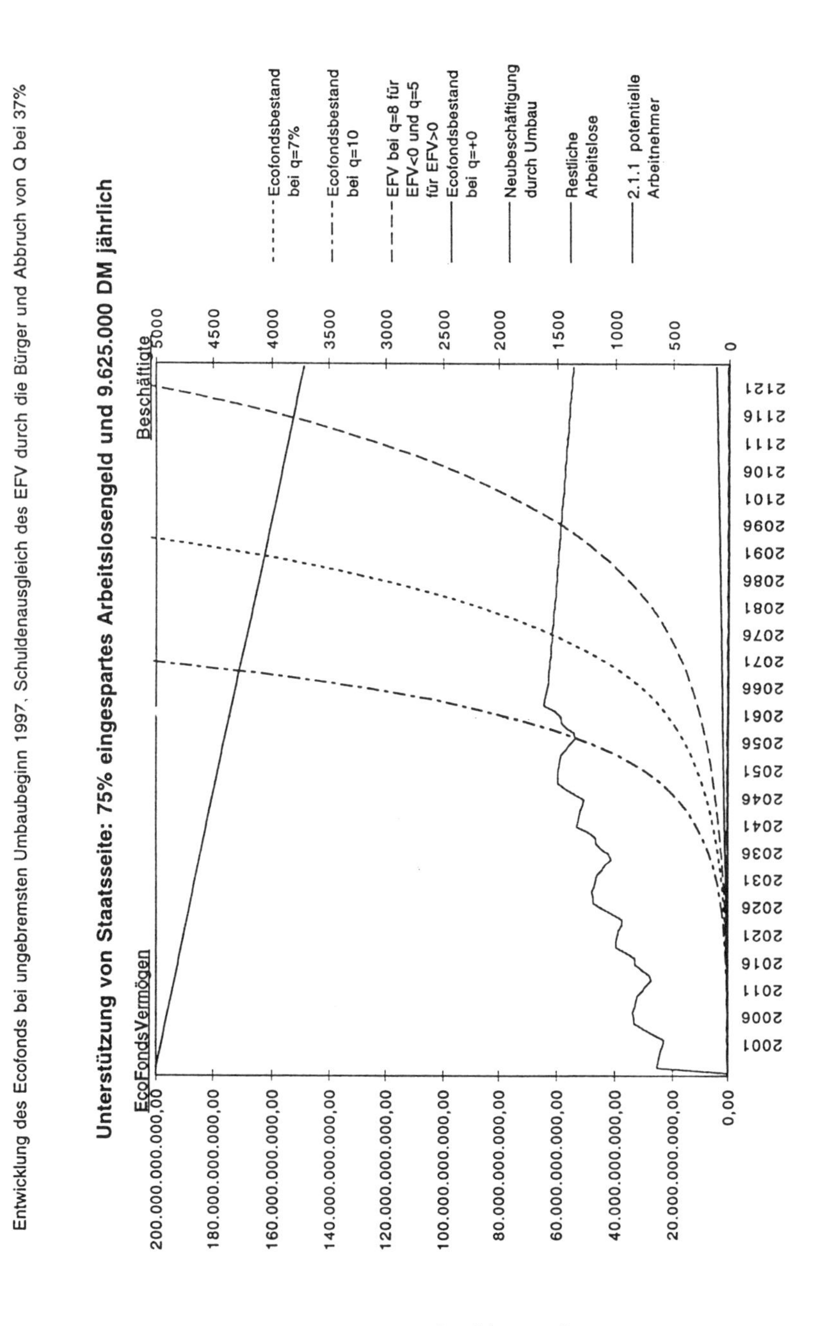

Bild IV.6/1: Verdichtetes City-Kern-Fraktal der Ecosociety durch Überbauung von Verkehrsknoten, insbesondere Bus- und Schienenbahnhöfe, sowie ausreichend dimensionierten Parkhäusern für den Individualverkehr

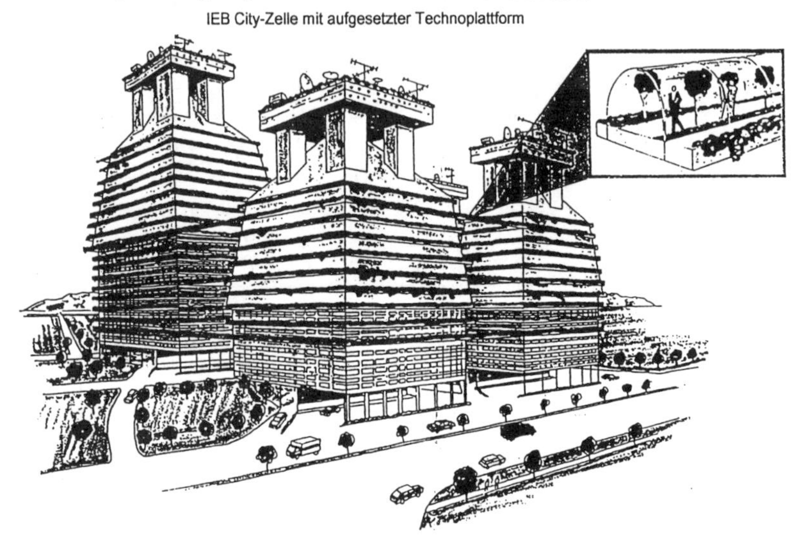

Bild IV.6/2: Multifunktionale IEB-Bebauung der landwirtschaftlich und dienstleistungsorientierten Außenzonen eines Regionenfraktals der Ecosociety

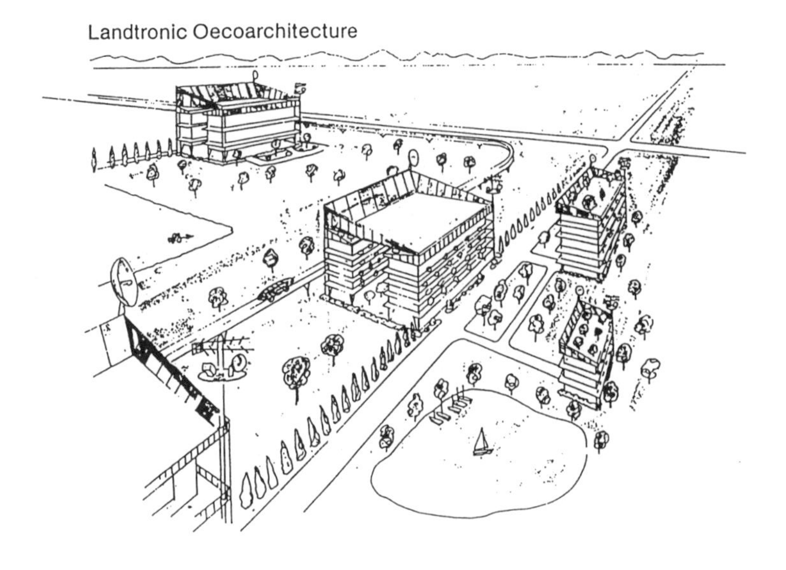

„Intelligentes Parkhausmanagement“

Christian Hülle

Das Thema meines Vortrages lautet „Intelligentes Parkhausmanagement“. In diesem Ausdruck verbergen sich die drei Begriffe „intelligent“, „Parkhaus“ und „Management“. Ich werde mich in meinem Vortrag schwerpunktmäßig mit dem Begriff „Parkhaus“ befassen und Ihnen meine Vorstellungen von „intelligenten Parkhäusern“ vermitteln, die notwendiger und ganz selbstverständlicher Teil des täglichen Lebens in der Stadt sind.

Der nach wie vor vorhandene Anstieg der Pkw-Zulassungszahlen führt zwangsläufig zu einem immer dichter werdenden Kraftfahrzeugverkehr. Sinkende Lebensqualität und auch abnehmende Standortattraktivität sowohl in den Innenstädten als auch in Randgebieten sind die Konsequenzen dieser Entwicklung. Die unvermindert ansteigende Zahl an Personenkraftwagen beweist den ungebrochenen Willen zur Mobilität als Ausdruck individueller Freiheit, als ein Stück Lebensqualität. Diese Einstellung ist nach wie vor in der Gesellschaft verbreitet und sie ist in der zurückliegenden Zeit durch viele Faktoren, wie Werbung, Erziehung, etc., unterstützt worden. Ob sie so uneingeschränkt noch zeitgemäß ist, ist eine andere Frage. Als Folge dieser Tatsachen entfallen heute ca. 50 % des Verkehrs auf den Freizeitverkehr. Die Zunahme des Verkehrs - Verzehnfachung der Fahrleistungen seit 1950 - wird im wesentlichen durch den sogenannten motorisierten Individualverkehr bestimmt Die anteilige Verkehrsleistung von Bussen und Bahnen ist immer weiter zurückgegangen und beträgt heute nur noch ca. 15 %.

Wollte man also zum Beispiel 20 % des Individualverkehrs auf den öffentlichen Personennahverkehr verlagern, so hätte dies eine notwendige Verdoppelung der ÖPNV Kapazitäten zur Folge. Dies kann also keine schnelle Lösung sein.

Prognosen gehen von mehr als 40 Millionen Pkw im Jahr 2000 aus. Damit ist sicher, daß die bereits jetzt vorhandenen Probleme mit der zunehmenden Verkehrsdichte noch weiter anwachsen werden. Als untauglich sind Konzepte zu kennzeichnen, die Städte „autogerecht“ planen wollen oder ungehemmt sämtliche Bedürfnisse nach Parkraum befriedigen wollen. Heute gilt es Konzepte zu entwickeln und umzusetzen, die für Mensch und Umwelt ver-

verträglich sind, neue Technologien hier mit einzubinden, aber auch die Tatsache der zunehmenden Motorisierung weiter zu berücksichtigen. [1]*

Was heißt das also konkret, wie sollten die Ziele kommunaler Parkraumkonzepte formuliert werden? Den Empfehlungen des Deutschen Städte- und Gemeindebundes ist dazu folgendes zu entnehmen: Vorrangiges Ziel ist die wirksame Entlastung von Siedlungsbereichen vom fließenden und ruhenden Kfz-Verkehr zugunsten einer verbesserten Gesamtsituation für die Verkehrsarten des Umweltverbundes, die städtebaulichen Nutzungen und die Ökologie. Daraus lassen sich eine Reihe von Zielsetzungen ableiten:

- Parken als „Flächenverbraucher" muß mit anderen konkurrierenden Nutzungen verträglich sein.
- Sicherstellung der Erreichbarkeit durch den Umweltverbund, Reihenfolge: Fußgänger, Radfahrer, ÖPNV.
- Für die sog. qualifizierte Nachfrage, d.h. Anwohner und Wirtschaftsverkehr, müssen ausreichende Parkchancen in angemessener Entfernung von der Zieladresse gewährleistet sein.
- Auch die durch die fließende Komponente des Parkens hervorgerufenen Belastungen müssen mit anderen verkehrlichen und städtebaulichen Nutzungen verträglich sein. Stichworte sind hier Erschließung von Parkierungsanlagen, Orientierung und Führung, und der damit verbundene Parksuchverkehr.
- Alle rechtlichen und faktischen Möglichkeiten zur Einbeziehung des privaten Stellplatzangebotes sollten konsequent genutzt werden. [2]

Daraus ergeben sich im wesentlichen drei Maßnahmen. Erstens muß die Attraktivität des ÖPNV gesteigert und gesichert werden. Stichworte sind hier dichtes Netz, Schnelligkeit, bequem und sauber, preiswert und flexibel. Zweitens ist der Individualverkehr durch gezielte Maßnahmen zu reduzieren.

<Siehe Abb. 1, *Ganglinie Berufspendler aus EAR*, S. 266.>

Von den drei Gruppen Berufspendler, Einkaufsverkehr sowie Erholungs- und Freizeitverkehr bringen die Berufspendler die größte Belastung. Sie verstopfen nicht nur im morgendlichen und abendlichen Berufsverkehr die Straßen, sie blockieren darüber hinaus

* [1]-[8]: siehe Literaturhinweise S. 265

tagsüber als Langzeitparker die freien Stellplätze. Hier ist ein entscheidender Anreiz zum Umsteigen auf den ÖPNV nötig. Eine solche Zielsetzung ist zum Beispiel durch ein stimmiges Park-and-ride-Konzept durchzusetzen.

Da die Städte sehr daran interessiert sein müssen, die einkaufende Kundschaft nicht aus den Innenstädten zu verdrängen, muß ein entsprechender Individualverkehr zugelassen werden. Bei den Käufern handelt es sich um Kurzparker, die nicht nur erwünscht die Innenstadt beleben, sondern auch verkehrsmäßig wenig die Stoßzeiten des Berufsverkehrs belasten. Gleichermaßen kann die Gruppe des Erholungs- und Freizeitverkehrs in der Stadt toleriert werden, da dieser Verkehr sich im wesentlichen antizyklisch zum belastenden Berufsverkehr abspielt und wesentlich zur erwünschten Belebung der Innenstädte, z.B. zur Abendzeit, beiträgt. Darüber hinaus müssen Anlieger- und Anlieferverkehr ermöglicht werden. So muß sichergestellt sein, daß den Bewohnern der Innenstadt und Randzonen ausreichend Möglichkeit zum Abstellen Ihres Fahrzeugs geboten wird, nicht zuletzt als Anreiz zum Wohnen in Innenstadtbereichen.

Drittens müssen die Städte durch begleitende Maßnahmen die Belastung durch den Verkehr weiter verringern. Durchgangs- und Pendlerverkehr sind vom Ziel- und Quellverkehr zu trennen. Eine „intelligente" Verkehrsregelung mit Verkehrsbeeinflussung ist zu planen. [1]

Ein Schlüssel hierzu kann ein sogenanntes Parkraummanagement sein. Schon die Tatsache, daß in einigen Innenstädten das eine oder andere Parkhaus oder Tiefgarage noch deutliche Kapazitätsreserven hat, während sich vor anderen Parkierungsanlagen Schlangen bilden, wodurch überdies noch der fließende Verkehr extrem behindert werden kann, verlangt nach neuen Konzeptionen. Parkleitsysteme, die mit verspäteten und unzureichenden Informationen agieren, verunsichern den Benutzer, senken erheblich die Attraktivität und die Akzeptanz derartiger Systeme. In der gegenwärtigen Situation wünschen sich viele Verkehrsteilnehmer ein System, das dem Citybesucher ein seinen Bedürfnissen und Absichten entsprechendes, alle Verkehrsträger integrierendes Informations- und Führungsmittel an die Hand gibt. Viele Verkehrsteilnehmer wären sogar bereit, diese Dienstleistung zu bezahlen - möglichst unkompliziert und ohne Kleingeld. Die Lösung könnte lauten: Parkraummanagement im Rahmen einer integrierenden Citylogistik.

Anders als die Parkraumbewirtschaftung, die noch zu häufig lediglich als lukrative Geldquelle für öffentliche und private Betreiber gesehen wird, umfaßt das Parkraummanagement eine ganzheitliche Planung, Steuerung und Kontrolle der Parkvorgänge in der Stadt. Ein erster Schritt in die Richtung übergreifender Informationssysteme besteht in der Einführung dynamischer Parkleitsysteme, die auf einer rechnertechnischen Vernetzung und Erfassung der innerstädtischen Parkhäuser- und Parkplatzkapazitäten beruhen. Dem Parkplatzsuchenden wird hierbei über ortsfeste Anzeigetafeln der Belegungsgrad der einzelnen Parkierungsanlagen angezeigt. [4]

Da Parkleitsysteme in Ihren verschiedenen Ausprägungen wesentlicher Teil von Verkehrskonzepten und damit auch eines Parkraummanagements sind, möchte ich kurz darauf eingehen.

<Siehe Abb. 2, *Parkleitsysteme*, S. 267, sowie Abb. 3, *Parkraummanagement* S. 268>

Parkleitsysteme haben im wesentlichen folgende Zielvorgaben

- Information der Pkw-Benutzer
- Durchgehende Führung zum Zielort
- Reduzierung des Parksuchverkehrs
- Verkehrsentlastung im Umfeld (Warteschlangenvermeidung)
- Gleichmäßige Nutzung und Auslastung der Parkierungsanlagen

An ein Parkleitsystem können nur öffentliche Parkstände in Parkhäusern, Tiefgaragen oder auf Parkplätzen mit der Möglichkeit der Erfassung der Pkws angeschlossen werden. Etwa 40 % der Parkstände in einem Stadtgebiet befinden sich in derartigen Anlagen. Daneben gibt es noch die Bereiche Privat und Straßenraum. Von diesen Parkständen sind im Durchschnitt etwa 25 % fest vermietet. Als Steuerungsmasse verbleiben - im Rahmen dieser groben Abschätzung - etwa 30 % des innerstädtischen Parkraumangebots. [3]

Dieses Potential darf also nicht überschätzt werden.

Als indirekt wirkende Beeinflussungssysteme haben Parkleitsysteme keinen Gebots-, sondern lediglich empfehlenden Charakter. Deshalb ist die Aufnahmebereitschaft durch die Pkw-Fahrer der entscheidende Punkt. Warteschlangenbeobachtungen und Befragungen weisen auf eine geringe Akzeptanz der angebotenen Informationen durch die Pkw-Fahrer hin. Wartezeiten von über 30 Minuten werden in Kauf genommen, in Zeiten, in denen benachbarte Anlagen noch freie Kapazitäten haben. Einige Statements aus einer Untersuchung dazu: Auf die Frage nach der generellen Nutzung sagten z.B. 59 % der Wuppertaler, 45 % der Stuttgarter und 43 % der Mainzer, die das Parkleitsystem kennen, daß sie es nie benutzen. Über 80 % der Parkhausparker behaupteten, daß sie am Befragungstag ohne Parkleitsystem geparkt hätten. Andere Untersuchungen bestätigen diese Aussagen im Grundsatz. Die Gründe für diese geringe Akzeptanz liegen den Bearbeitern dieser Studie zufolge nicht in den Systemen selber, da diese bekannt sind und funktionieren. Mögliche Begründungen sind daher z.B. in einer allgemeinen Ablehnung von Parkbauten zu sehen.

Zurück zum Parkraummanagement. Parkraummanagement umfaßt weit mehr Funktionen und Dienstleistungen:

- Anbindung von ÖPNV (Park & Ride Terminals) im Sinne eines Gesamtverkehrskonzeptes
- Multimediale Parkplatz-Buchungssysteme z.B. durch Online-Dienste, Infosäulen an prägnanten Punkten und individuelle Kommunikations- und Informationssysteme
- Individuelle Teilnehmer-Zielführung unter Berücksichtigung der aktuellen Verkehrssituation
- Integration des Service- und Lieferverkehrs in Parkkonzepte
- Berücksichtigung anwohnerspezifischer Parkbedürfnisse
- Integration neuer Verkehrskonzepte (wie z.B. Car-Sharing) und nicht zuletzt
- Integration neuer Techniken wie automatischer Parksysteme

Auf diesen letzten Punkt, die automatischen Parksysteme, möchte ich im folgenden näher eingehen. Der Oberbegriff für derartige Systeme lautet „mechanische Parksysteme".

Mechanische Parksysteme sind Anlagen des ruhenden Verkehrs, bei denen der Parkvorgang ganz oder teilweise mit mechanischer Unterstützung abgewickelt wird. Nach dem Umfang der mechanischen Unterstützung können die mechanischen Parksysteme eingeteilt werden in

- teilautomatische Parksysteme und
- vollautomatische Parksysteme

Bei teilautomatischen Systemen spricht man von Parkplatten und Parkbühnen.

<Siehe Abb. 4, *Klaus Parksysteme*, S. 269.>

Mit dem Einsatz von Parkplatten, das sind überfahrbare und längs oder Quer verschiebbare Parkplattformen, die einen eigenen Antrieb haben, kann die vorhandene Fläche einer Parkebene intensiv genutzt werden. Beispielsweise können auf Teilen der Fahrgasse oder in engen Nischenplätzen Fahrzeuge geparkt werden.

<Siehe Abb. 5, *Wöhr Hubsystem*, S. 270.>

Die Parkbühne kann in Parkbauten oder auch freistehend auf Parkplätzen aufgestellt werden. Die Fahrzeuge werden auf Parkplattformen abgestellt, die mit mechanischer Hilfe angehoben oder in eine vorhandene Grube abgesenkt werden können.

Automatische Parksysteme zeichnen sich dadurch aus, daß sämtliche grundlegende Einheiten des Parkvorganges automatisiert sind und ab Benutzer-Systemschnittstelle (Übergabezone) nur noch vom System übernommen werden. Der Benutzer stellt oder holt den Pkw lediglich in einer garagenähnlichen Übergabezone ab und hat keinen Einfluß mehr auf die weiteren Vorgänge. Die Motorkraft des Pkw ist ab Übergabezone nicht mehr notwendig und die Beförderung übernimmt das automatische Parksystem.

Bei vollautomatischen Systemen unterscheidet man zwischen Parkregalen, Umsetzparkern und Umlaufparkern.

<Siehe Abb. 6, *IML RBG-bedient*, S. 271.>

Parkregale sind vollautomatische Parksysteme mit statischem Lagerungsprinzip, bei denen die Fördervorrichtung neben dem Fahrschacht angeordnete Parkstände bedient.

Die Fördervorrichtung ist entweder vertikal und horizontal oder nur vertikal oder nur horizontal verfahrbar. Fahrzeuge können längs oder quer eingelagert werden (vergleichbar mit herkömmlichen RGB-bedienten Lägern oder Satellitenlägern).

Der sogenannte Parkzylinder ist eine Sonderform des Parkregals. Die Fördervorrichtung ist vertikal verfahrbar und um die Hochachse drehbar. Die Parkstände sind im Kreis um die Fördervorrichtung herum angeordnet.

<Siehe Abb. 7, *Umsetzparker*, S. 272.>

Der Umsetzparker ist ein Parksystem mit dynamischem Lagerungsprinzip, d.h. die Parkplattformen werden innerhalb des Systems umgesetzt. Diese Systeme können als vertikale oder horizontale Umsetzparker ausgeführt werden.

<Siehe Abb. 8, *Umlaufparker IML*, S. 273.>

Umlaufparker sind vollautomatische Systeme mit ebenfalls dynamischem Lagerungsprinzip, bei denen die Parkplattformen in einem geschlossenen Kreislauf zirkulieren (vergleichbar stehendem oder liegendem Paternoster)

Die Eignung mechanischer Parksysteme hängt von vielen, für den konkreten Anwendungsfall jeweils zu untersuchenden Einflüssen ab. Im wesentlichen werden die folgenden Anwendungsfälle unterschieden.

- Sammelgaragen (bis 20 Parkstände)
- Quartiergaragen
  - kleine Quartiergaragen (20 bis 50 Parkstände)
  - große Quartiergaragen (50 bis 200 Parkstände)
- Parkbauten mit vorwiegend öffentlicher Nutzung
  - kleine Parkbauten (bis 200 Parkstände)
  - große Parkbauten (über 200 Parkstände)

Vollautomatische Parksysteme kommen erst in jüngster Zeit häufiger zum Einsatz. Sie werden vorwiegend in kleineren und mittleren Anlagen von Beschäftigen und Besuchern im Berufs- und Wirtschaftsverkehr genutzt. Als Parkhaus mit größeren Stellplatzkapazitäten für eine öffentliche Nutzung oder als P+R-Anlage konnten sich vollautomatische Systeme bisher vor allem aus Gründen der Leistungsfähigkeit und wegen der im Vergleich zu herkömmlichen Parkbauten oft deutlich höheren Kosten in Deutschland nicht durchsetzen. Dabei ist zu berücksichtigen, daß die Finanzierbarkeit in hohem Maße von der Parkraumbewirtschaftung und den zugrundeliegenden politischen Leitlinien abhängt.

Bezüglich der Preise für automatische Anlagen müssen ein paar ganz deutliche Sätze gesagt werden. Es handelt sich hierbei nicht um Systeme „von der Stange“, d.h. ein Preis kann nur nach eingehender Planung einer bestimmten Technik für einen bestimmten Standort ermittelt werden. Das eingesetzte Fördertechnikprinzip, die Menge oder Leistungsfähigkeit der Fördertechnik sowie die

Anzahl der Stellplätze insgesamt und weitere Ausstattungsmerkmale bestimmen ganz wesentlich den Anlagenpreis. Aussagen zur Wirtschaftlichkeit können nur im Zusammenhang mit weiteren Faktoren wie Grundstückskosten, Art der Bewirtschaftung, Parkraumbewirtschaftung im Umfeld der Anlage, weitere Dienstleistungs- und Serviceangebote in oder um die Anlage herum getroffen werden. Also ist eine quasi pauschale Preisangabe nicht möglich, die tatsächlichen Kosten können erheblich von den dargestellten abweichen.

Ich möchte Ihnen im folgenden einige Systeme verschiedener Hersteller vorstellen und auch einige realisierte Anlagen darstellen.

Mannesmann-Demag

Die Mannesmann-Demag Fördertechnik AG bietet unter dem Produktnamen „Cardesor" eine ganze Palette an Lösungsmöglichkeiten für kleinere Anlagen bis zu Großparkhäusern. Alle Systeme arbeiten mit Paletten.

<Siehe Abb. 9, *Checab*, S. 274.>

In der ersten Folie sehen Sie eine Ein-/Auslagerbox, die bei allen Applikationen nahezu unverändert zum Einsatz kommt.

<Siehe Abb. 10, *Umlaufparker*, S. 275.>

Kleinere Anlagen werden über Umlaufparker realisiert oder über Umsetzparker mit Hubbalkengeräten.

Mittlere bis große Anlagen werden über RBG-Systeme realisiert, die ich auch schon dargestellt habe.

<Siehe Abb. 11, *Shuttle & Lift Großanlage*, S. 276.>

Großparkanlagen werden über ein Shuttle & Lift-Prinzip realisiert, d.h. die vertikalen Transporte übernimmt ein Lift, auf jeder Parkebene oder in jeden Regalkanal verfährt ein Verteilwagen oder Shuttlefahrzeug.

<Siehe Abb. 12, *Realisierungsbeispiel*, S. 277.>

Anhand dieser Folie wird auch deutlich, wie nahtlos sich Anlagen in eine Wohnbebauung eingliedern lassen. Weitere Realisierungen sind z.B. Parkhaus Saalbaustraße in Darmstadt, eine Anlage, deren Design auch schon ausgezeichnet wurde. [5]

Krups Parking Systems

<Siehe Abb. 13, *Prinzipdarstellung*, S. 278.>

Die Firma Krups Parking Systems vertreibt ein Parksystem auf Basis der Shuttle & Lift-Technologie. Der Handelsname ist „Car Safe". Das System arbeitet mit einer sogenannten Rollpalette, d.h. dieses Lastaufnahmemittel kann in geeigneten Profilen rollen. Der Einparkvorgang geschieht wie bei fast allen Systemen, also Einfahren, Anhalten auf der Rollpalette, aussteigen, quittieren. Danach transportiert ein schneller Senkrechtförderer die Palette mit dem Pkw zu einer vom Computer vorgesehenen Parkebene auf einen Pufferplatz. Ein Verschiebewagen übernimmt ab da den horizontalen Transport und schiebt das Fahrzeug in einen bestimmten Lagerkanal. Gleichzeitig fährt der Senkrechtförderer schon zur Einparkebene zurück. Bei der Rückfahrt übernimmt er eine freie Rollpalette aus einem Magazin und stellt sie für den nächsten Parkvorgang in der Einparkebene bereit. Dieses System kann in Hoch- bzw. in Tiefbauweise oder auch in einer Mischform erstellt werden. Dabei besteht die Möglichkeit, Pkw entweder in Richtung der Längs- oder Querachse zu parken. Folgende Komponenten kommen dabei zum Einsatz. Die Rollpaletten sind mit einer Kupplung versehen. Dadurch können mehrere Rollpaletten zu einem Zug in den Lagerkanälen vereint werden. Bei einer Auslagerung z.B. greift eine Handhabungsvorrichtung also an der ersten Palette an und zieht sie auf den Verschiebewagen. Dabei werden alle dahinterstehenden Paletten mit nach vorne gezogen. Erst dann wird die Kopplung zwischen der ersten, nun auf dem Wagen stehenden, Palette zu den anderen gelöst.

<Siehe Abb. 14, *Prinzipskizze Quereinlagerung*, S. 279.>

In dieser Folie ist eine größere Anlage dargestellt. Was hier sehr deutlich wird, ist die äußerst kompakte Lagerung der Pkw, ansonsten sind die gleichen Komponenten dargestellt

Erste Anlagen nach diesem Prinzip werden zur Zeit hier in Deutschland realisiert.

<Siehe Abb. 15, *Implementationsbeispiel*, S. 280.>

Anhand einer Firmenfolie wird die Gestaltungsmöglichkeit deutlich. Keine dunkle unbehagliche Atmosphäre, sondern eine helle, freundliche und einladende Architektur. In diesem Beispiel sind lediglich die schon erwähnten Ein-/Auslagerboxen oberirdisch angeordnet. Diese Einrichtungen werden von einer Glaskonstruktion überspannt. Alle Vorgänge innerhalb dieses Gebäudes sind für jedermann einsichtig, was das Sicherheitsgefühl enorm steigern dürfte. Natürlich handelt es sich hier um ein Beispiel, aber es ist eine realistische Möglichkeit. [6]

Mitsubishi System

Ein interessantes System ist auch aus dem asiatischen Raum bekannt. Insbesondere in Japan sind vollautomatische Systeme sehr viel bekannter mehr verbreitet als hierzulande. Dabei handelt es sich, zumindest im öffentlichen Bereich, um kleinere Anlagen, z.B. Paternosteranlagen, mit ca. 40 Stellplätzen, die zudem personalbedient betrieben werden.

Mitsubishi Heavy Industries hat ein System auch für größere Einheiten entwickelt mit dem Handelsnamen „IPS“, Integrated Parking System. Es ist ein palettenloses System, das im Grunde nach dem Shuttle & Lift-Prinzip arbeitet.

<Siehe Abb. 16, *Mitsubishi System*, S. 281.>

Zur Bewegung der Pkw werden dabei Bandförderer eingesetzt. Der Benutzer fährt seinen Pkw in eine Box, die sich in der äußeren Gestalt nicht von den anderen Systemen unterscheidet. In Höhe der Vorder- und der Hinterachse sind im Boden Bandförderer eingelassen, die den Pkw quer zur Fahrtrichtung bewegen können.

<Siehe Abb. 17, *Pkw auf Band*, S. 282.>

Dadurch können übrigens auch sehr leicht Schiefstellungen des Pkw ausgeglichen werden. Der Pkw wird dann quer aus der Einlagerbox in einen Aufzug befördert, der mit den gleichen Bandförderern ausgestattet ist. Der Aufzug bringt den Pkw in die vorgesehene Lagerebene. Hier wird der Pkw auf ein Verteilfahrzeug oder Shuttlewagen übergeben. Auch dieser Shuttle besitzt Bandförderer zur Aufgabe und Abgabe. Er verfährt zum vorbestimmten Lagerfach. Diese Lagerfächer müssen notwendigerweise auch Bandförderer besitzen. Diese sind allerdings passiv, d.h. sie werden bei einer Ein- oder Auslagerung vom Shuttlewagen aus angetrieben. In diesem Beispiel ist eine Box als reine Einlagerbox ausgelegt, eine zweite als reine Auslagerbox. Andere Varianten sind aber denkbar. Wie jedes andere System hat auch dieses spezielle Vor- und Nachteile. Ein Vorteil ist das relativ sichere Handling des Pkw sowie der mögliche hohe Durchsatz bei entsprechender Layoutierung. Als ein Nachteil muß der hohe technische Aufwand gesehen werden, bedingt durch die sehr vielen zu installierenden Bandförderer. [7]

IML System

Das Fraunhofer-Institut für Materialfluß und Logistik in Dortmund hat ebenfalls ein automatisches Parksystem entworfen, das auf Basis der Satellitenlagertechnik arbeitet. Hintergrund der Entwicklung war der Einsatz eines Systems im Park & Ride-Verkehr mit sehr hohen Spitzenbelastungen.

<Siehe Abb. 18, *IML System*, S. 283.>

Das Grundsystem arbeitet mit einer palettenlosen Quereinlagerung und besteht aus mehreren Komponenten. Das Fördersystem besteht aus zwei im Gang stehenden Vertikalförderern für den Horizontalverteilwagen und dem Verteilwagen selbst. Dieser Verteilwagen fährt schienengebunden im Kanal des Regalsystems und führt den horizontalen Pkw-Transport aus. Zusätzlich ist ein Puffersystem aus Horizontalförderern für die vorhandenen Pkw eingerichtet und direkt an das Übergabesystem (Ein-/Auslagerboxen) angekoppelt.

Parkvorgang

Nachdem der Benutzer außerhalb des Systems seinen Einlagerwunsch bestätigt hat, wird der Pkw mittels Plattenbandförderer in der Pufferzone bereitgestellt. Der Verteilwagen nimmt den Pkw vor dem Vertikalförderer 1 seitlich auf. Danach wird der Verteilwagen durch den Vertikalförderer 1 in die vorgesehene Lagerebene gefördert und im Regalkanal ausgeladen. Von hier aus fährt der Verteilwagen zum computervorbestimmten Lagerfach. Dort angekommen stellt er den Pkw seitlich ab und fährt zum Vertikalförderer 2, der ihn in die Übergabeebene zur Aufnahme eines neuen Pkw bringt. Der Ausparkvorgang erfolgt sinngemäß in umgekehrter Reihenfolge. Da die Verteilwagen durch VF1 in die oberen Parkebenen transportiert, die Abwärtsförderung durch VF2 erfolgt, erreicht man einen „Umlaufbetrieb“ der Verteilwagen. Die Trennung aller horizontalen und vertikalen Fördervorgänge und der Einsatz mehrerer Verteilwagen ermöglichen einen leistungsstarken Taktbetrieb. Die Redundanz bei den Systemkomponenten sichert auch bei Ausfall einzelner Systemglieder die Bedienung der Parkhauskunden.

<Siehe Abb. 19, *Pkw-Verteil-Fahrzeug (PVF)*, S. 284.>

Ein Verteilwagen arbeitet palettenlos und verlangt keine besondere Gestaltung des Lagerfachbodens. Die Teleskoparmpaare I und II des Verteilwagens fahren aus. Anschließend werden die Teleskope eines jeden Teleskoparmpaares gegeneinander verfahren und so der Pkw angehoben. Nach erfolgtem, kontrolliertem Abheben der Pkw-Achsen vom Lagerfachboden werden die Teleskope mit dem angehobenen Pkw auf den Verteilwagen eingefahren.

Durch verschiedene Verknüpfungsvarianten des Systems können größere Parkanlagen zusammengestellt werden. Das System kann in Hoch-, Tief- und Mischbauweise erstellt werden.

Durch die sehr hohe Spitzenleistung des automatischen Hochleistungs-Parksystems ist es besonders für den Einsatz im öffentlichen Bereich, bei Einkaufsverkehr oder als P+R-Anlage, geeignet.

Vorteile allgemein

<Siehe Abb. 20, *Vorteile*, S. 285.>

Die Vorteile vollautomatischer Parksysteme gegenüber konventionellen Systemen liegen in einem gefahrlosen und attraktiven Parken für die Benutzer und auch für die Betreiber. Nahezu alle Hersteller bieten die Möglichkeit, ihre Anlagen bedarfsgerecht in Abhängigkeit von der zur Verfügung stehenden Fläche zu gestalten.

Eine gesonderte Ausweisung von Behindertenparkplätzen oder Frauenparkzonen ist nicht notwendig. Lange Weg, anonyme, unübersichtliche Gänge sowie eine dunkle unbehagliche Umgebung gehören der Vergangenheit an. Eine ganz besondere Bedeutung kommt der Übergabezone oder Mensch-Maschine-Schnittstelle zu. Die Gestaltung dieses Bereichs, wo der Benutzer das Fahrzeug an das System übergibt und wieder in Empfang nimmt, ist von wesentlicher Bedeutung für die Akzeptanz durch die Benutzer. Dieser räumlich eng begrenzte Bereich ist natürlich wesentlich einfacher ansprechend zu gestalten und mit gezielten visuellen und akustischen Hinweisen für eine sichere Benutzung zu kennzeichnen.

Beschädigungen durch Rangieren oder Vandalismus sind ausgeschlossen. Erinnern sie sich bitte an die Beschädigungen an den

Auffahrrampen in jedem Parkhaus, und Sie müssen zugeben, daß hier ein großes Potential steckt.

Der Wegfall von Fahrgassen und Rampen sowie niedrigere Geschoßhöhen machen Flächen- und Raumeinsparungen von über 30 % möglich. Je nach „Packungsdichte“ der Pkw werden auch 50 % erreicht. Die Emissionsbelastung wird wesentlich verringert, da das zeitaufwendige Herumfahren und Suchen nach freien Parkplätzen entfällt.

Weitere größere Realisierungen von hier nicht vorgestellten Firmen befinden sich noch in:

- Düsseldorf, Parkhaus Liesegangstraße der AIR, Autolift mit 170 Stellplätzen
- Augsburg, Parkhaus Unterer Graben der Firma Maurer Söhne, ein Parkhaus in Rundbauweise oder besser ein sogenannter Wendelparker, mit 200 Stellplätzen
- Duderstadt, Parkhaus am Pferdemarkt der Firma Lödige mit 64 Stellplätzen in einer historischen Bausubstanz
- Chemnitz, Parkhaus Solaris Gewerbepark, die z.Z. größte Anlage mit 233 Stellplätzen der Firma MEPA

Aspekte zum Management

Ein umfassendes Parkraummanagement muß ein Zusammenwirken verschiedener Kräfte sein, ein bekanntes Stichwort hierzu ist „Public Private Partnership“.

Parken ist Wirtschaftsgut einer Kommune. In Zukunft werden Parkeinrichtungen als Service Center gesehen werden, d.h. unter Einbeziehung von z.B. Car-Sharing, Vermietungen, sonstiger Dienstleistungen wie Tanken, Waschen, Shopping. Hier muß es die Bereitschaft und auch Bemühungen seitens der Städte geben, Änderungen herbeizuführen. Ein Baudezernent einer größeren Stadt hat dies neulich so ausgedrückt: „In vielen Städten gibt es keine leeren Kassen, sondern leere Köpfe“.

Die Städte und Kommunen haben viele Möglichkeiten und Instrumente im Bereich des ruhenden Verkehrs:

- Bebauungspläne
- Nutzungspläne
- Satzungen und Gebührenordnungen

Zum letztgenannten Punkt einige Beispiele für Ablösesummen:

Erlangen	15.000 DM
Dortmund	bis 28.000 DM
Wiesbaden	bis 60.000 DM

Aus diesen Ablösen ist in Mittelstädten und kleineren Großstädten sehr oft Geld für größere Parkbauten vorhanden. Realisierungen von vollautomatischen Systemen scheitern oft an den hohen Investitionen. Es sind durchaus auch Zuschüsse zur Rentabilität derartiger Anlagen denkbar, ebenso könnten benötigte Grundstücke im Erbbaurecht vergeben werden.

Ich glaube es wird deutlich, daß die Möglichkeiten auf diesem Gebiet noch nicht ausgeschöpft sind.

Die Privatwirtschaft spielt in dem Bereich der Privatisierung von Parkraumbewirtschaftung und Überwachung eine zunehmend große Rolle. Hans-Ulrich Bannert von der APCOA Autoparking GmbH, die in Berlin und London Pilotprojekte übernommen hat, drückt dies so aus:

„Eine flächendeckende Parkraumbewirtschaftung ist als Teil eines möglichen Verkehrskonzeptes zu sehen, um den fließenden Verkehr zu ermöglichen durch eine wirksame Regulierung des ruhenden Verkehrs.

Wenn die öffentliche Hand willens ist, verstärkt auf die Möglichkeit der Privatisierung zurückzugreifen, dann wird auch hier, wie in Großbritannien, eine Initiative der Ministerkonferenz die ungehinderte Vergabe unterhalb der „Hoheitsschwelle" legalisieren müssen. Nur im Wettbewerb mit den z.Z. auch tätigen Ordnungsamtsbüros wird eine wirtschaftliche Betreibung der Parkraumbewirtschaftung den gewünschten Effekt bringen. Schnell und zügig kann nur reagiert werden, wenn man auch die Risikobereitschaft der Privatwirtschaft in die Entscheidungsmöglichkeiten mit einbindet." [8]

Weitere Instrumente und Komponenten eines „intelligenten Parkhausmanagements" sind vorhanden.

Insbesondere sind dies die vorgestellten vollautomatischen Parksysteme.

Zusätzliche Tools wie z.B. ein telematikbasiertes Parkplatz-Informations- und Buchungssystem, genannt PIBSY, der Fa. Logiball sind ebenfalls wesentliche Bestandteile. Untersuchungen zeigen auch, daß ein nicht geringer Teil an Parkhausbenutzern daran interessiert ist, möglichst nicht zu suchen und nahe dem Zielort zu parken. Gebühren spielen eine untergeordnete Rolle.

Auf dem Gebiet der Bezahlung sind ebenfalls wesentliche Neuerungen in Sicht. Ein Arbeitskreis der Forschungsgesellschaft für Straßen- und Verkehrswesen wird noch in diesem Jahr die „Hinweise zur Abfertigung und Bezahlung beim Parken“ herausgeben. Ein Stichwort ist hier z.B. die seit kurzem herausgegebene EC-Chipkarte als neues Medium. In dieser Veröffentlichung werden neben neuen Techniken auch Vor- und Nachteile aus Sicht der Städte, der Betreiber und der Nutzer erläutert. Ebenso werden die Bereiche Vernetzung und Multifunktionalität behandelt. Auch von dieser Seite ist in der Zukunft ein wesentlicher Beitrag zu einem intelligenten Parkhausmanagement zu erwarten.

Damit möchte ich meinen Vortrag schließen und hoffe, Ihnen einen Einblick in die, wenn auch eher technischen, Aspekte eines intelligenten Parkhausmanagements gegeben zu haben.

Quellen

[1] Parkhäuser aber richtig, Beton Verlag

[2] Ziele und Bausteine kommunaler Parkraumkonzepte; Empfehlungen des Deutschen Städte- und Gemeindebundes

[3] Silvia Körntgen, Parkleitsysteme und Parksuchverkehr, Reihe „Verkehr aktuell: Parken in der Stadt“ des Fachgebiets Verkehrswesen, Uni Kaiserslautern

[4] R. Jünemann, „Parkraummanagement - ein Schlüssel zur Citylogistik“, aus Fördertechnik 5/96

[5] Mannesmann Demag Fördertechnik AG, Firmenschrift

[6] Krups Parking Systems, Firmenschrift

[7] Mitsubishi Heavy Industries, Firmenschrift

[8] Hans-Ulrich Bannert, Privatisierung von Parkraumbewirtschaftung und Überwachung, Reihe „Verkehr aktuell: Parken in der Stadt“ des Fachgebiets Verkehrswesen, Uni Kaiserslautern

Abb. 1: Ganglinie Berufspendler aus EAR

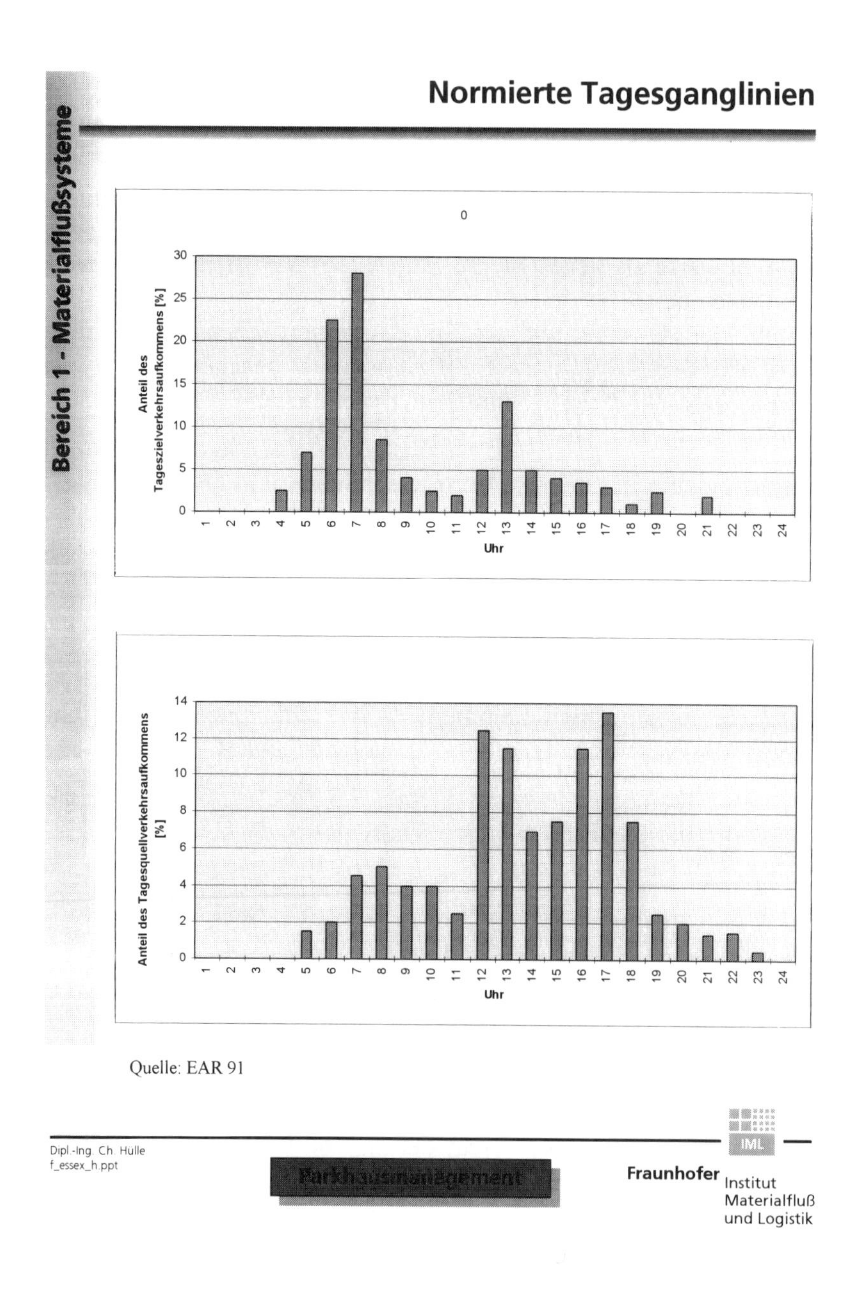

Quelle: EAR 91

Abb. 2: Parkleitsysteme: Zielvorgaben

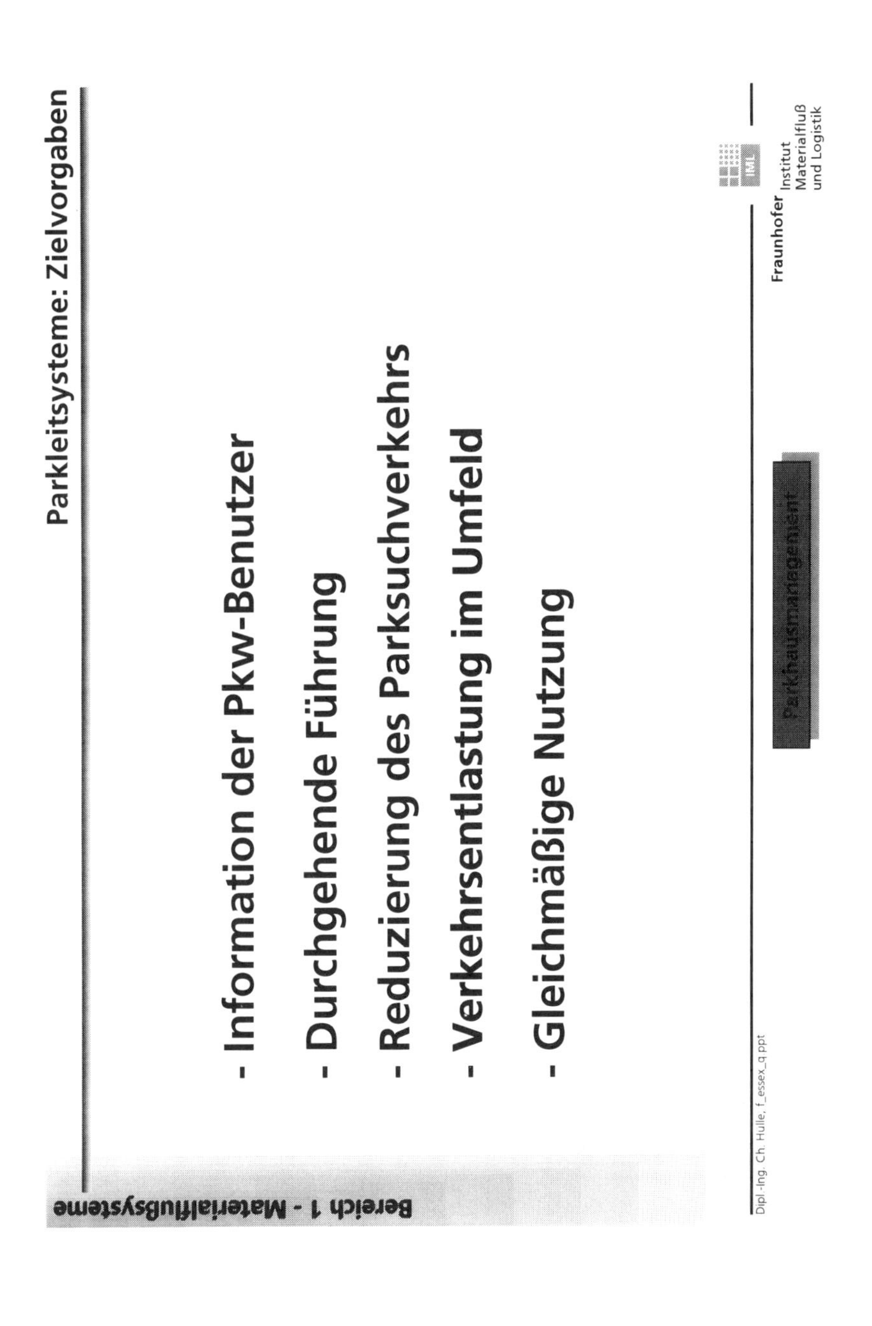

Abb. 3: Parkraummanagement: Zielvorgaben

Parkraummanagement: Zielvorgaben

- Anbindung ÖPNV
- Multimediale Parkplatzbuchungssysteme
- Individuelle Teilnehmer Zielführung
- Integration des Liefer- und Serviceverkehrs
- Anwohnerspezifische Bedürfnisse
- Integration neuer Verkehrskonzepte
- Integration neuer Techniken

Bereich 1 - Materialflußsysteme

Dipl.-Ing. Ch. Hülle, f_essex_q.ppt

Parkhausmanagement

Fraunhofer Institut Materialfluß und Logistik

IML

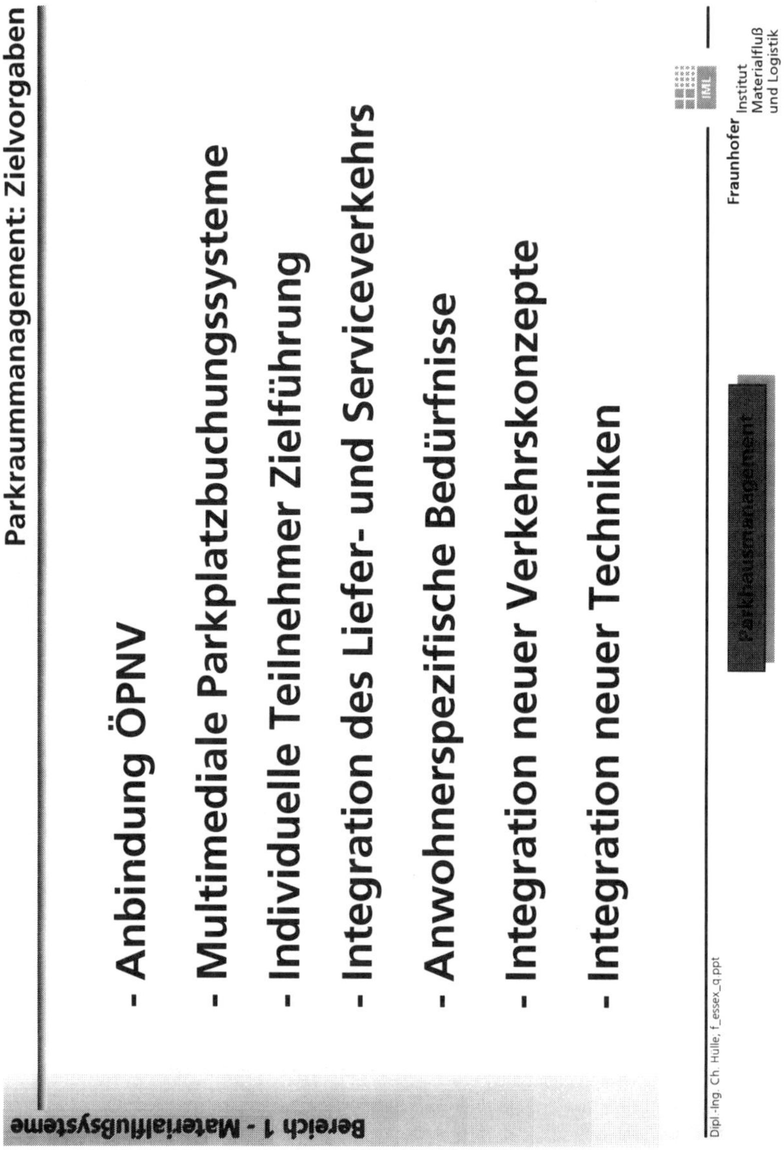

Abb. 4: Klaus Parksysteme

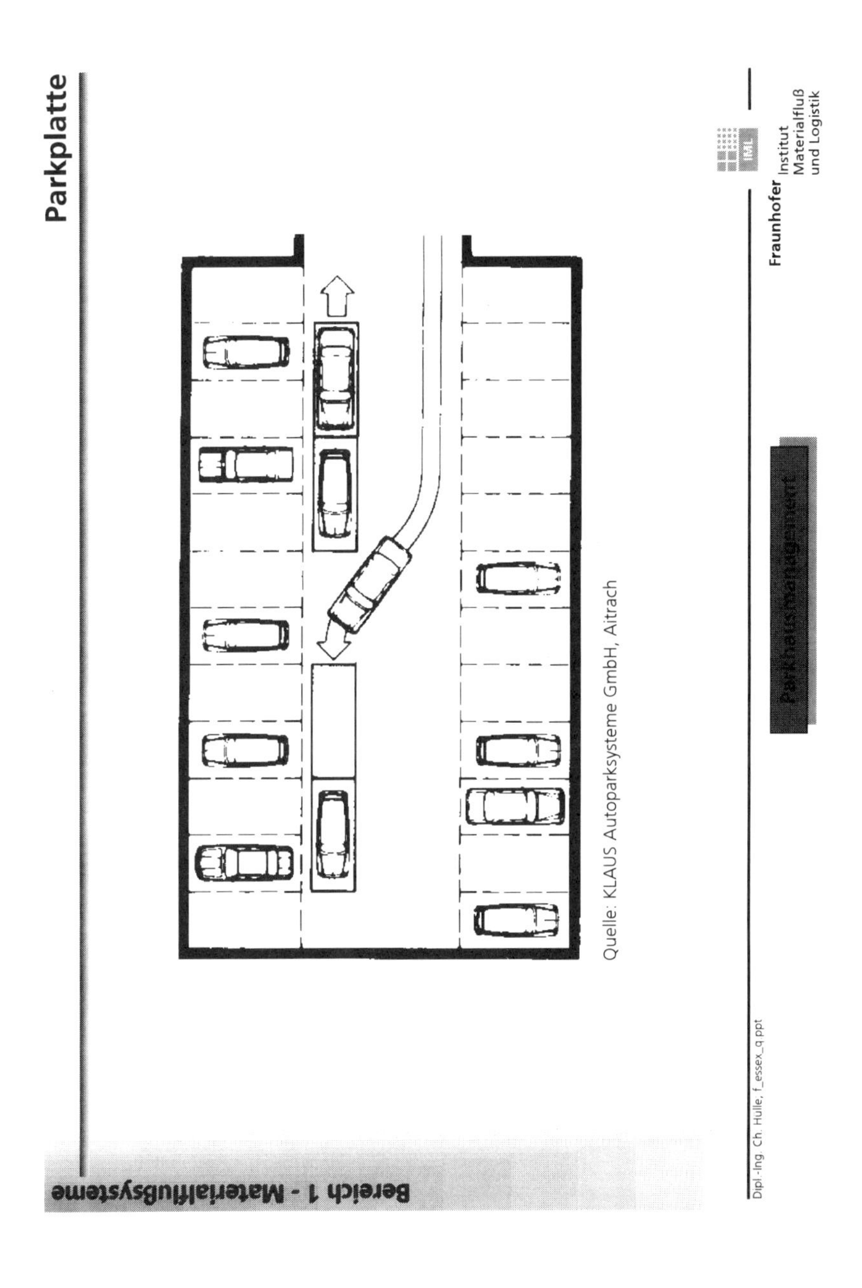

Abb. 5: Wöhr Hubsystem

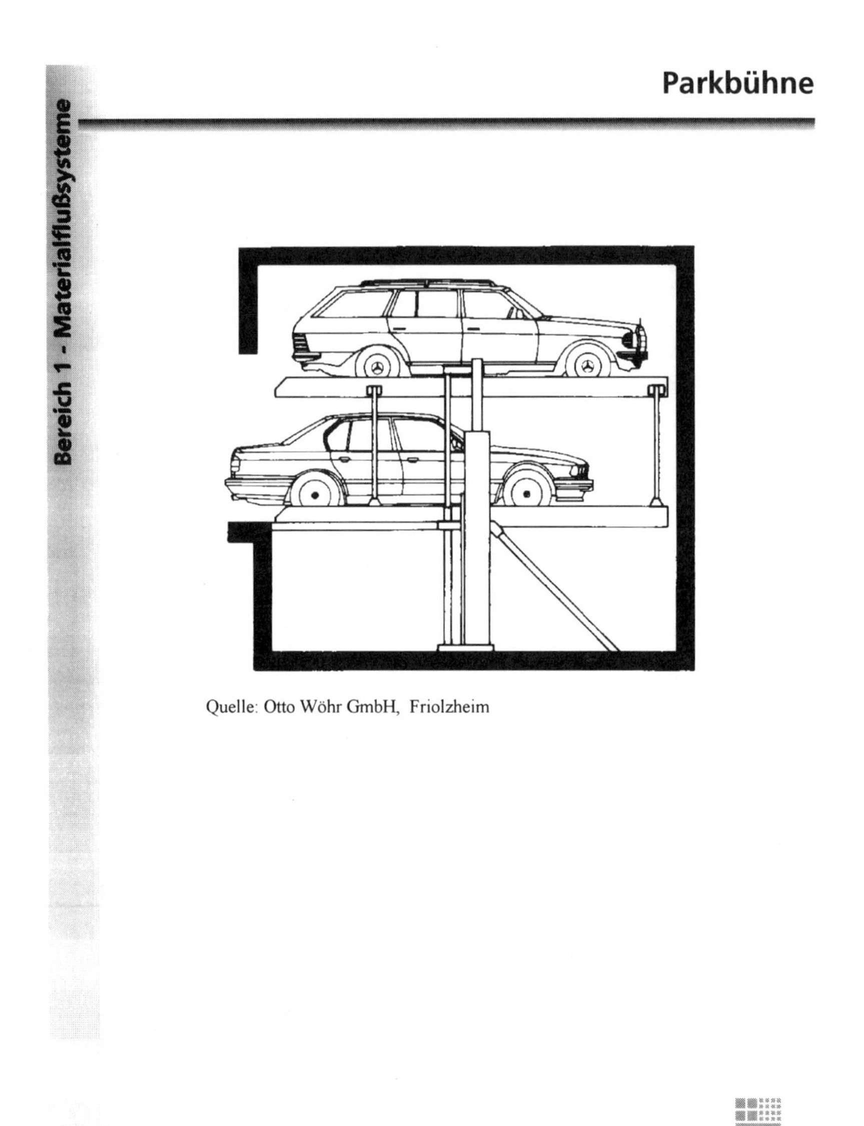

Dipl.-Ing. Ch. Hülle
f_essex_h.ppt

IML
Fraunhofer Institut
Materialfluß
und Logistik

Abb. 6: IML RBG-bedient

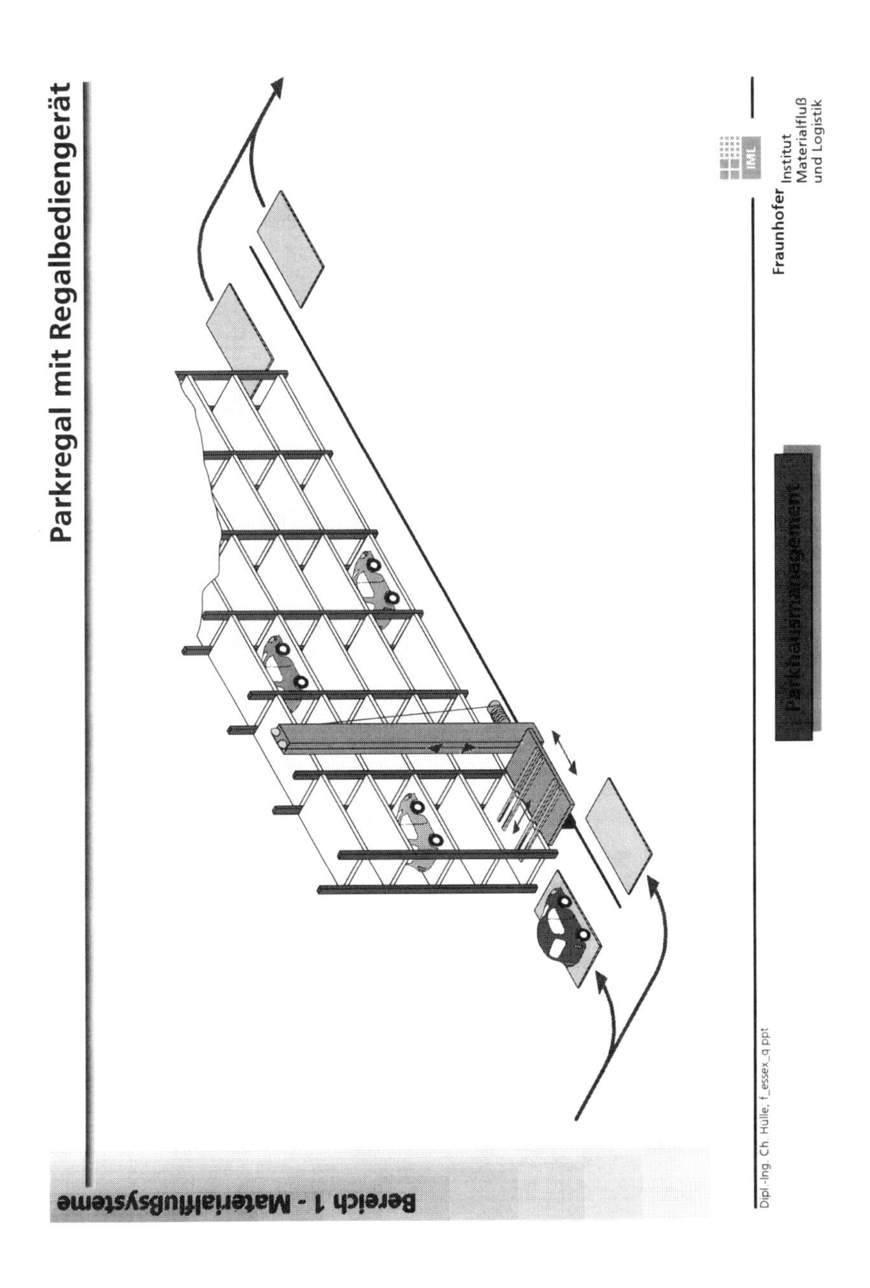

Abb. 7: Umsetzparker

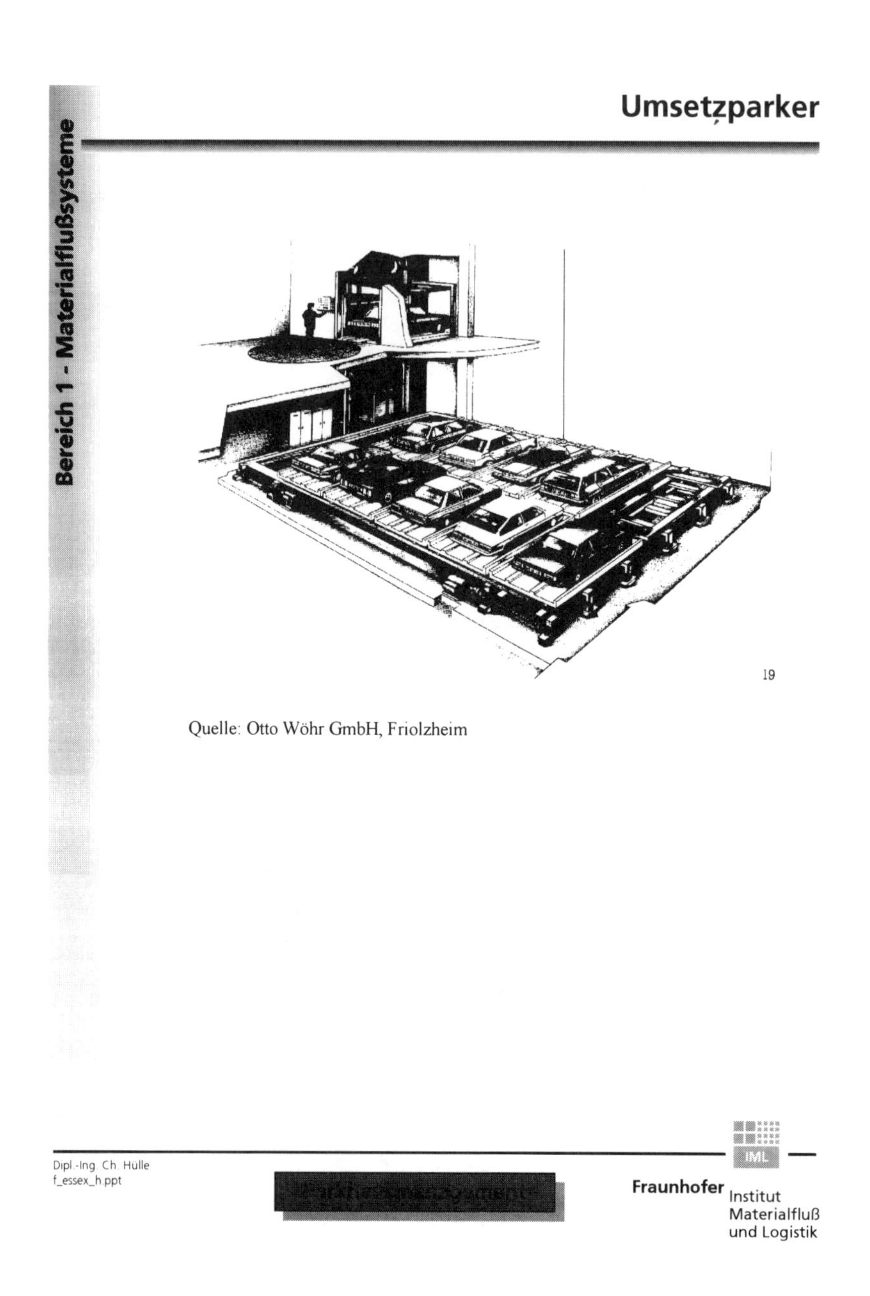

Abb. 8: Umlaufparker IML

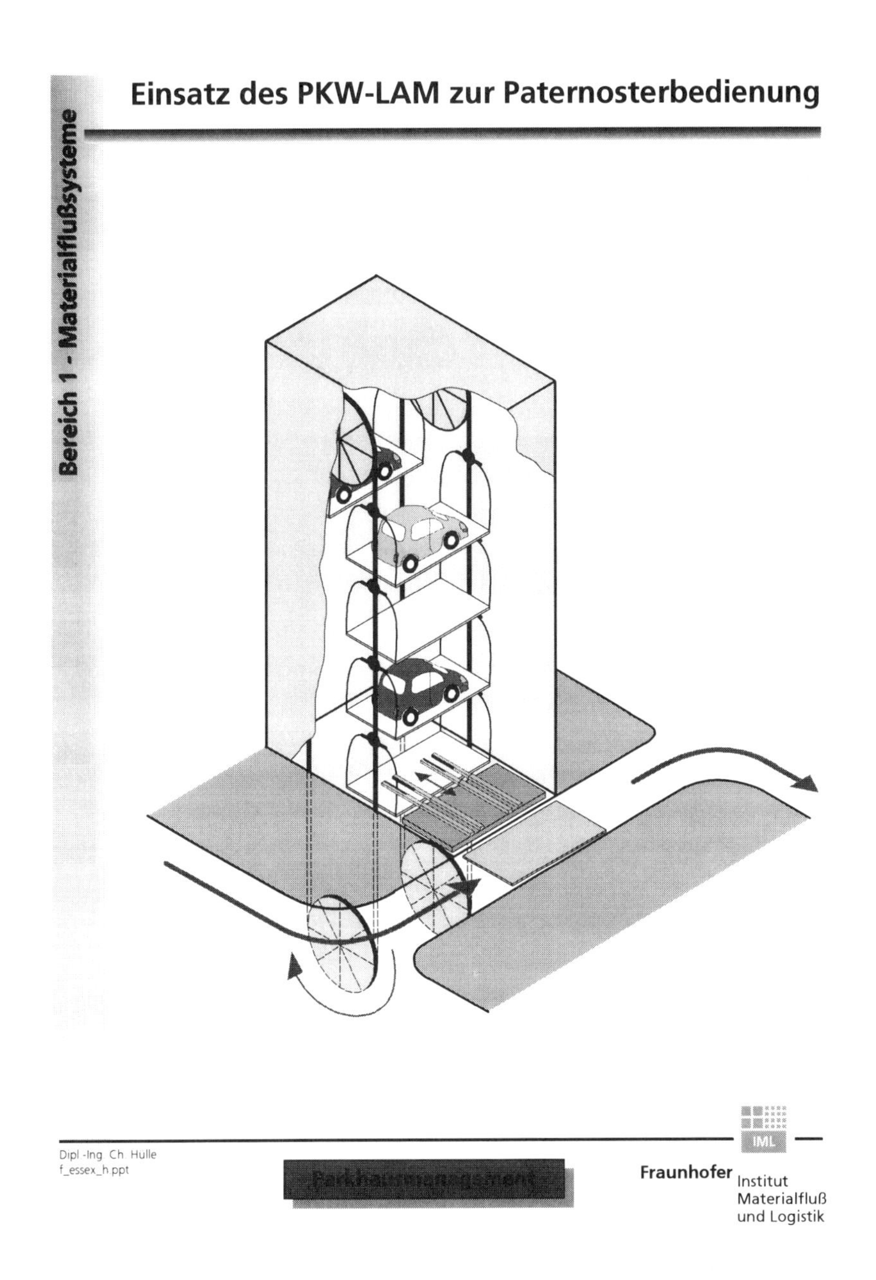

Abb. 9: Checab

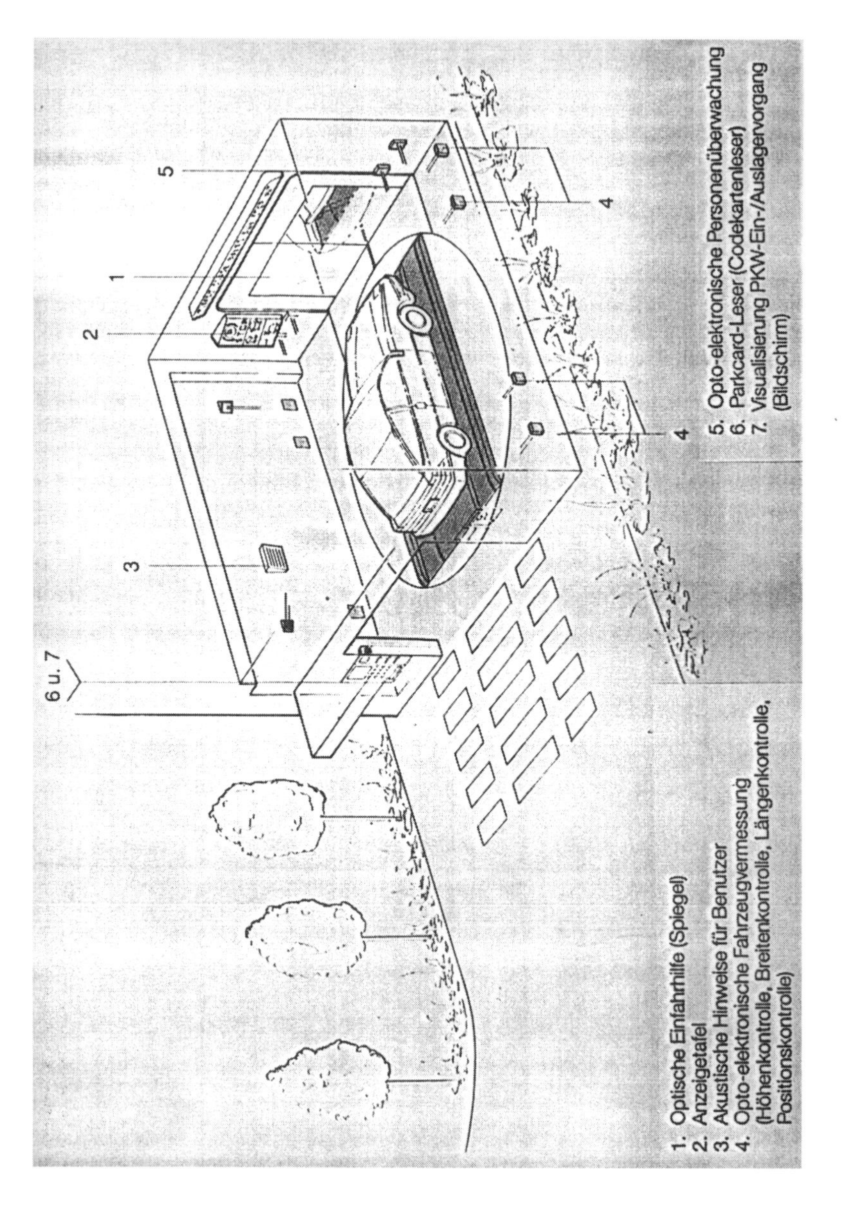

Quelle: MANNESMANN Demag Fördertechnik

Abb. 10: Umlaufparker

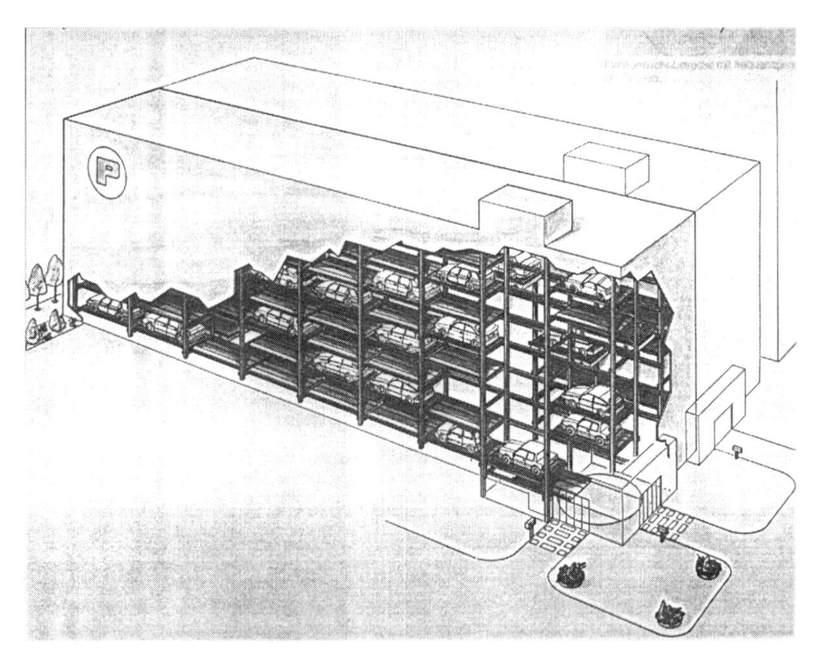

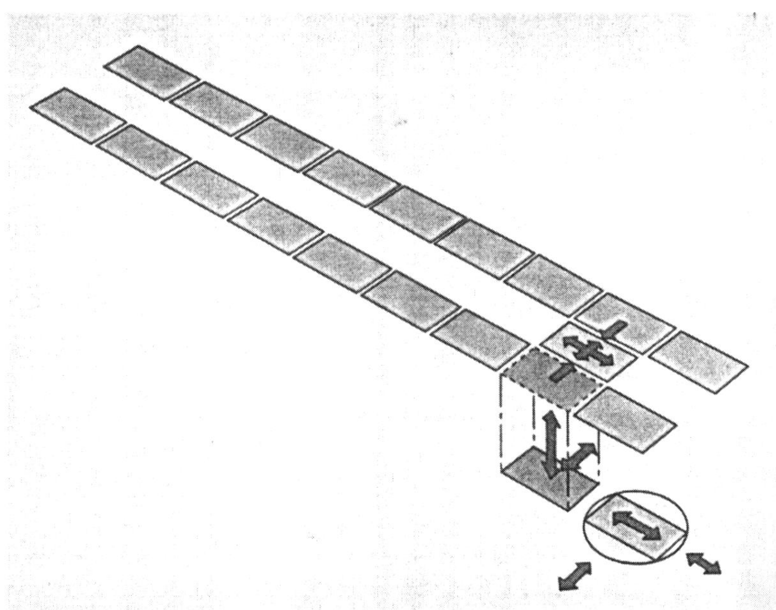

Quelle: MANNESMANN Demag Fördertechnik

Abb. 11: Shuttle & Lift Großanlage

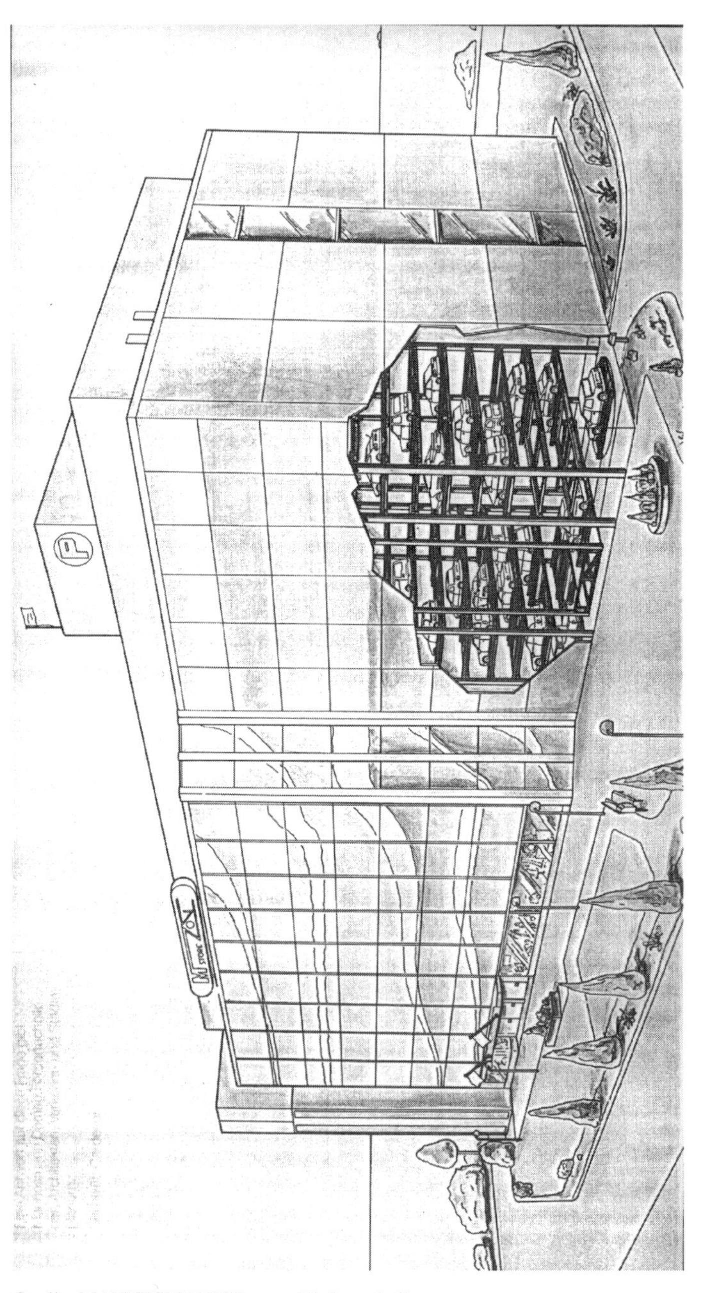

Quelle: MANNESMANN Demag Fördertechnik

Abb. 12: Realisierungsbeispiel

Quelle: MANNESMANN Demag Fördertechnik

Abb. 13: Prinzipdarstellung

Abb. 14: Prinzipskizze Quereinlagerung

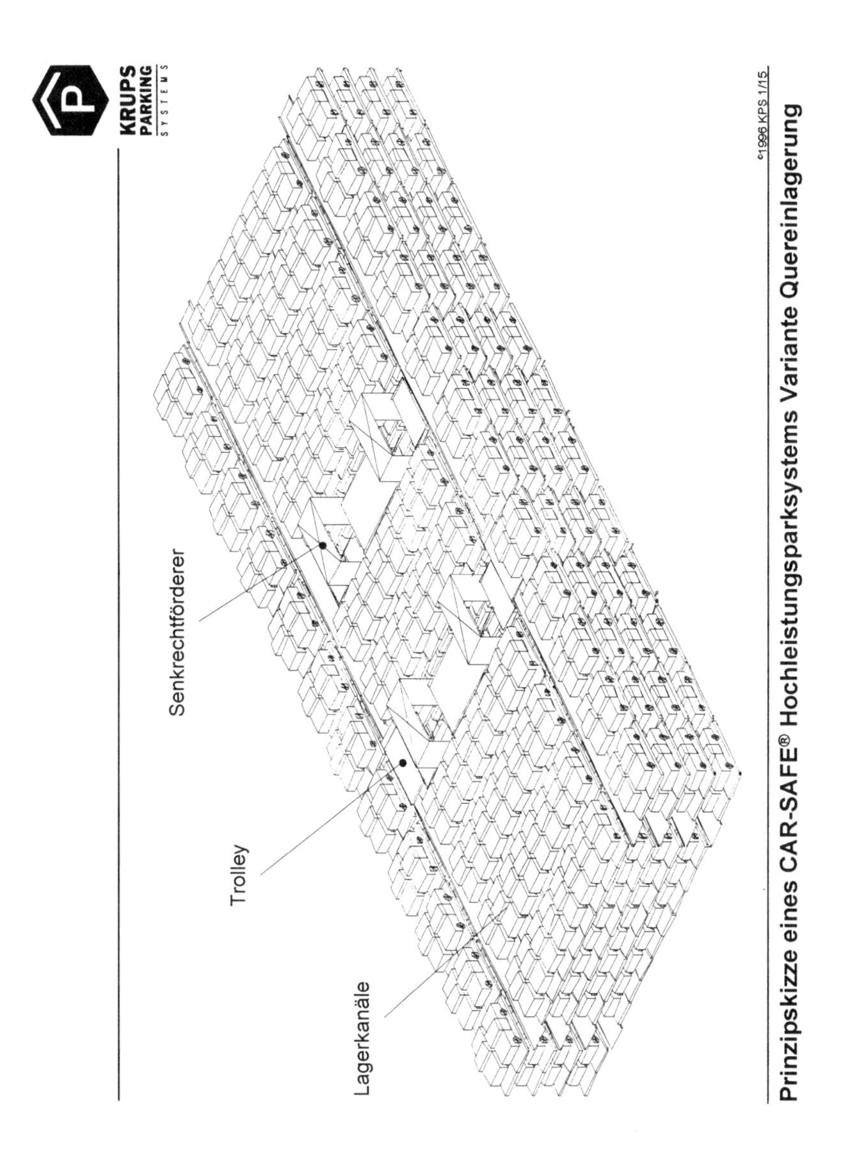

Abb. 15: Implementationsbeispiel

Abb. 16: Mitsubishi System

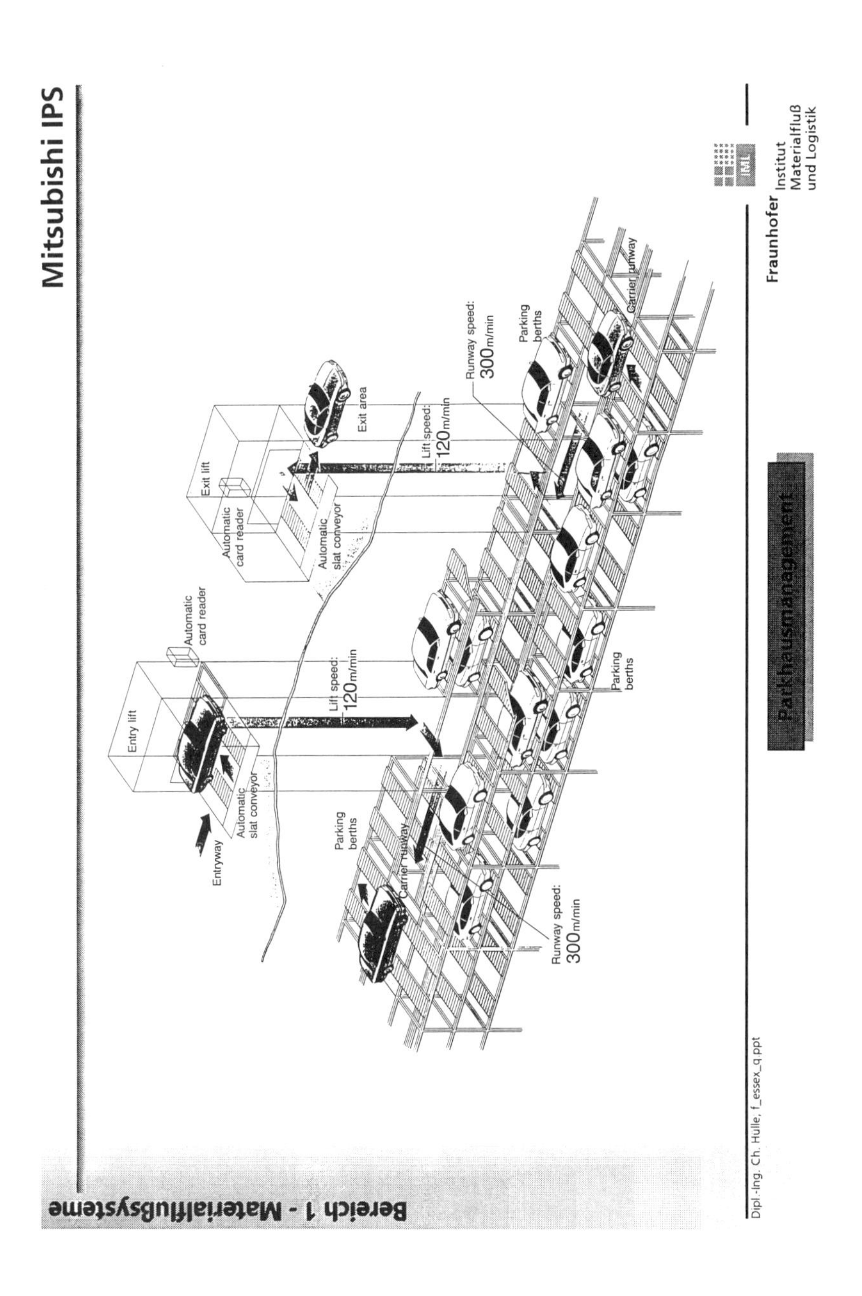

Abb. 17: Pkw auf Band

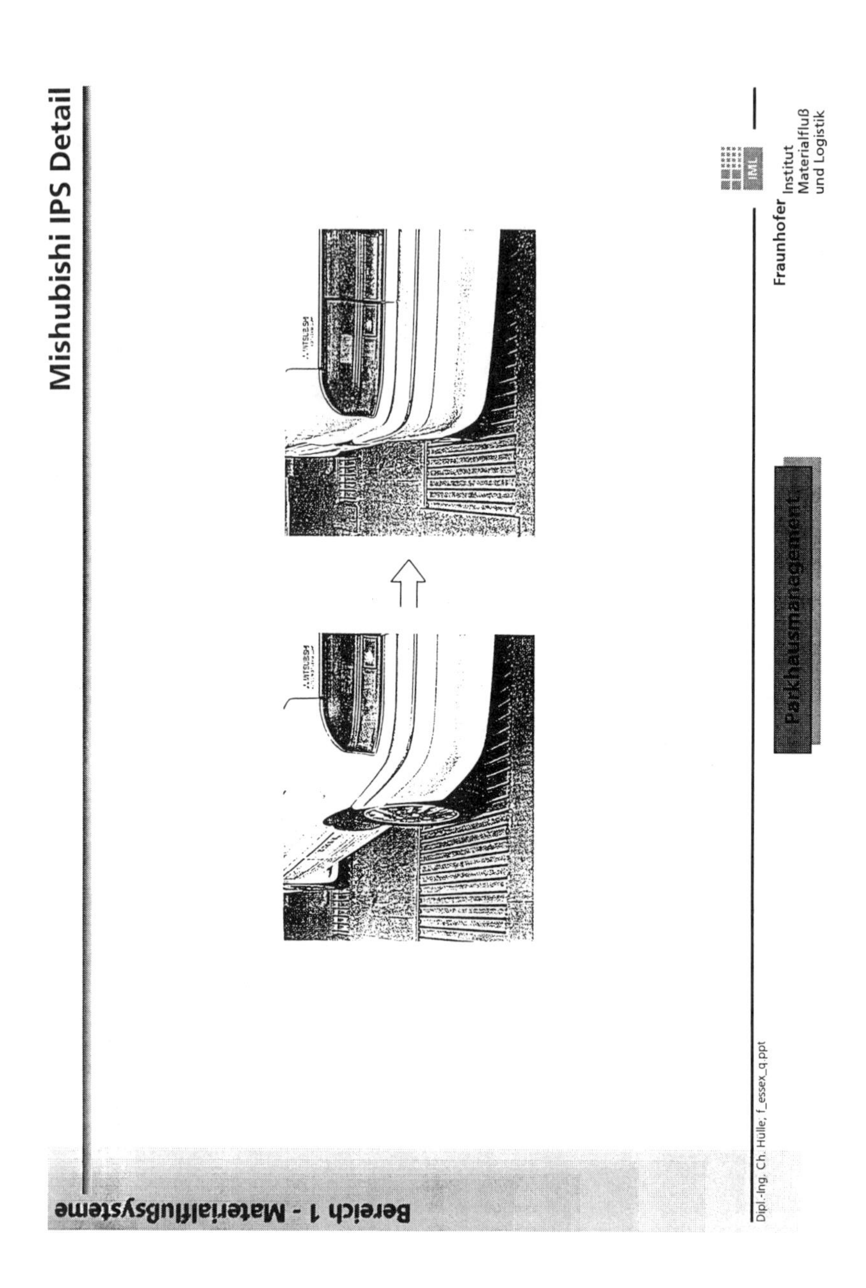

Abb. 18: IML System

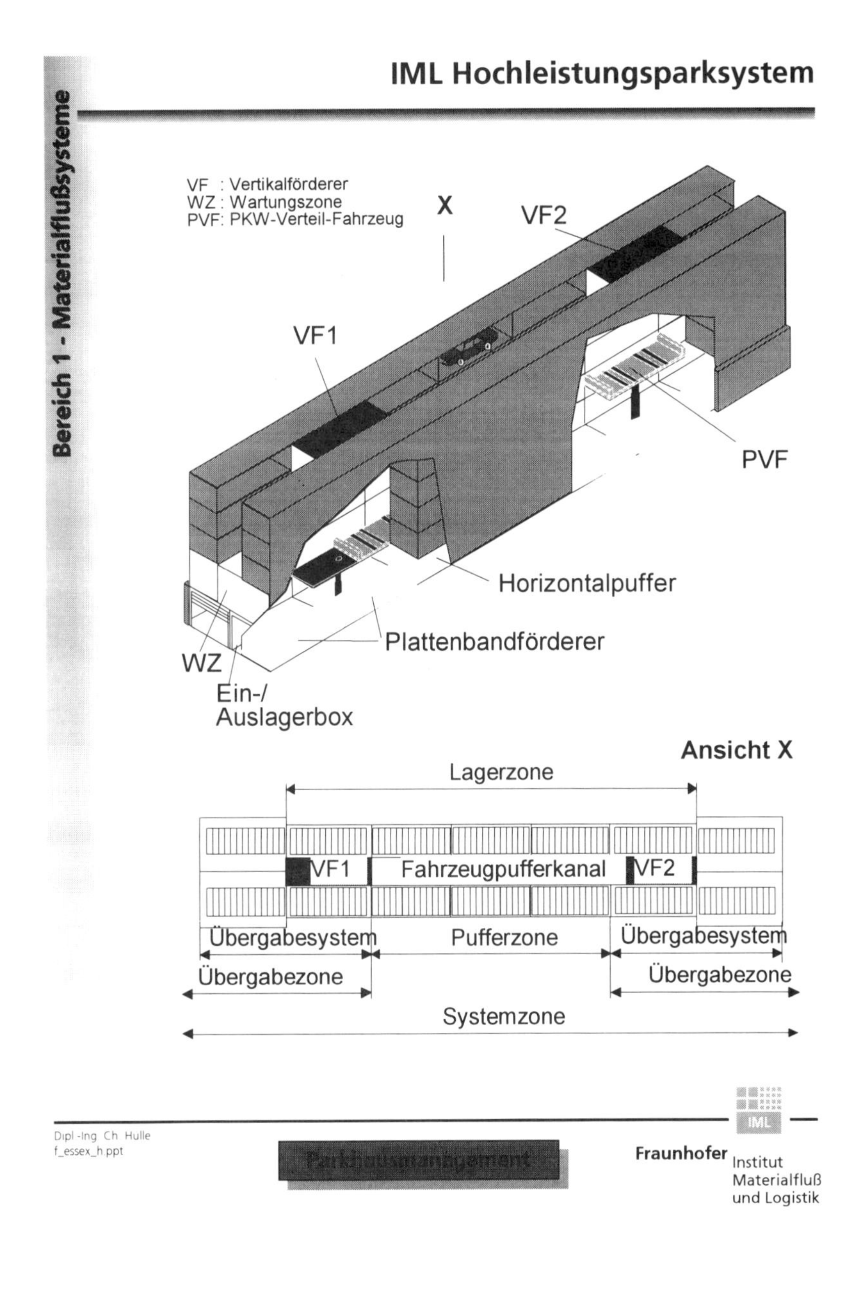

Abb. 19: Pkw-Verteil-Fahrzeug (PVF)

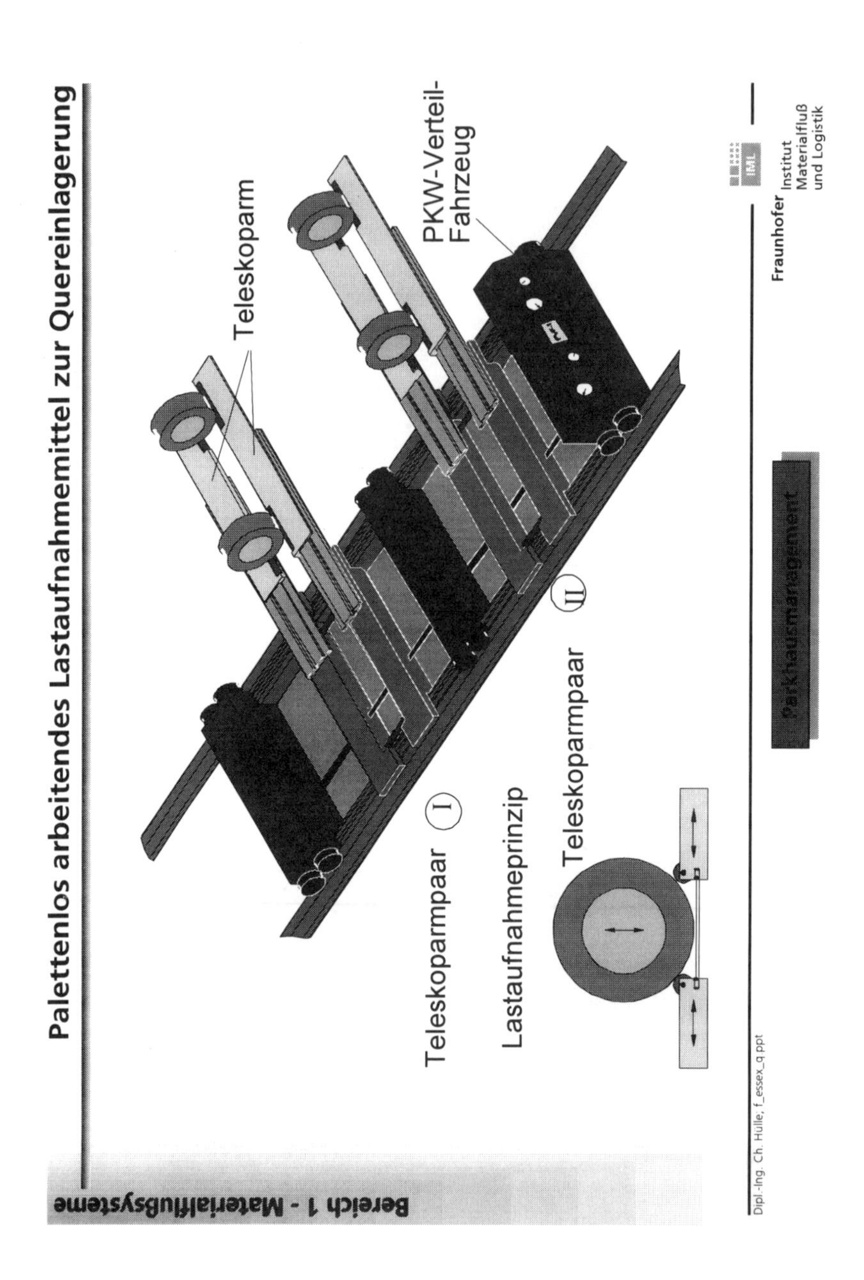

Abb. 20: Vorteile

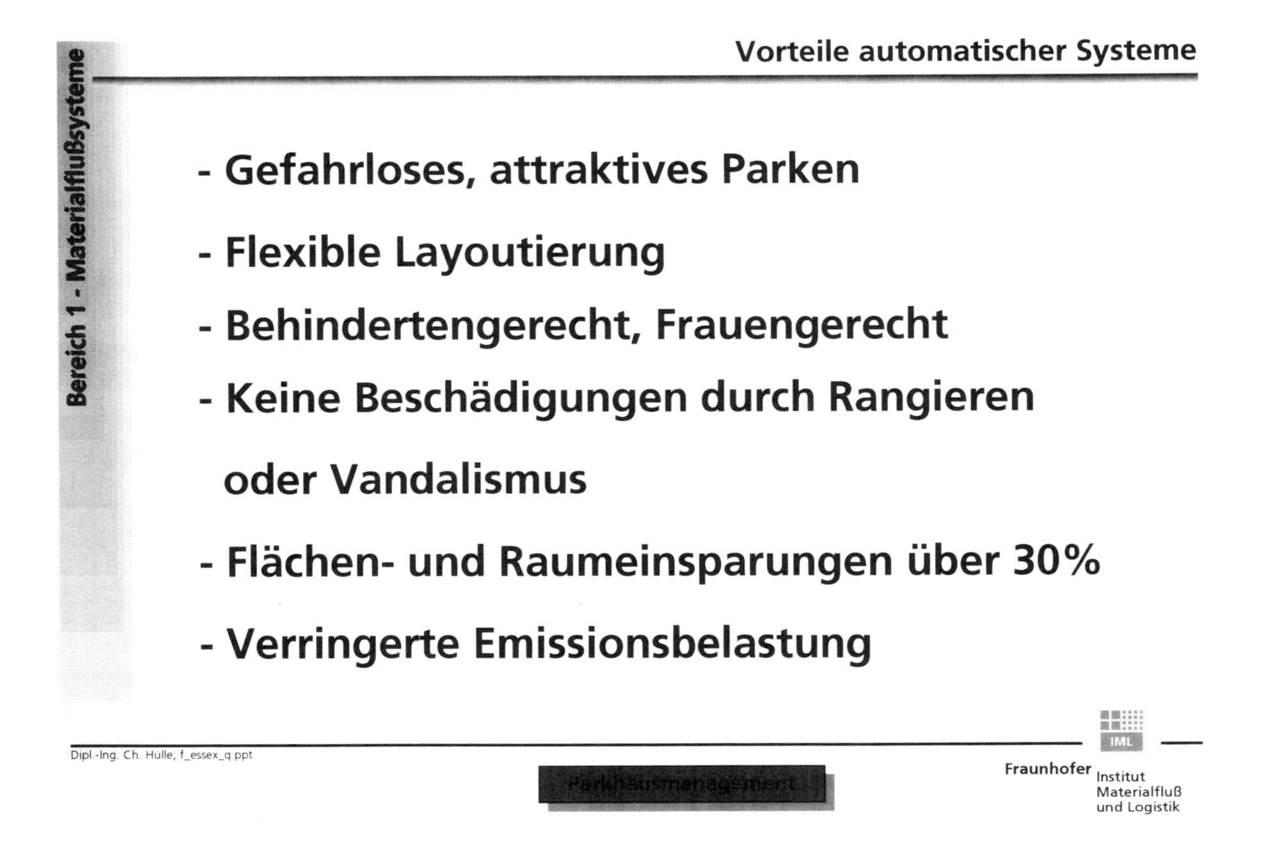

Multimedia im Handel - Die Zukunft des Einzelhandels? Multimedia im Karstadt Konzern

Axel Nientimp

Im Jahr 1995 setzte der Karstadt Konzern 27 Mrd. DM um. Der weitaus größte Umsatzanteil wurde im klassischen Warenhausgeschäft generiert (Karstadt, Hertie und eigene Filialunternehmen). Weitere Umsatzträger sind die Neckermann Versand AG und die NUR Touristik GmbH. Mit dem Thema Multimedia hat sich Karstadt ein viertes Geschäftsfeld aufgebaut. Erste Erfahrungen auf diesem Gebiet wurden seit 1993 mit dem Music-Master gesammelt.

Der Music-Master ist ein Kundenterminal, in dem rund 100.000 Musiktitel gespeichert sind. Die Informationen sind multimedial unterstützt: Das CD-Cover wird auf dem Monitor gezeigt, die Musik ist zu hören, Musikvideos sind als bewegte Bilder zu sehen. Das System bietet eine hohe Informationsvielfalt: Titel, Inhalte, Interpreten, Lieferanten, Preise, Verfügbarkeit bis hin zur Anzeige der Warenplazierung im Verkauf und die Möglichkeit, eine Extrabestellung aufzugeben. Es besteht eine Online-Verbindung zum Großrechner der Warenwirtschaft Karstadt. Die Vorteile für den Kunden sind ein höheres Einkaufserlebnis am POS und Kaufentscheidungshilfen. Das Verkaufspersonal wird durch einen modernen Informationsträger unterstützt.

Ein zweites System wurde mit dem Reise-Master entwickelt. Über dieses System lassen sich Last-Minute-Angebote der NUR-Touristik GmbH abrufen. Standorte sind die Karstadt/NUR-Reisebüros in den Warenhäusern und an Flughäfen/Bahnhöfen. Ziel ist es - neben dem Informationsangebot - mittelfristig die Buchung für den Kunden in Selbstbedienung zu ermöglichen.

In einem nächsten Schritt wurden in den Karstadt-/Hertie-Warenhäusern sogenannte Cyberb@rs errichtet. Die erste Cyberb@r wurde im November 1995 in der Filiale Essen-Limbecker Platz eröffnet. In 1996 wurden weitere 26 Cyberb@rs installiert, bis Ende 1997 sollen insgesamt 120 Karstadt/Hertie-Filialen ausgestattet sein. An 12 bis 26 Computer-Plätzen kann der Kunde für 6,00 bis 10,00 DM pro Stunde im Internet „surfen“. Ziel der Cyberb@rs ist es, das Bindeglied zwischen dem stationären Warenhausgeschäft und dem virtuellen Shoppingansatz des Internets zu schaffen und insbesondere die junge und mittlere Generation anzusprechen. Die Cyberb@rs sind an die klassischen Verkaufsbereiche angebunden, der Zugang ist z.T. aber auch außerhalb der Ladenöffnungzeiten möglich. Neben dem virtuellen Angebot gibt es zum Teil Getränke im Ausschank.

Parallel werden CD-ROM-Systeme (z.B. interaktive Kataloge) entwickelt und verschiedene Serviceleistungen im Umfeld der neuen Medien (Warenwirtschaft, Logistik, Call-Center) bereitgestellt.

Wirklich revolutionär war die Eröffnung des virtuellen Warenhauses „my-world". Als einer der ersten deutschen Handelskonzerne hat sich der Karstadt-Konzern dem Online-Shopping aus dem heimischen Sessel angenommen. My-world öffnete am 28. Oktober 1996 seine Pforten. Nach dem „shop-in-shop" Prinzip sind hier 25 Shops wie z.B. Bücher, Reisen, Spielwaren, Musik + Video usw. unter einem Dach mit über 150.000 Angeboten und Dienstleistungen zu finden. Der Zugang erfolgt via Internet oder über T-Online.

Hinter my-world steht ein Call-Center mit einer entsprechenden Hotline, die insbesondere über E-mails, eine enge Kommunikation mit dem Kunden herstellt. Die Hotline wird als Kundenbindungsinstrument eingesetzt. Ein Redaktionsteam sorgt für die tägliche Aktualisierung der Informationen der konzerneigenen Shopangebote und der Kooperationspartner. Die warenwirtschaftliche Infrastruktur inklusive der Bezahlung der Ware wird im wesentlichen über Neckermann koordiniert. Wer nicht kaufen will, kann sich umfassend informieren, beraten lassen oder auch spielen, lernen und Menschen kennenlernen.

Die Online-Dienste und das Internet bieten zahlreiche Services und Funktionen wie Information, Werbung und Entertainment. My-world positioniert sich im gesamten Leistungsspektrum eindeutig im Bereich Shopping. Was die von my-world generierten Umsätze betrifft, so ist man nach wenigen Monaten natürlich längst nicht am Ziel. Alle Prognosen für das Online-Shopping weisen in eine lukrative Zukunft.

Karstadt will als innovatives Unternehmen zu den ersten im Segment „Online-Shopping" gehören. Die Entwicklung von my-world war außerdem eine logische Fortführung der bisher eingesetzten elektronischen Medien. Nach der Entwicklung der ersten Kundenterminals nutzte man die Online-Dienste, um weitere Erfahrungen im Umgang mit multimedialen Informations- und Verkaufssystemen zu sammeln. Die Verknüpfung zum Shopping-Angebot im Internet ist da nur noch eine kleiner Schritt. Außerdem stimmten die Rahmenbedingungen im Konzern: Durch die Neckermann Versand AG ist die logistische Seite hervorragend gesichert.

Der Einsatz von multimedialen Anwendungen im Warenhaus (Kiosk-Systeme, Cyberb@rs usw.) verleiht dem Karstadt-Konzern, insbesondere bei der jungen und mittleren Generation, ein modernes und technologieorientiertes Image. Durch die enge Verknüpfung von my-world und Karstadt wird eine Verbindung zum stationären Handel geschaffen. So finden sich viele der in my-world angebotenen Produkte auch im klassischen Warenhaus wieder. My-world soll dem Kunden darüber hinaus Anreize für den Erlebniseinkauf im Warenhaus bieten.

Referenten des 2. Xantener Stadtkongresses

Dr. Stefan Schmitz, Bundesforschungsanstalt für Landeskunde und Raumordnung, Bonn
Dr. Ulrich Hatzfeld, Ministerium für Stadtentwicklung, Kultur und Sport des Landes Nordrhein-Westfalen, Düsseldorf
Prof. Dr. Dr. Mihai Nadin, Universität - Gesamthochschule Wuppertal
Dr. Karlheinz Steinmüller, Sekretariat für Zukunftsforschung, Gelsenkirchen
Dipl.-Ing. Volker Rosenkranz, System Engineering, Heidelberg
Dr.-Ing. Claus Dießenbacher, Universität Dortmund
Dr. Peter Zimmermann, Höhenkirchen
Axel Nientimp, Karstadt Aktiengesellschaft, Essen
Dr. Dieter Lazak, Teleport Consulting, Aschheim
Dipl.-Ing. Christian Hülle, Fraunhofer IML, Dortmund

Teilnehmer der Arbeitsgruppen

Prof. Gerhard Curdes, RWTH Aachen
Dipl-Ing. Günter Fischer, Neustadt
Dipl.-Betriebsw. Rainer Haas, Verwaltungsdirektor Marienhospital Kevelaer
Dipl.-Ing. Helmut Hardt, StadtUmBau GmbH, Weeze
Prof. Dr. Dieter Hassenpflug, Universität Weimar
Dr. Heinz Hermanns, Urbanicom, Köln
Dipl.-Ing. Heinz-Adolf Hetschold, BAP Büro für Architektur und Planung, Witten
Dipl.-Ing. Heinz-Gerd Höffeler, Emscher Genossenschaft Lippe-Verbund, Essen
Dipl.-Ing. Christian Hülle, Fraunhofer IML, Dortmund
Dr.-Ing. Joachim Kirchmann, Krups Parking Systems, Dortmund
Dipl.-Ing. Wolf Köster, Paderborn
Prof. Dr. Axel Kuhn, Fraunhofer IML, Dortmund
Dipl.-Ing. Gerd Mueser, RWE Energie AG, Krefeld
Dipl.-Ing. Roger Müller, LogiBall Herne
Dr. Stefan Müller, Fraunhofer IGD, Darmstadt
Dr. Werner Neumann, Energiereferat der Stadt Frankfurt
Dr. Peter Neumann, Bilfinger & Berger, Essen
Prf. Dr.-Ing. Jürgen Pietsch, TU Hamburg-Harburg
Luigi Radaelli, Logvis GmbH Schweiz
Olaf Roik, HDE Köln
Dipl.-Ing. Volker Rosenkranz, System Engineering, Heidelberg
Dipl.-Ing. Günter Scherrer, Spiekermann GmbH & Co, Düsseldorf
Dr. Schmitz, Bundesforschungsanstalt für Landeskunde und Raumordnung, Bonn
Dr. Michael Schreckenberg, Gerhard-Mercator-Universität - GH Duisburg
Dr. Joachim Stoll, HL-Technik AG, München
Prof. Dr.-Ing. Bernd Streich, Uni Kaiserslautern
Drs. M. Tacken, Technische Universität Delft
Dipl.-Inform. Christoph Vornholt, Fraunhofer IML, Dortmund
Dipl.-Ing. Jürgen Wanders, LogiBall, Herne
Rolf-Dieter Weiblen, Issum
Gerhard Widder, Oberbürgermeister, Mannheim